若手なのにプロ教師！
新学習指導要領をプラスオン

小学2年生
新・授業づくり&学級経営
365日サポートBOOK

監修：谷　和樹（玉川大学教職大学院教授）

・教室の365日が、輝く学習の場になるように！
・教室の子どもの姿が頼もしく眩しい存在となるように！
――向山洋一（日本教育技術学会会長／TOSS代表）

学芸みらい社
GAKUGEI MIRAISHA

まんがで読む！

2学年担任のスクールライフ

（井手本美紀）

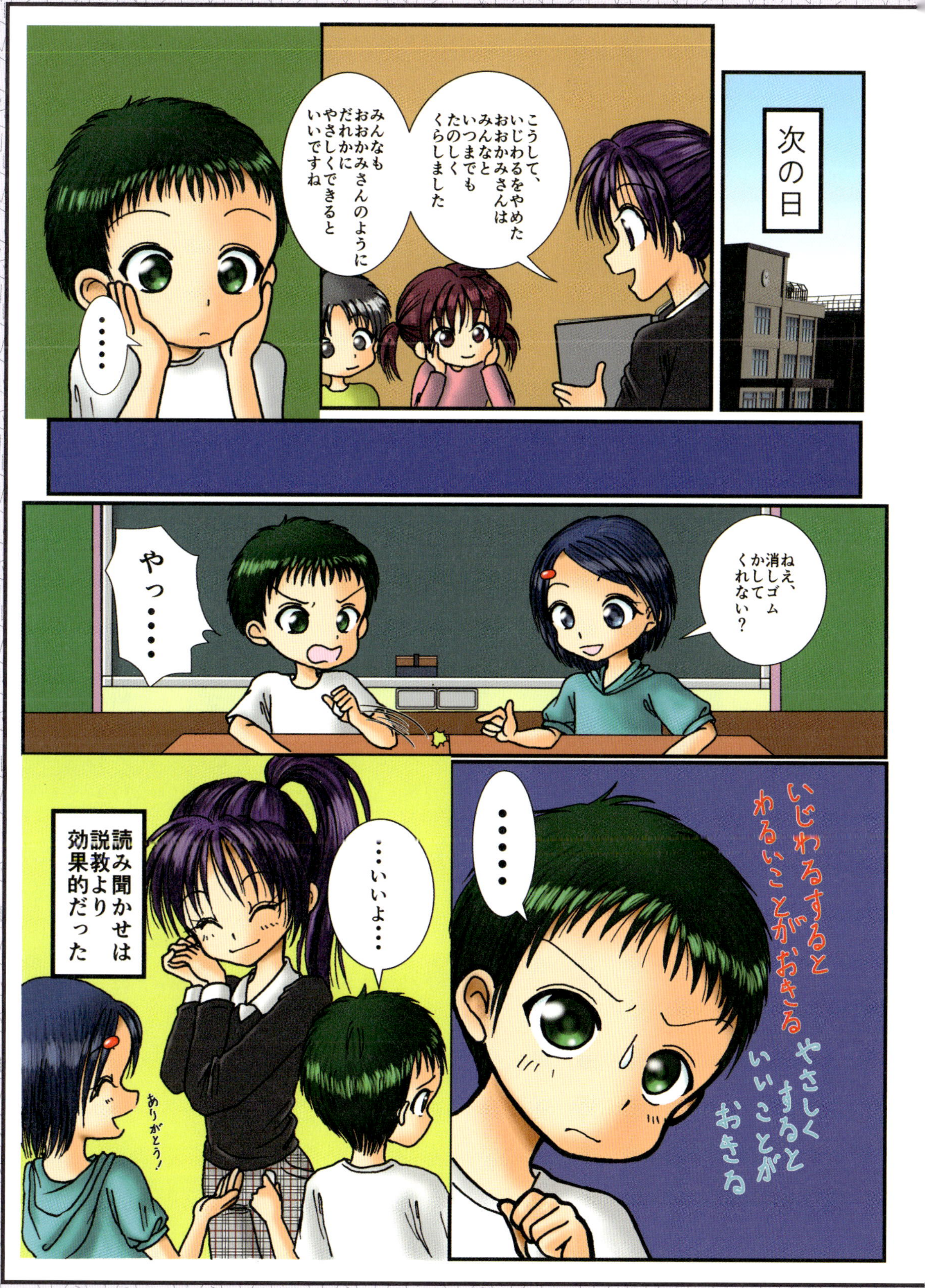

次の日
こうして、いじわるをやめたおおかみさんはみんなといつまでもたのしくくらしました
みんなもおおかみさんのようにだれかにやさしくできるといいですね
……
ねえ、消しゴムかしてくれない？
やっ……
いじわるするとわるいことがおきる
やさしくするといいことがおきる
……
…いいよ…
読み聞かせは説教より効果的だった
ありがとう！

プロとしての資質・能力が身につく「教師のための教科書」／谷　和樹（玉川大学教職大学院教授）

「教師の仕事はテクニックやスキルではない」
「子供との信頼関係が大切だ」
これはもちろん正しい考え方です。しかし、だからと言って、テクニックやスキルを学ばないのでは、いい授業はできません。楽しい学級経営もできません。心構えは大切ですが、それだけでは子供たちは動かない、それが教員時代の私の実感でした。

子どもをひきつける授業、魅力的な学級経営をするためには、やはり「プロとしての勉強」が必要です。あらゆるプロは、一人でプロになることはできません。必ずその道の「教科書」があり「指導者」があって、基礎から仕事を学んでいくのです。

教師の世界も同じです。そういった上達の道筋には「具体的なコツ」があります。

①子供と出会う前までのチェックリストをどうつくるの？
②1時間の授業の組み立て方にはどんな種類があるの？
③子供や保護者に響く通知表の所見の書き方に原則はあるの？
④トラブルが対応したときの対応の基本手順は？
⑤毎日の教科の授業で子供を惹きつける発問をするには？

右のような一つ一つに、これまでの先人が培った洗練された方法が存在します。それらをまず学び、教室で実際にやってみて、良さや問題点を実感し、修正していく……そうした作業こそが、まず必要です。

このシリーズでは、先生方にとって大切な内容を、座右に置く辞典のように学年別に網羅し、分かりやすく解説しました。

全国の学校で、若い先生が増えています。首都圏などでは20代教員が2割を超えました。一方、50代教員の大量退職は今後も続きます。子どもの変化、保護者の変化、情報の多様化、多忙な職場……ベテラン・中堅が若手にコツを伝授する機会も減っているといいます。新採の先生が1年もたずに退職する例も数多く報告されています。そもそも、ベテランでさえ、安定したクラスを1年間継続するのは難しい時代です。

本シリーズは、全国の若い先生方の上達のお手伝いになればと願って刊行されました。

若手なのにプロ教師！ 新学習指導要領をプラスオン

新・授業づくり&学級経営 365日サポートBOOK 2年生

目次

VIII 教科別・月別・学期別
対話でつくる学期別学習指導のポイント

本書の使い方ナビ

活用緊急度別カスタマイズ案内／村野聡・千葉雄二・久野歩

本書は、お読みいただくというより、〈実践の場にすぐ活用出来る〉を目指して刊行されました。活用のポイントは、先生の「現在の立ち位置がどこなのか」で、大きく変わると思っているからです。

そこで、新採か教職経験何年目かという状況別に、「どの章から入ると活用緊急度に応じたヒント記事に出会えるか」、ＢＯＯＫナビ提案をしてみました。

学級経営ナビ

●新採の先生方へのメッセージ

Ｑ．通学路で子どもに「おはよう」と声をかけたのに、返事がない。その時、どう対応しましたか？

・「先生から声をかけられたら返事をしなくちゃ」――と短く注意する。

・「今日はまだ眠いんだね」――とフォローする。

⬇ＢＯＯＫナビ＝「時と場に応じて対応が異なる」という意見が出そうですが、正解は？　まずはⅡ章４からご活用いただけると「なるほどな～」となるのではないかと思います。

●教職経験が２～３年目の先生方へのメッセージ

Ｑ．子どもの帰ったあと、教室の机を見て……

・今日、どんな発言をしたのか？　どうしても思い出せない子が５人以上いる。

・どんな姿だったか、イメージが湧かない子が２人以上いる。

⬇ＢＯＯＫナビ＝Ⅰ・Ⅱ章からご活用いただければと思います。

●教職経験が５年以上の先生方へのメッセージ

Ｑ．保護者対応――個人面談の臨機応変度

・教室では、琴線に触れるようなことまでは踏み込まない。

・廊下や挨拶場面など、さりげない時に大事な事をいう。

⬇ＢＯＯＫナビ＝Ⅶ章からご活用いただければと思います。

新指導要領の授業づくりナビ

●新採の先生方へのメッセージ

Ｑ．「主体的・対話的で深い学び」授業への疑問・不安を感じる……

・基礎基本が出来てないのに対話の時間などとれない？

・知識がない状態で思考など無理？

⬇ＢＯＯＫナビ＝Ⅳ章からご活用いただければと思います。

●教職経験が２～３年目の先生方へのメッセージ

Ｑ　道徳の教科化で何が変わるか？

・道徳授業で教室のモラルは良くなる気がしない。

・教科書を活用する腹案がある。

⬇ＢＯＯＫナビ＝Ⅷ・Ⅺ章をご活用いただければと思います。

●教職経験が５年以上の先生方へのメッセージ

Ｑ．英語の教科化で何をしなければならないのでしょうか？

・移行期にしておかなければならない対策とは

・教師の英語力―どう考えればいいのか

⬇ＢＯＯＫナビ＝Ⅷ章（１年生からの指導ポイントあり）・Ⅺ章をご活用ください。

教育研究のディープラーニング

Ｑ．特別支援

・今、最も重視しなければならない点はどこか

・特別支援計画づくりで最も大事なことは？

・授業のユニバーサル化って？

⬇ＢＯＯＫナビ＝Ⅴ章からご活用ください。

Ｑ．プログラミング教育って？

・思考力の育成ということだと言われているので、まだ準備しなくていい？

・民間では、プログラミング教材の開発が盛んになりつつあるようだけど授業と関係あるの？

⬇ＢＯＯＫナビ＝附章が面白いです。

２年生の身体・心・行動 Data File

（土師宏文）

身体がぐっと成長する！

広がる行動範囲

背筋力が著しく発達して、運動能力が大きく向上します。

少しずつ遠くに遊びに行くようになります。

学校にも慣れ、けんかをしたり、やんちゃな行動が見られ始めます。

トラブルも増えてきます！

２年生のハート　他律

相談相手は親、先生

「先生が言っていたから」のように、善悪の判断基準に大人の影響を強く受けます。

なぜなぜ期

毎日のように「なぜ？」と質問してきます。根気よくつきあってあげることで、分かるまで自分で努力する力が身についていきます。

２年生の行動

友だちとのトラブル

「きまりは守らなくてはいけない」と考える傾向が強く、きまりを守れていない友だちに寛容な態度がとれず、トラブルになることが多いです。

「おませ」ぶりが出てくる

感性が豊かになり、感情に幅が出てきます。大人の感情に少しずつ近づいてきて、大人の話に口をはさんでくるなどの「おませ」ぶりが出てきます。

身体はこう成長する！

4月初め	男子	122.5cm	24.0kg
	女子	121.5cm	23.5kg
↓			
3月終わり	男子	128.1cm	27.2kg
	女子	127.2cm	26.4kg

２年生のトリセツ

自分を見てほしい時期

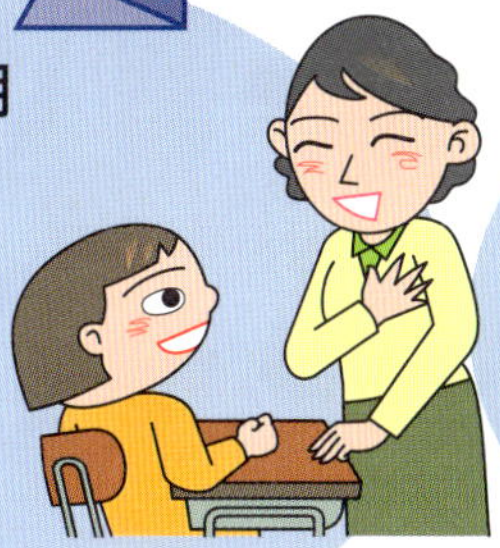

他人の目を気にするようになってくる。人と比べられるのを嫌がり、あくまで自分を見て欲しい時期です。休み時間などにそばに行き、１人１人に話しかけてみてはどうでしょうか。

ルールを確認する

長い休みの前には、「何時までに帰る」「遊びに行く前に行き先を親に言う」などのルールについて、話をしてみてはどうでしょうか。いろいろなルールを可視化することも有効です。

教室背面は、掲示物や文化活動のスペースにしている。私のクラスでは、子どもたちが興味のあることや好きな遊びのグループを自由につくる「学級内クラブ」を取り入れている。子どもたちがポスターを作ってメンバーを募るためのスペースとして、黒板を自由に使わせたりしている。子どもたちが活発に活動できるよう、教室に画用紙やペンなどを決めた場所に置き、自由に使ってよいことにしている。

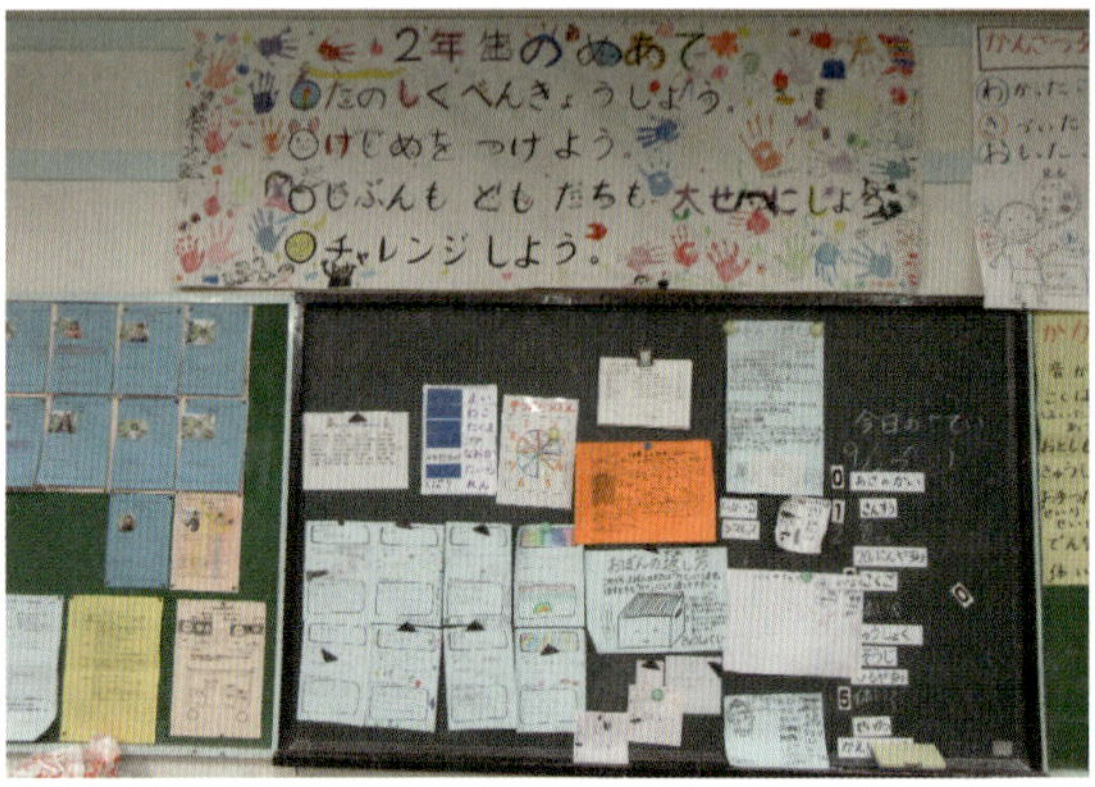

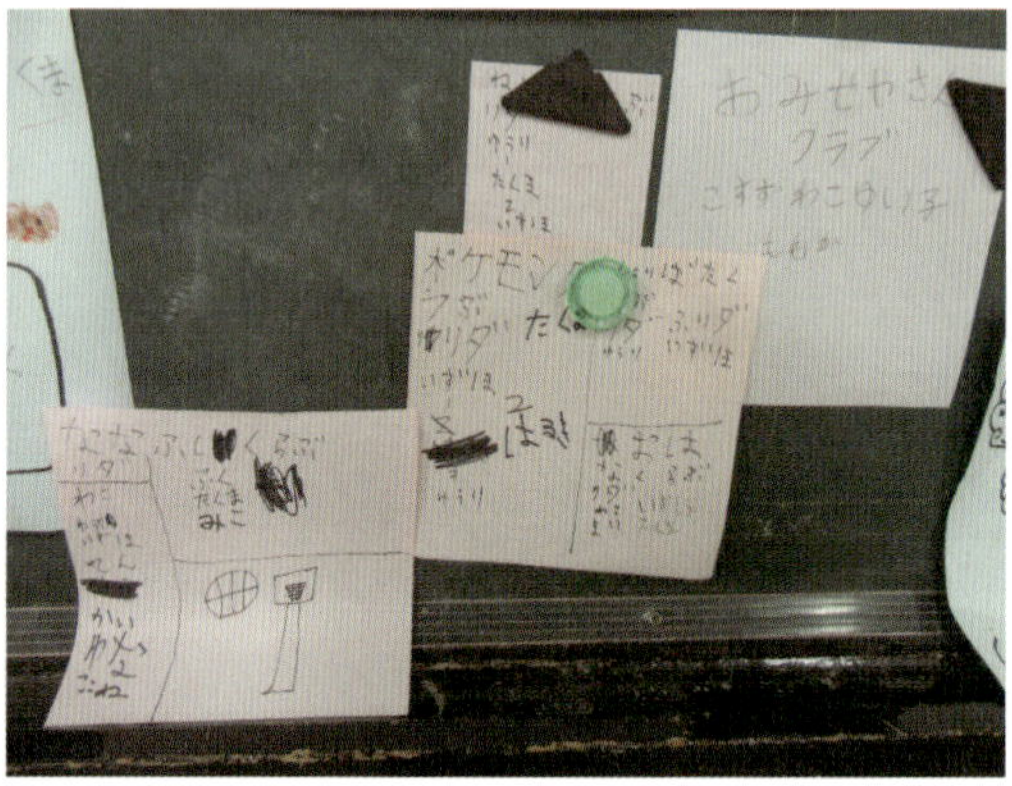

係活動には、「お仕事カレンダー」を作り、仕事をするとスタンプを押せるようになっている。カレンダーに自分でスタンプを押していくことで毎日の達成感を味わえ、自分の仕事に責任をもって取り組むことができる。

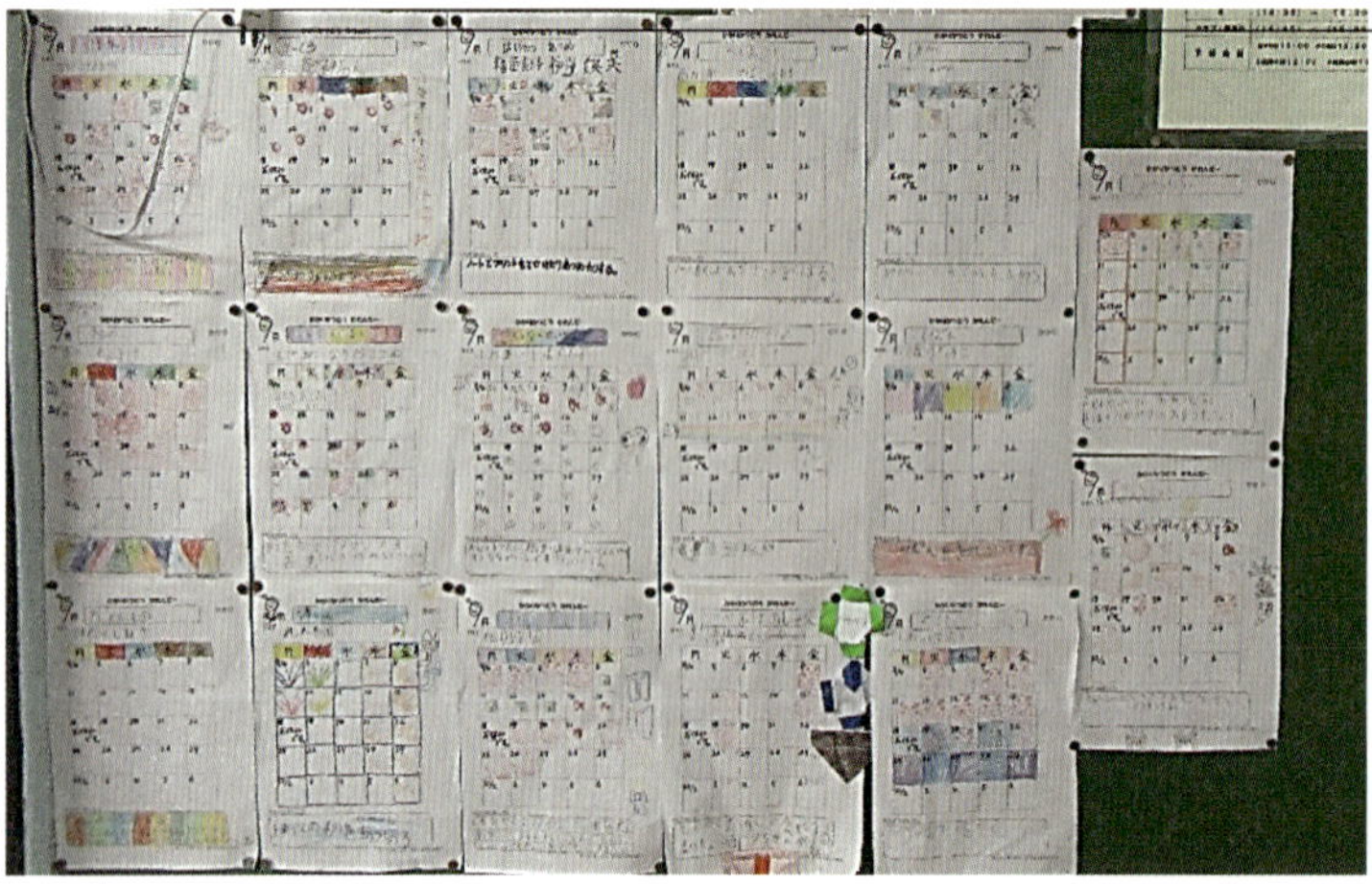

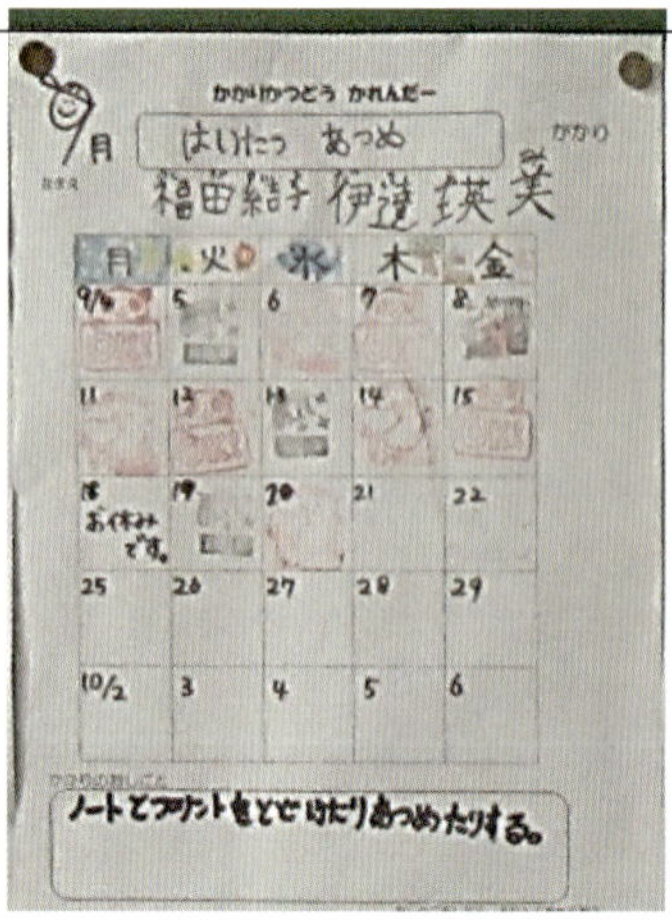

教室には、雨の日の遊び道具として、百人一首やことわざカルタ、トランプなどのカルタ・カードゲーム類を置いている。

また、授業で使って余った画用紙やプリントなどを引き出しにストックしておく。子どもたちが工作をしたり絵を描いたりするときに自由に使えるようにしておくと、遊びの幅も広がってくる。

（佐々木まりあ）

教室レイアウト・環境づくり

基本とニューバージョン

教室環境を整える際、様々なものが整理整頓されていることがとても大切である。

しかし、「きちんと片付いている状態」がどのような状態か分からない児童にとっては、「きちんと片付けなさい」と言われてもどうしていいか分からず、改善することができない。

そこで、お手本を示しておくことで、児童が自分から整理整頓ができるようにした。

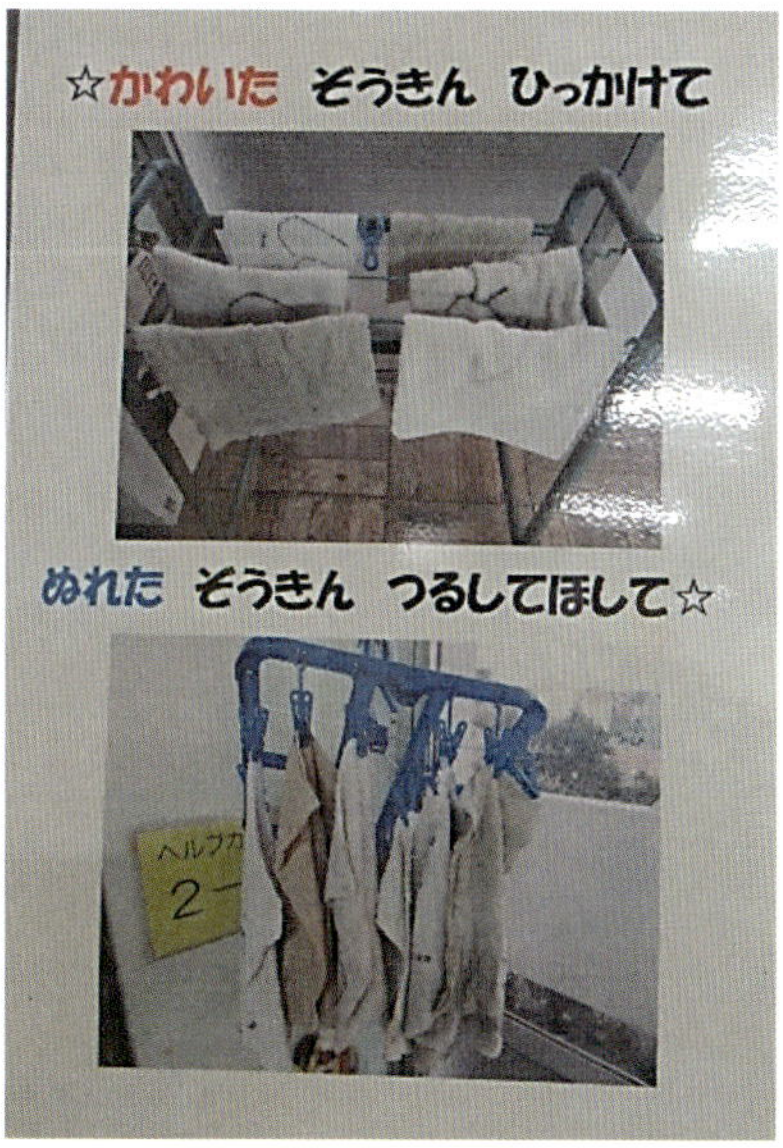

掃除が終わった後の雑巾が散らかってしまいがちなので、雑巾かけの側に、お手本の写真を掲示している。お手本があると、子どもたちの中で「きれいに片付けよう」という意識がつきやすく、落ちている雑巾をそろえる子も増えた。
また、濡れた雑巾をピンチにつるしておくことで、たくさんの雑巾の中からでも、自分の担当場所の雑巾を見つけやすくなったり、絞りきれずに雫が落ちてしまう雑巾を見つけて、絞り方指導に結び付けやすくなったりする。
きちんと整理された状態で片付けておくことで翌日も使いやすくなり、気持ちよく掃除を始めることができる。

同じように、給食で飲んだ牛乳パックも、ぐちゃぐちゃに溢れかえってしまうことが多かったが、お手本を掲示することで、そろえて重ねようとする児童が増えた。
お手本掲示は、子どもを褒めるためのツールとしても有効である。お手本があることで、正しい置き方が視覚的に分かるため、「ちゃんと置きなさい」と指導するより、効果的に児童への意識づけができる。お手本通りにきちんと揃えられた子を褒めることで、多くの児童に正しい後片付けの仕方を指導することができる。

1学期 教師となかよく

（奥本翼）

ここがポイント

プールは「水慣れ」が基本です。長い距離を泳がせることを目標とするのではなく、「もぐる」「浮かぶ」ことを中心に、子どもが水遊びを好きになるような授業を心がけます。

国語の授業も同様です。難しい文法を教えることよりも、大切なのは文章を「正しく読む」「正しく書く」力を付けることです。音読練習は宿題にせず、授業の中で何度もくり返し行いましょう。生活作文を短く連絡帳に書かせることで、文章を書くことへの耐性を身につけさせたいです。

新しい友だちをつくろう!!

4月 出会い 学級開き

- １学期始業式
- 入学式
- 組織づくり（係・当番・委員会）
- 学習のルールづくり
- 生活のルールづくり
- 学級レクリエーション（よろしくね会）
- １年生を迎える会
- 町たんけん（生活科）
- 野菜の苗植え（生活科）

ここがポイント

計算、漢字などの基礎的な学力が身に付いているかどうかを学期末に確認しましょう。どれだけ４月の実態調査と比べて基礎学力が伸びているのかを、通知表わたしで保護者に伝えることができます。

5月 遠足 家庭訪問

- 遠足オリエンテーション
- 遠足の作文
- 漢字まとめテスト（中間）

6月 プール開き

- 衣替え
- プール指導
- 授業参観
- 野菜の生長観察（生活科）
- QUアンケート（１回目）

ここがポイント

低学年の学級を受け持つときに大切なのは、「休み時間を一緒に過ごす」ということです。休み時間を教師が子どもと一緒に過ごすことで、様々なトラブルを未然に防ぐことができます。また、大きなトラブルに発展する前に解決が可能なのです。

友だちと関わりを持てない子と、他の子たちをつないであげられるのは、担任の先生だけなのです。ぜひ、積極的に子どもたちの輪の中に入っていきましょう。それだけで、学級経営の半分はうまくいきます。

ここがポイント

夏休みなどの長期休業には、必ずどこかで保護者に電話をします。「最近どうですか？」と連絡をするだけで、保護者は担任が気にかけてくれることを喜んでくれます。

また、学童保育などにも足を運び、子どもの様子を把握しましょう。人間関係の変化にも気を配ることが大切です。

7月 夏休み 暑中見舞い

- 七夕会（短冊づくり）
- 学期末作文
- 通知表わたし
- 夏休みの生活指導
- 夏休みの宿題配付
- 漢字まとめテスト（期末）
- 計算まとめテスト
- 暑中見舞いはがきづくり

8月 人権集会

- 戦争を通した人権教育
- 宿題提出
- 運動会準備

ここがポイント

２年生では、生活科で野菜づくりをします。そのため、早い段階で畑づくりをしておくことが大切です。できることならば、苗も多めに植えておき万が一の状態にも対応できるようにしておきましょう。

2学期へ！

生活習慣・学習習慣づくりの見通し

学期ごとの学習の栞

2学期 友だちとなかよく

9月 稲刈り 運動会練習
・2学期始業式
・学習のルール確認
・生活のルール確認
・夏野菜の収穫（生活科）
・夏野菜パーティー（生活科）
・運動会練習

10月 運動会
・運動会作文
・1年生との交流会（ハロウィンパーティー）
・体力アップ週間（持久走チャレンジなど）
・秋さがしたんけん
・漢字まとめテスト（中間）

11月 マラソン大会 学習発表会
・持久走大会
・授業参観
・学習発表会（地域、学校行事など）
・QUアンケート（2回目）
・なわとびチャレンジ

12月 冬休み
・1年生との交流会（クリスマス会）
・通知表わたし
・冬休みの生活指導
・冬休みの宿題配付
・年賀状の書き方
・漢字まとめテスト（期末）
・計算まとめテスト

1年生に積極的にはたらきかけよう！

3学期へ！

ここがポイント

2学期は行事が多いです。行事ごとに目標やあてを設定し、それをクリアさせることで達成感を与えましょう。そのためには、次の2点が大切です。

①達成可能な目標を立てること
②進行状況を確認しほめること

確認の方法ですが、チェックカードよりも教師（もしくは子ども）のほめ言葉が最もよく効きます。学級通信にがんばりを掲載するなどの工夫もあります。保護者に電話やお手紙で連絡し、ほめてもらうことも、この時期の子どもたちには有効です。

ここがポイント

2年生は、1年生にとってはお兄さん、お姉さんです。学年間の交流を頻繁に持つことにより、積極的に下級生のお世話をしようとする子が育ってきます。

1年生の先生と連携しながら、学習計画を立てていきましょう。学年の先生に呼びかけて、早め早めに打ち合わせをしておくことが大切です。

ここがポイント

クリスマス会などの行事では、あらかじめ十分に準備・練習の時間を確保することが大切です。ぶっつけ本番でやるのではなく、意図的に成功体験を積ませ、「やって良かった」と子どもが思えるような行事にしたいものです。

他学年に働きかける場合は、教師がお手本を示し、予行練習をしっかりとさせておく必要があります。

ここがポイント

冬場の体力づくりの一環として、なわとび運動に精力的に取り組ませるとよいでしょう。低学年は、意欲づけができれば、どんどん技を練習し上達していきます。そのために、「なわとび級表」を渡し、自己評価できるシステムをつくることが大切です。

子どものがんばりを評価するために、学級通信を活用することも一つの工夫です。

3学期 他学年となかよく

1月 書初め大会 送る会に向けて

- 3学期始業式
- 書き初め(硬筆)
- 学習のルール確認
- 生活のルール確認
- 6年生を送る会準備

ここがポイント

2年生の1年間で成長したことを、1人1人に伝えましょう。通知表渡しでもいいですし、学級通信に個々のがんばりを載せるのもいいです。成長を自覚させることで、次年度の意欲につなげることができます。

教師の評価の他に、友だちからの評価も重要です。客観的に他者のがんばりを認める場をつくっていきましょう。

2月 6年生を送る会

- 6年生へのお手紙、招待状づくり
- 6年生を送る会
- 授業参観
- 1年生との交流会(豆まきパーティー)
- QUテスト(3回目)

ここがポイント

6年生を送る会の出し物ですが、行事のためにゼロから準備をすると膨大な時間を要します。そこで、三学期の学習と絡めて学習発表することをおすすめします。

例えば、国語物語文「スイミー」「スーホの白い馬」などの音読劇です。体育でなわとび練習をやっていれば、それを発表会のかたちで見せるのもよいです。

行事のために、授業進度を遅らせることのないように配慮することが大切です。

3月 卒業式 学級解散

- 卒業式
- 学年末作文
- 漢字まとめテスト
- 計算まとめテスト
- さよならパーティー
- 指導要録記入
- 学級編成

1年間の「伸び」を自覚させよう

3年生へ!

ここがポイント

1年間、がんばってきたことをメタ認知させるために、学期末作文を書かせます。がんばったこと、成長したと思うことを中心に書きます。

自己評価の低い子には、教師が良さやがんばりを伝えることで、1年間がんばってきて良かったという達成感を与えることができます。

ここがポイント

通知表所見欄には、子どものがんばりを描写して、具体的に書きましょう。否定的なことは書きません。

日頃から、教師が子どものがんばったところ、できるようになったところ、成長したところを学級通信やノートに書き溜めておけば、それほど時間をかけずとも、通知表、指導要録を書くことができます。

ここがポイント

インフルエンザなどの罹患による学級閉鎖を考慮して、教育課程に定められた授業は概ね2月までに終わらせておきましょう。そうすることで、3月は余裕をもって復習に充てることができます。

また、この時期は「人間関係の把握」に務め、学級編成の参考となるデータを集めておきましょう。引き継ぎの資料もつくり始めましょう。

２学年の学期別年間計画

新指導要領の発想でつくる　スクールプラン入り

４月

規則正しい生活習慣
学習技能と規範の提示・指導
自由に話ができる雰囲気づくり

・新任式・始業式・入学式
昨年より成長した自分を実感し、新学年の展開への動機づけ。
・学級開き
当番、係など学級のルールやめあてを作り、協力して活動する。
・１年生となかよしの会（生活）
１年生に親切に接する。
・国語
前学年の漢字習得率把握、音読・発表の仕方を身に着ける。
・道徳
礼法から「相手のことを考える心」を様々な所作から学ぶ。
・お誕生日会
友達と話し合い、役割を分担して会を実践する力を伸ばす。

５月

異年齢集団での交流
日記指導
植物の生育の世話

・縦割り班活動開始
異年齢集団活動を通じて、共によりよく活動する。
・縦割り遊び
体力づくりを兼ねて、縦割り班ごとに運動遊びに取り組む。
・交通安全教室
安全に生活する態度を養う。
・芸術鑑賞教室
劇などを見聞きし、感じたことを日記などに書き表す力を養う。
・国語
主語・述語の関係に注意して文を書く。
・生活
野菜の育ち方を観察しながら、親しみを持って世話をする。

６月

観察・発見の奨励
雨の日の過ごし方を考える
読書指導

・国語
記述をもとに登場人物の行動や心情を捉え、物語を楽しむ。
・生活（まち探検）
地域の様子を知り、身近な自然を観察する。地図作り。
・読み聞かせ
感じたり想像したりする力を養う。
・体育
水遊びに慣れ親しみ、安全な遊び方を知る。
・児童会集会
他学年と仲良くなり、いじめのない風土作りにつなげる。
・音楽集会
合唱やリズム遊びをして、音楽の楽しさに触れる。

7・8月

葉書、手紙を書く活動
レクや賞状で自分のがんばりを実感させる
休みの過ごし方指導

・国語
クイズ作りをし，物語を楽しむ。
・道徳
地域教材や人材を活かす。
・図工
ポスターの描き方や葉書に絵を描く指導。
・生活
野菜を収穫した喜びを絵や文で表したり、友達に伝えたりする。
・特別活動
友だちと話し合いながら、レクを計画し、準備・実行する。
・1学期終業式
1人1人に1学期の頑張りをたたえる賞状を作成し渡す。

9月

健康への留意
運動遊びへの慣れ親しみ
勝ち負けにとらわれない心

・避難訓練
「お・か・し・も」の意識の徹底。地震や火災の知識を増やす。
・国語
説明文の特徴を捉え、段落を1文でまとめる。
作文。運動会をテーマに書き出しの指導。
・算数
加減の筆算のやり方を着実に身に着ける。
・特別活動
運動会の応援の仕方や練習の仕方をクラスで話し合う。
・体育
運動会を通して、集団行動を体得し、運動に親しむ。

10月

公共物の使い方指導
登場人物の心情を、記述をもとに考える
九九を確実にできるようにさせる

・生活科見学
公共交通機関の利用。そこで働く人の様子を見て、どんな仕事をしているのか考える。
・国語
音読発表会。わかったことや感じたことを伝えられるように読む。
・算数
かけ算の学習。九九尺の使用で量感を養う。九九を確実に唱えられるようにする。
・体育
マット運動。動物のまねなど様々な種類の運動遊びを行い、基礎感覚を養う。

11月

協働して音楽活動をする楽しさを知る
読書指導
語彙力の向上

・文化発表会
学習の成果の発表。他学年の発表を見聞きし、向上の意欲を高める。
・読書まつり
読んだ本の内容や感想を書いて伝える力を伸ばす。
・暗唱
名句、名詩などを暗唱し、日本の言語文化に親しむ。
・フラッシュカード（国語）
対義語や仮名遣い、複合語などを唱え、国語の技能を身に着ける。
・国語
モデル文を活用して、説明のこつを見つける。

12月

おまつりを計画・準備・実行
九九を確実に唱えられる
冬休み、大晦日や正月など、日本の伝統行事に親しむ

・百人一首
長く親しまれている言葉遊びを通して、言葉の豊かさに気付く。
・国語
あったらいいものを図に書いて、順序立てて説明する
・算数
変化のある繰り返しで練習し、個別評定で九九の定着を図る。
・生活
お客さんを招き、自分たちが考えたゲームで遊んでもらう。
・道徳
年末年始の伝統行事を知る。
・学習・健康相談
保護者との情報共有。

1月

自分でできることを増やし、できるようになったことの実感
自分の考えや提案をわかりやすく伝える力

・3学期始業式
係や当番決めをクラスのルールを守りながら自分たちで決める。
・親子弁当作りの日
自分でお弁当を用意し、家族への感謝の念を育てる。
・国語
学級会で提案する文を書く。
・算数
加法と減法の相互関係について理解して、場面を式に表したり式を読み取ったりし、問題を解決する能力を伸ばす。
・体育
跳び箱や縄跳びなど機械器具を利用し、運動の巧緻性を高める。

2月

討論に挑戦
自分の成長を実感する
感謝の気持ちを表す活動

・新入児1日入学
来年度の新入児に学校紹介したり、一緒に遊んだりする。
・授業参観
生活や成長を支えてくれた人々への感謝を表す。
・6年生を送る会
他学年と協力し準備、実施する。
・国語（討論）
物語文をもとにした対話を通して読みを深める。
・体育
簡単なボール操作と攻めや守りの動きを身につける。
・生活
自分の成長を振り返り、1冊の物語としてまとめる。

3月

解散会の計画・準備・運営
文集づくり
3年生へ進級する期待感と見通しを持つ

・お別れ式
お世話になった6年生に感謝の気持ちを伝える。
・2年○組解散会
全員が出し物を企画・準備をし、実行する。
・修了式
自身の成長についてスピーチ。
・国語
1年間を振り返り、文集を作成。
・算数
2年生の学習のまとめ。
・生活
3年生の教室に行き、3年生の生活について話を聞いたり、授業を実際に見せてもらったりする。

（中村千春）

月別プラン・ドゥ・シー〈1〉

新学期前日までの担任実務チェックリスト

チェック　事務関係

□学年ノート・ファイル
□児童のゴム印分け確認
□名簿作成印刷（ルビ付）
□要録・健康診断表整理
□名前シールの確保押印
　いす　廊下
　ロッカー　下駄箱
□配布教科書・副読本確認
□転入児童確認
□校務分掌の引き継ぎ
□校務分掌の提案作成
□テスト・ドリル選定
□使用ノート決め
□図工教材決め
□テレビ・CD機・パソコンの確認
□通勤関係書類提出
□出席簿の確認
□健康観察簿確認
□誕生日確認

チェック　学級経営関係

□時間割の作成
□給食当番表作成
□掃除当番表作成
□連絡網の作成
□朝の会・帰りの会進行
□日直の仕事
□めあてを書く用紙印刷
□学年便り・学級便り
□当番、係、日直の組織
□児童の記録用紙を作成し、所見に役立てる
□筆箱の中身の確認（学年で統一し、学年便りで知らせる）
□主な行事と担当者決め
　運動会
　校外学習
　1年生を迎える会
　6年生を送る会
□子どもの名前を覚える

チェック　教室環境・備品

□机・椅子の個数・高さ
□机・椅子の傷がたつき
□学級文庫
□貸出文房具の整備
　鉛筆　赤鉛筆
　定規　消しゴム
　下敷き（九九下敷き）
　学習用ノート
　連絡帳
□黒板消し
□チョーク（白黄赤青）
□黒板掲示用マグネット
□ネームマグネット（2）
□給食用マスク予備
□給食用バケツ・雑巾
□給食用白衣・帽子確認
□掲示用画鋲・タイトル
□掲示用シート
□下駄箱・ロッカー確認
□廊下フック名札確認

チェック　授業関係

□学年授業ノートの用意（各教科別）
□TOSSランドで1学期分の授業をコピー
□『新法則化』シリーズで1学期分の授業をコピー
□黄金の3日間計画作成
□体育用具の確認
□体育用ホイッスル確認
□算数用具の確認・特に百玉そろばんは必携
□音楽用具の確認・特に掲示用鍵盤
□最初の図工の授業のための試し作品づくり
□各教科指導計画の確認
□授業参観の授業の用意
□実態調査テスト漢字
□実態調査テスト算数

（細羽正巳）

月別プラン・ドゥ・シー〈2〉

新学期担任実務
チェックリスト【一週間】

【1日目】出会いでほめる

1　子どもが来る前

①カナ付きの名簿の用意
②始業式にふさわしい服装
③教室を掃除し、窓を開ける
④学級札を見えないように持つ
⑤危険個所のチェック
⑥ロッカー、靴箱のチェック（特に転入生がいる場合）
⑦雑巾の置き場所の確定
⑧水筒の置き場所を用意
⑨机・椅子の確認（特に転入生がいる場合）
⑩座席位置の確認（新しく受け持つ場合は出席番号順が名前と顔を覚えやすい）
⑪配布物の確認（できるだけ教室に運んでおく）
⑫貸し出し文房具の確認（鉛筆、赤鉛筆、名前ペン、定規、下敷き、消しゴム、国語・漢字・算数ノート、連絡帳）
⑬欠席者へのお便りカードの用意
⑭子どもの名前マグネットの用意
⑮花を飾る
⑯ロッカー、靴箱、廊下のフックに名前シールを貼る（靴隠しを防ぐために靴箱の名前シールは貼らない場合もある）
⑰1日目の具体的スケジュール作成
　出会いの喜び
　詳しいスケジュール
　教師の抱負など、教師のお話
⑱朝の会・帰りの会、日直の仕事の掲示物作成
⑲「進級祝いカード」を作る
⑳子どもの名前を憶えているか確認

2　子どもがいる間

①始業式の担任発表での大きな返事
②始業式での、子どもたちの良いところを発見
③転入児童を引き取り、保護者に挨拶をする
④学級札をイベント風にして装着する
⑤子どもたちに元気良く明るく挨拶
⑥座席を決め、いつ席替えをするか伝える
⑦ロッカーや靴箱、ろうかのフックの場所を決める（靴箱は、背の順に入れさせてもよい）
⑧靴の入れ方を確認（靴のかかとを靴箱の端に揃える）
⑨雑巾を置き場所に置かせる
⑩机・椅子の高さが子どもに合っているか確認
⑪ジャンパーなど上着を脱いだら、ランドセルの中に畳んで入れるか、廊下のフックに掛けるよう話す（椅子の背もたれに掛けさせると落としやすい）
⑫1人1人の顔を見ながら出席確認（名前を呼ばれたらいつも「はいっ」と元気な声で返事をしようと話す）
⑬元気よく返事をした子をほめる
⑭始業式で見つけた良いところを力強くほめる

月別プラン・ドゥ・シー〈2〉

新学期担任実務 チェックリスト【一週間】

⑮「進級お祝いカード」を配り、教師の1年の抱負を分かりやすく話す
⑯厳しくしかる時について話す
⑰転入生のお世話係を作る（隣の席の子がいい）
⑱転入生の家と近くの子に、一緒に帰ってあげるよう伝える
⑲教科書・プリント類を渡す時は「はい、どうぞ」、もらった時は「ありがとう」と言うことを伝える
同様に、先生に提出する時は「お願いします」と言わせる
⑳教科書、プリント類を全員に配る（欠席者へはプリント類だけ近所の子に届けてもらうなどを学年主任か管理職と相談して決める）
㉑自分の出席番号を確認させ、配布物の出席番号欄に書かせる
㉒教科書に名前を書かせる（書くことを宿題にしてもよい）
㉓筆箱の中身を説明する（学年便りにも記載して学年で共通化する）
㉔連絡帳を全員が書いたか確認
㉕翌日の持ち物について確認
㉖日直の仕事を確認
㉗明日からの日直を確認
㉘登校して教室に入ったら何をするか確認
㉙提出物の提出の仕方を話す
㉚30秒自己紹介をしてもらうことを話す（組や担任が変わった時）
㉛欠席した子がいたら、その隣の子が「欠席者へのお便りカード」を取りに行き、記入することを話す
書き終わったら、必ず先生に見せることも確認する
㉜「欠席した時に手紙を届ける子」のカードを配り、お家の人に記入してもらって、連絡帳に貼る事を話す
㉝2年生になったので、毎日、「学年×10分」の20分間、机に向かうことを約束させる

3　子どもが帰った後

①教室の様子を確認・机の整頓
②靴箱の様子を確認
③子どもの様子を思い出す
④欠席した子供の家に家庭訪問するか電話を入れる
⑤提出物を入れる箱か封筒と、○をつける名簿、説明する板書を用意する
⑥1人1役の当番を、人数分決める
⑦掃除当番表、給食当番表を作り、掲示する
⑧出会いの様子を学級通信に書き、印刷する
⑨大きさの違う、2～3種類の名簿を用意
⑩子どもの気づきが書ける名簿（所見用メモ）に、この日の子どもの様子を記載する（教科書を進んで運ぶ、転入生に優しく声をかけるなど）

月別プラン・ドゥ・シー〈２〉

新学期担任実務
チェックリスト【一週間】

【2日目】仕組みづくりと授業ルール

1　子どもが来る前

①子どもたちよりも先に教室に行く
②教室・廊下の窓を開ける
③教室・廊下を掃除
④プリントの提出用に箱・封筒・名簿、指示の板書の確認

2　子どもがいる間

話す（借り方、返し方）
⑧30秒自己紹介をする（組や担任が変わった時）
⑨靴の入れ方が良かった子をほめる
⑩掃除当番を決める
⑪給食当番を決める
⑫給食のルールを決める（配ぜん中、おかわり、減らす時、残す時など）
⑬1人1役（当番）を決める
⑭教科書を使った授業を1時間はする
⑮教科書に折り目を付けさせる
⑯教科書の名前のチェック
⑰ノートの名前のチェック
⑱ノートの書き方の指導
日付・ページ数、赤鉛筆、ミニ定規、下敷き、鉛筆
⑲ノートの書き方で良かったところをほめる
⑳授業を進めながら、学習時のルールを話す
㉑学習用具は、友達同士で貸し借りをしないことの確認
㉒連絡帳を書かせる（慣れてきたら、登校してすぐに書かせる。そのために、始業前か前日に、連絡帳記載事項を板書しておく）
㉓掃除の時間、見回りをする
㉔掃除の時間の子供たちの様子で良かったところを話す
㉕宿題に、「『どんなクラスにしたいか』を連絡帳に書いてくる」ことを入れる（翌日登校したら、黒板に書いておくよう話す）

3　子どもが帰った後

①教室の様子を確認、机の整頓
②靴箱の様子を確認
③提出物のチェック（名簿で確認後、出席番号順に並べる）
④所見用メモに何人かの子どもの様子を記載
⑤この日の様子を学級通信に書く
⑥欠席した子どもの家に電話連絡
⑦1年生で習った漢字、計算問題20問程度のテストを用意する（子どもたちの学習実態調査のため）
⑧黒板の上部に、出席番号を横に書き、宿題の「どんなクラスにしたいか」を書けるように準備する

【3日目】授業と仕組みの運営

1　子どもが来る前

①1人1役当番表を貼っておく
②子どもたちを教室で迎える
③提出物が出ていない子を確認する

2　子どもがいる間

①子どもたちに、登校した順に、出席

月別プラン・ドゥ・シー〈2〉

新学期担任実務チェックリスト【一週間】

番号の所に「どんなクラスにしたいか」を書くように言う

②提出物を出していない子に声をかける

③1人1人の顔を見て、健康観察をする

④元気よく返事ができた子をほめる

⑤黒板に書かれた「どんなクラスにしたいか」の中から、いいものを1つから3つ選び、クラス目標にする

⑥漢字と計算の実態調査テストをする

⑦教科書を使った授業をする

⑧ノートに名前が書いてあるか確認し、書けている子をほめる

⑨新しいノートに折り目を付ける

⑩筆箱の中身を確認する⑪授業が終わったら、次の授業の準備　をしてから休憩することを話す

⑫授業の中で、シャワーのようにたくさん子どもをほめる（最初は教えたルールをしていることでも褒める）

⑬雨が降っていない日の休み時間は、外で遊ぶよう話す

⑭算数の授業の開始は、百玉そろばんで始める

⑮学級委員を決める

⑯給食の準備・片付けの仕方を確認し、やらせる（特に配る量を上手に調整できている子をほめる）

⑰給食のおかわりのルールを確認し、やらせる

⑱掃除場所を見回り、指導する

⑲まじめに掃除をしている子をほめる

⑳連絡帳を書かせ、確認する

3　子どもが帰った後

①クラス目標を拡大し、掲示する

②子どもが帰った後の教室を確認

③提出物を忘れた子の確認

【4・5日目】軌道に乗せる

1　子どもが来る前

①子どもを教室で迎える

②連絡帳の内容を板書する

2　子どもがいる間

①1時間の授業で一度は子ども全員のノートを見る

②けんかなどが起きたら必ず両方の言い分を1回ずつ聞き、両成敗とする

③休み時間は週に1回クラス全員で遊ぶ

（細羽正巳）

月別プラン・ドゥ・シー〈3〉

特別活動の仕組みづくり【係・当番】

全員がやらなければならない当番活動

当番活動とは、「毎日同じ手順で繰り返される学級全体に奉仕する活動」だ。掃除当番、給食当番、日直、そして1人1役がそれに当たる。

係活動は、なくても困らないが、あるとクラスが楽しくなる。創意工夫を生かして行う。

給食当番

給食当番は、「よそう」「配る」「盆にのせる」などの仕事がある。

せめて1学期間は、同じ仕事を行わせる。

私は1年間同じ仕事を、3グループに分けて行なわせた。

同じ仕事だから、子どもたちは仕事に慣れ、その仕事が上手になる。

1　給食当番の仕事分担

【A】
配膳台の用意と水拭き（2名）
消毒布を取りに行き、配膳台をふく
ワゴンを運ぶ（2名）
ゴミ袋を用意し、片づける
食器・お盆の用意（2名）

【B】
牛乳を配る（2名）
おかずをよそう、配る（2～3名）
ご飯・ぱん（2名）
デザート
よそったものをを渡す

【C】
配る

A、B、Cが1～2週間ごとにローテーションで回る。

仕事の下に名前を書いた給食当番表を、掲示しておく。

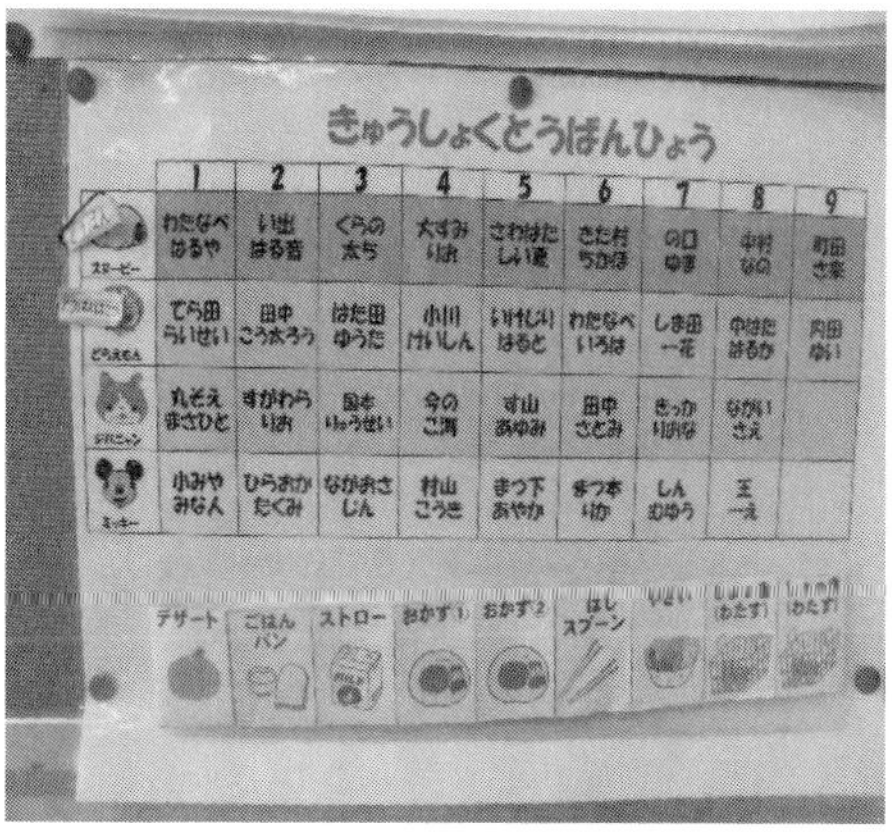

汁物などのおかずは、教師がよそうと、早く、均等に配れる。2年生は仕事が大好きなので、私は、「配るのが大変だったら先生がいつでも代わってあげるからね」と言っていた。

私が代わったことは、月に1回程度だった。

あまり残らないように配ることが出来た当番の子は、ほめてあげると、みんな上手に配ろうと頑張る。

2　給食の片づけ

給食の準備に比べて、片付けに時間がかかることも多い。

時間を切って片付けさせることが、時間が伸びないようにするポイントだ。

私のクラスでは、早く食べ終わった子から食器を片づける。

その後は、早く片付けた子は、席を回って、「お皿を片づけていいですか」や「お皿を下げていいですか」と聞きながら、まだ食べている子の、食べ終わった食器や牛乳パックを片付けていった。

何枚も皿を重ねて片づけていく様は、レストランのウエイター、ウエイトレスのようだ。

月別プラン・ドゥ・シー〈3〉

特別活動の仕組みづくり【係・当番】

掃除当番

2年生の掃除場所は、教室・廊下とあとは1～2か所程度なので、できるだけ、仕事を細分化してやる。2週間交代で仕事に慣れる。

大切なことは、「反省」の時に、次の「点検」をさせることだ。

・掃除用具が置きっぱなしになっていないか
・ゴミを置いたままにしていないか
・窓が開けっ放しになっていないか

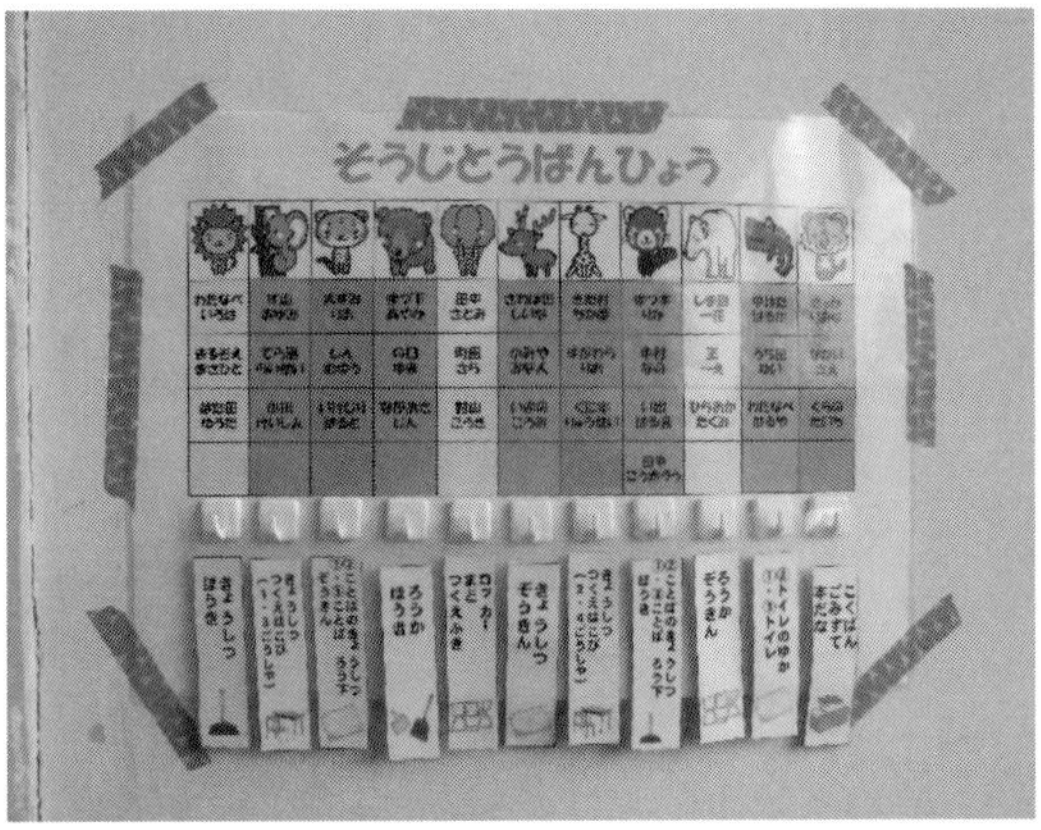

日直

日直の仕事は、次の通りだ。

①朝の会、帰りの会の司会
②帰りの仕事
・机の整とん
・かんたんなごみひろい
・窓を閉める（かぎもかける）
・電灯を消す
・1人1役のやり残した仕事
・残っている人を帰す
・日直は一緒に教室を出る

1人1役

1人ずつに仕事を割り当てたのが「1人1役当番」だ。これを決めれば、少なくともクラスはスムーズに動く。

2年生にお勧めの1人1役を紹介する。

①お手伝い（教師のお手伝いをする）
②掲示物チェック（掲示物が外れていたら、画鋲などで留める）
③手紙（家庭への配布物を取りに行く）
④給食チェックリスト（給食当番の手洗いや腹痛などのチェックをするリスト表を取りに行く）
⑤ぞうきんせいとん（掃除用の雑巾がけから雑巾が落ちていたら拾って掛ける）
⑥チョーク（チョークの色、本数をそろえる）
⑦掃除用具せいとん（掃除用具箱を点検する）
⑧学習（学習用の用具を取りに行く）
⑨ストロー配り
⑩健康観察簿
⑪音楽（今月の歌のCDの曲を流す）
⑫廊下・教室の窓
⑬先生どうぞ（先生の給食を用意する）
⑭黒板消し
⑮机そろえ
⑯黒板日にち書き
⑰本だなせいとん
⑱集め・配り
⑲エコ（電灯をつけたり消したりする）
⑳ロッカーのせいとん
㉑かぎ（体育倉庫やコンピューター室などの特別教室の鍵の開け閉めをする）
㉒体育（体育の授業の最初に準備体操の指示をする）

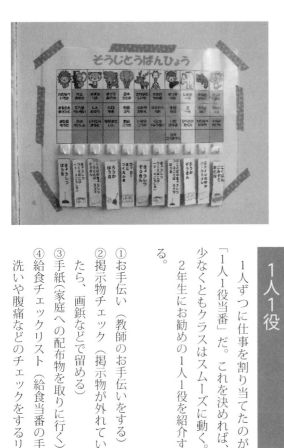

月別プラン・ドゥ・シー〈3〉

特別活動の仕組みづくり【係・当番】

㉓給食ごみぶくろ（給食で出るごみを入れるビニール袋を用意する）
㉔ならばせ（教室移動の際、並ばせる）
㉕鉛筆削り器そうじ
㉖文房具（貸し出し用文具を整理する）
㉗水筒チェック（水筒置き場の整理、持ち帰り忘れの子に声をかける）

仕事は、2人で1つの仕事をさせてもよい。

2週間に1回程度、1人1役の仕事をやっているかどうか点検する。

欠席の子がいたら、隣の子が代わりに仕事を行う。だから、席替えのすぐ後に、隣の子の1人1役の仕事を確認させる。

仕事をやり忘れている子がいたら、日直がその仕事を行う。

クラスを楽しくする係活動

係活動とは、「子どもたちの創意・工夫が生かされ、しかもクラス全体の文化を高めたり、レクリエーションなど楽しいことしたりする活動」だ。

だから、係では、子どもたちがやりたいことをするため、当番のように人数の制限は設けない。

係は、1学期の初めから作る必要はない。休み時間は、クラス遊びなどをして、月に一度、お誕生日会を教師主導でやっていれば、それだけで子どもたちは楽しい毎日を送ることができるからだ。

私は2学期の途中から、係を作った。私のクラスでは、次の係ができた。

- ●レク&ちょうせんじょう（休み時間のクラス遊びを考えたり、他のクラスにドッジボールなどの試合を申し込んだりする）
- ●なぞなぞ・ひやひや（給食の時間に、なぞなぞを出題したり、怖い話をしたりする）
- ●バースデー（月に一度、お誕生日会を開く）
- ●クラス新聞（月に1枚か2枚程度、学級新聞を発行する）
- ●に顔絵・ポスター（週に一度、似顔絵を描いて、だれの似顔絵か当ててもらい、そのモデルの子に似顔絵をプレゼントする）
- ●生きものしょうかい（虫などの生き物を持ってきて飼い、休み時間に、希望者に触らせる）
- ●かざりつけ（季節に合ったものを取ってきたり、作ったりした飾りを、教室に飾って季節感を出す）
- ●おわらい（給食の時間に、お笑いのネタを披露して、みんなに笑ってもらう）

全員がどこかの係に入り、クラスをより楽しくするために、工夫して活動する。

「なぞなぞ・ひやひや」は翌日の給食の時間から、なぞなぞを出題し、怖い話を披露した。

「かざりつけ」は、教室の後ろに、拾ってきた木の実や、色づいた葉っぱを飾って、秋の雰囲気を表していた。

（細羽正巳）

月別プラン・ドゥ・シー〈4〉

4月の学級経営のポイント【1学期】

出会いの時に語りたいこの話

出会いの時だからこそ、子どもたちは素直に話を聞く。左ページの学級通信に出会いの言葉を載せた。

また、2年生には「努力の壺」の話もいい。壺の絵を描いて話すと効果的だ。

> 皆さんは、「努力の壺」というのを知っていますか？
> 人間はだれでも、「努力の壺」を持って生まれてきます。
> 大きいものもあれば、小さいものもあります。努力1回につき、水は1滴ずつしか入りません。だから、すぐいっぱいになる人もいれば、なかなかいっぱいにならない人もいます。
> 皆さんの中に、努力してもなかなか上達しない、がんばっているのに成果が上がらないと悩んでいる人、いますよね。
> でも、いつか必ず水はいっぱいになります。そしてあふれ出てきます。

> 大切なのは「続けること。続けること。続けること」です。

朝の会、帰りの会はこう進める

朝の会・帰りの会の目的は、1日を明るく始め、明るく終わらせることだ。

進め方は、時間内に、シンプルに。

【朝の会】
①あいさつ
②健康観察
③連絡
④朝の歌
⑤先生の話

【帰りの会】
①連絡
②先生の話
③あいさつ

なお、私は2学期途中から、日直に英語で司会をさせていた。

初めに作っておきたい学習システム

①学習用具がそろっていること
②指示通りできていることとその確認
③うっとりするノート
④発表する時のしつけ
「返事」をして、「椅子の音がしないように立ち」、「立ってから発表する」
⑤何回も声に出して読む
⑥話は最後まで聞いてから質問する
⑦提出物は、「同じ向きにそろえて」、「整理して」出すようにしつけたい。
また、先生に出す場合は、「お願いします」と言わせる。これは大人になってからも役立つ。
⑧次の授業の準備をしてから休憩時間にさせる。もし忘れ物をしていたら、休み時間内に、先生に言いに来て借りる。
「赤鉛筆を忘れたので貸してください」
「教科書を忘れてきたので隣の人に見せてもらいます」
「ノートを忘れてきたので、貸出のノートを貸してください。家で自分のノートに写して明日持ってきます」などと、理由としてほしいことをきちんと言えるようにする。

（細羽正巳）

２年４組学級だより

QUESTION

第２号
平成○○年４月○日　　○○市立○○小学校　細羽正巳

学校になぜ来るの？

始業日の最後に「２年生の先生方からプレゼントがあります。『進級お祝いカード』です。一人ずつ名前を呼びますから、『ハイ、細羽先生』と言ってください。」と言い、子どもたちのところへ行き、名前を呼び、握手をしてカードを渡しました。

そして子どもたちに次の事を話しました。

> みんな、持っているものを置いて話を聞きます。
> 皆さんはなぜ学校にくるのでしょう。(「勉強するため」等の声)
> そうですね。学校に来るのは２つの理由があります。
> 一つは「勉強する」ためです。しっかりと勉強して、かしこくなる。学校はそのためにあるのです。
> 先生はみんなをもっと賢くします。先生の言うことを一生懸命聞いて勉強すればみんな勉強ができるようにします。でもさぼったりすると勉強ができなくなります。
> もう一つは、「みんなと仲良くする」ためです。だから、人の悪口を言ったり、いじめたり、人の事をたたいたりしてはいけません。
> この一年間、しっかり「勉強」をがんばり、「みんなと仲良く」していきましょう。

翌日、「自己紹介」をしてもらうことにしました。

一人一人のことを、もっと私も知りたいし、転入してきた○○さんにも知ってほしいし、みんながもっとお互いのことを知り合うことにもなります。また、人前で、話す機会をできるだけ増やしたいのです。

「みんなは友だちのどんなことを知りたいですか。」と聞くと、いろいろ出てきました。「好きな遊び」も勧めました。

次に「どんなふうに話したらいいですか」と聞きました。「大きな声で」などが出ました。「先生はどんな風に話していますか。」と付け足すと、「笑顔で」と答えました。「手振りや身振り、動作も付けるといい」ことを教えました。

下校の前に、○○さんのコースを確認しました。同じコースの○○さんが、「わーい、また紫コースが一人増えた！」と喜んでいました。その声に○○さんもうれしそうでした。

「さようなら」の挨拶をした後、サザエさんと同じように「じゃんけん」をして帰ることにしました。

昇降口でコースごとに並んで、そろったコースから、私とハイタッチをしながら帰りました。あっという間の始業日でした。

月別プラン・ドゥ・シー〈4〉

5月の学級経営のポイント【1学期】

家庭訪問

（1）家庭訪問の準備

家庭訪問を実のあるものにするためには、準備が必要だ。保護者からは、学校生活での交友関係や、学習についての質問が多いので、2、3日前に子どもたちに次のアンケートを取る。

①2年生になってから、休み時間は誰とどんな遊びをしていますか。

②2年生になってがんばっていること（作文でもよい）。

（2）時間厳守

訪問時刻を厳守しなければ、保護者の信頼感を失う。もし遅れる場合は、携帯電話で連絡する。

（3）何を話すか

個人面談とは違って情報収集の場と考える。教師は聞き役に回るが、次のことを聞く。

①「お母さんは働いていらっしゃいますか」

「何時ごろ帰られますか」

「その間、お子さんはどのように過ごしていますか」

②子どもの健康状態。病歴など健康面でこちらが配慮しなければならない事柄である。

「健康面で気をつけておくことはありませんか」

「これまでに大きな病気をしたことはありませんか」

と聞く。さしつかえなければという事で小さい時のアルバムを見せてもらうと話を聞きやすい。

③子どものいいところ、がんばっていることを話す。

初めての保護者会

資料を作成すると話しやすく、参加できなかった保護者にも配布できる。

写真や動画も見せると、学校での子どもの様子が分かりやすい。

（1）学級経営方針

学校の教育目標と繋げて、学級がめざす児童像を学級目標として話す。

（2）学習について

基礎・基本の学力は学校の授業の中で身に付けさせることを話す。

国語ではスラスラ読める事、漢字は1年生の80字に比べて2年生では160字に増えること、また、画数の多い漢字も出てくることも伝える。このときに「1日に2字程度、指書きの確認」という家庭での復習方法も知らせて、協力をお願いする。

視写は、10分間に200字書ければ作文が書けるようになるという目安も話すといい。

計算は、2ケタのたし算ひき算の筆算など、2年生のポイントとなる計算の型を伝える。

また、新学習指導要領に基づいて、「主体的・対話的で深い学び」や「プログラミング的思考」、学力の3つの要素「知識・技能」「思考力・判断力・表現力等」「主体的に学習に取り組む」で構成される「確かな学力」のバランスが取れた育成についても、具体例をもとに分かりやすく説明する。

生活については、次の2点を中心に話すとよい。

①成功体験を増やす

②楽しい学級をつくる

（細羽正巳）

２年４組学級だより

QUESTION

第○○号

平成○○年５月○日　　　　　　　　　　　　松戸市立柿ノ木台小学校　細羽正巳

保護者会報告

19日（火）の保護者会には２３名という多くの方々においでいただきました。

２年生の心と学習、クラスの様子などについて、お話させていただきましたが、保護者の方々の温かい反応がとてもうれしかったです。また皆さん仲が良いのが印象的でした。親同士が仲がいいと子供同士も仲良くなりますね。さて、

２年生は「基本的な生活習慣を身に付ける最後のチャンス！」

です。

ではどんな生活習慣を身に付けさせるとよいのでしょうか。

1.自分で起きる。※夜型生活からの脱皮。
2.進んで挨拶　～礼儀を身に付けさせる。～
　はっきり挨拶が言える事から自己表現の第一歩が始まる。
　挨拶により周りの人とのコミュニケーションが深まる。
3.行き先や帰る時刻を言って出かける。
4.外で元気に遊ぶ。
5.お手伝い　～家族の一員としての役割分担をさせる。～
　　手伝いとしての生活経験を通して、家族の一員としての意識やみんなのためにはたらく精神が育まれ、豊かな人間性が育つ。
6.自分で明日の準備ができる。
7.机の前に20分間座れる。

子どもが何かをできるようになるまでは、周りの大人の、次の態度が大切です。

「やってみせ、言って聞かせて、させてみて、ほめてやらねば、人は動かじ」
（連合艦隊司令長官　山本五十六）

そして、「家庭でやっていただきたい７項目」として、次のことをお願いしました。

1. 毎日一度は子どもをぎゅっと抱きしめる。
2. 夜８時までに寝かせる。
3. テレビ・ゲーム等の時間を制限する。（せめて１日１時間以内）
4. 「片づける」ことを教える。
5. 本の読み聞かせをする。
6. 「甘いもの」を制限する。
7. 食事のときはテレビを消す。

月別プラン・ドゥ・シー〈4〉

６月の学級経営のポイント【１学期】

むし歯の話

むし歯は治療しなければ治らない。

歯の健診の後、子どもたちに次のような話をした。

「これから、むし歯があった人に『治療勧告書』をわたします。

残念ながら、むし歯は自然には治りません（歯の絵を黒板に書きました）。

でも、『治療勧告書』を初めてもらう人は、このあたりをちょっと削ればすぐ治療は終わります。歯医者さんに1回か2回行けば大丈夫。痛くもないよ。

初めてもらっても「まあいいか」と、そのままにした人がいるかもしれませんが、その子たちの歯はここまでむし歯になっている。だから歯医者さんには2～4回くらい行かなきゃいけないだろうね。痛みもあるだろうね。

『治療勧告書』を幼稚園や保育園のときからもらっているのに「まあいいや」と歯医者に行かない子は、だんだんむし歯がひどくなって、神経までやられてるかもしれない。これは歯が痛くなったり、冷たいものを食べるとしみたりします。こうなると、もう歯を抜くしかない。歯茎に麻酔の注射をして抜くんだけれど、この注射が痛い。仕方ない。放っておいたんだから」

子どもたちはキャーキャー言いながら聞いていた。

虫ブームを作る

生活科で、ヤゴを取って観察することから発展し、虫を教室に持ち込んで観察させることから虫ブームが起きる。

（1）虫を捕まえる時間を作る

生活科の時間に、校庭の隅の草むらや、近くの公園などで虫を捕まえさせる。

虫を捕まえることは、我慢する力を育てる。虫の捕り方を互いに情報交換したり、一緒に捕ることで、虫捕りの名人も見つかる。

（2）教室に虫を持ち込む

生活科の時間に捕ってきた虫や、家に帰って捕ってきた虫をどんどん教室に持ち込ませる。朝、子どもが虫を持ってきたのを教師は、「すごいねえ！どこで捕まえたの？」と驚けばいい。

教室の後ろのロッカーの上は虫の博物館のようになる。朝の会で「今日、クワガタを持ってきたのでよかったら見てください。昼休みにカゴから出してみんなに触らせてあげます」などと紹介させる。

（3）図鑑を持ってこさせる

虫の図鑑も持ってこさせて、名前やえさを調べさせる。図鑑もロッカーの上に並べる。これも朝の会に紹介させる。

（4）読書の時間に、図書室に虫を持って行って調べさせる

図書室にノートと虫かごを持って行かせて図鑑で調べさせると、分かったことをノートに自然に書くようになる。大切な自分だけの図鑑ができる。

（5）休み時間は虫と戯れさせる

休み時間は、虫を虫かごから出して触れさせる。これをやると虫嫌いの子が無くなる。みんな虫を触ったり持ったりすることが出来るようになる。

（細羽正巳）

２年４組学級だより

QUESTION

第○○号
平成○○年６月○日　　　　　　○○市立○○小学校　細羽正巳

図書室で調べる

調べたいものを図書室で調べました。国語の図書室での指導は、「読書指導」と「調べる指導」とがあります。

「読書指導」は、子どもたちが、自由に好きな本を選び、静かに読みふける場を提供したり、様々な本を紹介したりして、読書の楽しさを伝えることが目的です。

一方、「調べる指導」は、情報の探し方・資料の使い方を教えることがねらいです。

教室で、「調べたいもの」をカードに記入した後、図書室でそのことが載っている本をさがしました。幸い、司書の先生がおられたので、調べたい本がどこにあるのか聞いている子もいました。この、司書の先生に聞くことも勉強の一つです。

さて、子どもたちの中には「あり」について調べようとすると、「分類」の中で、「昆虫」や「動物」の本棚をさがします。でも、題名に、「あり」と書かれていないと、あきらめてしまう子もいます。そういう時には、「昆虫」という本で調べるといいことを教えました。

ある花について調べたい子は「植物」の図鑑を勧めます。そして、ぱらぱらとページをめくって、「載っていない」と言います。

そこで巻末の「索引(さくいん)」を教えます。図鑑や事典では、この索引がとても重宝します。索引を作るのにとても手間がかかっています。

どれほど手間がかかっているかというと、平凡社の世界大百科事典は、索引１冊を作るのに、その他の本巻30巻と同じ費用がかかっているのです。

『頭がいい子の家のリビングには必ず「辞書」「地図」「図鑑」がある』（小川大介著　すばる舎）と言う本が出ましたが、私も子どもの身近なところに「図鑑」「事典」があることをおおいに勧めます。

私の家にも、学研の20巻ほどの図鑑があり、「わたしたちの地理」(国際情報社　現在は廃刊)という、これも20巻ほどの全国の地方や都道府県の様子が写真などとともに載せられた本があったように記憶しています。

図鑑や事典のいいところは、疑問を持ったときにすぐに調べる事ができることです。その際、お家の人と一緒に調べることで、分かった時の喜びを共有できます。この経験が自分で調べることに繋がります。暇な時に眺めるだけでも知的な好奇心を育てていきます。

図鑑や事典を選ぶポイントとしては、次の三点があげられます。

第一は、小学生向きがいいということです。

第二は、国語辞典が一番利用率が高く、次に百科事典・図鑑ということです。国語辞典の使い方は三年生で学習しますので購入はそれからでも遅くありません。

第三は、お子さんが好きな方面の本もぜひそろえたいということです。

図鑑・事典を選ぶ方法ですが、書店で同じ「項目」や「言葉」を何冊かで比べてみて、お子さんが「わかりやすい」「使いやすい」と言うものを選ぶのがいいと思います。

月別プラン・ドゥ・シー〈4〉

7月の学級経営のポイント【1学期】

図書室で調べる

調べたいものを図書室で調べさせる。国語の図書室での指導は「読書指導」と「調べる指導」とがある。

「読書指導」は、子どもたちが、自由に好きな本を選び、静かに読みふける場を提供したり、様々な本を紹介したりして、読書の楽しさを伝えることが目的だ。

「調べる指導」は、情報の探し方、資料の使い方を教えることがねらいだ。

教室で、「調べたいもの」をカードに記入した後、図書室で、そのことが載っている本を探させる。司書の先生を活用するとよい。司書の先生に尋ねることも立派な勉強の一つだ。

子どもたちは、「あり」について調べようとすると、図書室の「分類」の中で、「昆虫」や「動物」の本棚を探す。でも、題名に「あり」と書かれていないと、あきらめてしまう。そんな時には「昆虫」という本で調べるといい事を教える。ある花について調べたい子には「植物」の図鑑を勧める。

そしてぱらぱらとページをめくって、「載っていない」と言う。そこで巻末の「索引」を教える。図鑑や事典ではこの索引がとても重宝する。

『頭がいい子の家のリビングには必ず「辞書」「地図」「図鑑」がある』（小川大介著、すばる舎）という本があるが、図鑑や事典が身近にあると、疑問を持った時にすぐに調べられることができる事だ。

その際、お家の人と一緒に調べることで、分かった時の喜びを共有できる。この経験が、自分で調べることにつながる。暇な時に眺めるだけでも知的好奇心が育つ。

お誕生日会をする

お誕生日会を学級活動の時間に、毎月か2か月に1回くらい行う。1学期の間は計画、準備、進行、すべて教師が行う。

まずは、お誕生日会だけに限らず、お楽しみ会や集会はこのように進めるというイメージを持たせる。

「今日は、○月生まれのお誕生日会をします！」と言って始めればよい。

机を教室の後方に下げて、椅子を残しておき、座らせる。

プログラムは、

①お誕生日を迎える人の紹介
②歌「だれにだっておたんじょうび」
③ゲーム（爆弾ゲーム、なんでもバスケットなど）
④出し物（希望者）
⑤お誕生日を迎えた子たちから一言

出しものは、同じ子が次のお誕生日会に、同じものはやらないことにする。グループで発表してもよい。

歌、合奏、ダンス、コント、ものまね、体操の技、虫を手の上に乗せるなど、いろいろなことを子どもたちは披露する。

この経験が、2学期以降に、「お誕生日係」や「お楽しみ会係」など、自分たちで、計画、準備、実行できるようになることにつながる。

（細羽正巳）

２年４組学級だより

QUESTION

第○○号
平成○○年７月○日　　　　　　　　　○○市立○○小学校　細羽正巳

虫がブーム

生活科で「生きものはっけん」の勉強が始まってから、クラスは「虫ブーム」に沸いています。

教室には虫かごが並び、休み時間は観察をしたり、世話をしたり、触ったりと、虫との触れ合いを楽しんでいます。

生活科の時間は校庭で虫取りをしました。学校での虫取りは、子どもたち同士の交流が始まるところがいいところです。どこにいたのか、どうやって捕まえたのか、捕まえた虫をどうするのか、どうやって飼うのか、…など、子どもたちは情報を交換します。調べることも始まります。多くのことを学ぶとともに、友達の良さを感じたり、コミュニケーションが深まったりします。

どの虫とどの虫とを同じかごに入れるのか、もめることがあります。ここでは、虫同士が共食いをする関係なのかどうか、生きる環境が似ているのかどうかなどを考えなければなりません。ナメクジを見つけた子たちが、ダンゴ虫が入っているかごに入れさせてほしいと頼みました。断っていた子もしぶしぶ許しました。そして一緒に入れて、ナメクジが渇いていたので水も入れました。ダンゴ虫は水没してしまい、大騒ぎになりました。

バッタや何かの幼虫、蛾、ダンゴ虫、カミキリムシ、カマキリ、…　生活科用に各クラスに割り当てられている虫かごでは足りなくなってしまいました。奇跡的にカイコを見つけた長谷川栞南さん、菅家さん、高橋さんたちは、職員室に行き、理科室のカギを開けてもらって虫かごをゲットしてきました。

日記帳にも、虫取りの事がたくさん書かれています。学校での虫取りだけでなく、放課後や休みの日に虫取りをしたことも書かれていました。

・今日、学校でクヌギのじゅえきをみつけました。そこにはたくさんのむしがいました。たとえばアゲハちょうとかカナブンとかいました。はとかにぬっておきました。むしがくるといいな。（○○君）

・　「こうえんで、あそんだ」
きょう、みことちゃんとりなちゃんとかんなちゃんとこうやくんと本田くんとわたしで、あそびました。どろけいをしたり、虫とりをしました。わたしは、虫をとるのをてつだったり、むしをとってかごにいれたり、むしのえさをさがしました。ぜんぶできました。たのしかったです。またあそべるのが、まちどおしいです。（○○さん）

・　「カマキリの赤ちゃん」
ぼくは、今日の朝いえの前でカマキリの赤ちゃんを見つけました。どこで見つけたかというと、すごいほそい糸みたいなはっぱに、ぜつみょうなバランスでのっていました。色は、ちゃ色で大きさはぼくの小ゆびのはんぶんくらいで、かわいかったです。カマキリの赤ちゃんをはじめてじぶんで見つけたから、うれしかったです。つぎは大人のカマキリをじぶんで見つけたいです。（○○君）

月別プラン・ドゥ・シー〈4〉

8月の学級経営のポイント【夏休み】

個人面談

（1）個人面談の準備

事前に次のことをアンケートとして取るとよい。

1．学校で　よくあそぶ子はだれですか。名前を　書いて下さい。

2．休み時間は　どんなことをしてすごしていますか。

3．今、学校か　いえで　こまっていることがあったら書いて下さい。なかったら「なし」。

4．2年生になって、自分がかわったなあと　思うことはどんなことですか。いくつでもいいです。

5．このクラスは　どんなクラスですか。いくつ書いてもいいです。

6．じぶんは　どんな子ですか。

7．ともだちと　あそぶときに　気をつけていることは？

8．1学きの　思い出を　くわしく書いてください。

9．どんな夏休みをすごしたいですか。楽しみにしていること。つづけたいこと。たっせいしたいこと。

10．2年生になって　自分が　あてはまると思うものに○をつけます。

1年生の時はあまりできていなかったけれど　2年生でできるようになったことは　◎をつけて下さい。

①（　）なかのいい　ともだちがいる。

②（　）ともだちと　けんかをしなくなった。

③（　）べんきょうが　よくわかる。

④（　）べんきょうが　たのしい。

⑤（　）じゅぎょうでは　よく手を上げている。

⑥（　）じゅぎょうでは　先生のしつもんに　よく考えている。

⑦（　）いえで　よくべんきょうするようになった。

⑧（　）みんなのために　こうどうしている。

⑨（　）そうじをまじめにやっている。

⑩（　）字をていねいに書いている。

⑪（　）ともだちにやさしくしている。

⑫（　）む中になっているものがある。

⑬（　）学校にくるのが　たのしい。

⑭（　）とくいになった　きょうかがある。

⑮（　）ともだちが　ふえた。

⑯（　）ミニトマトに　まい日　かならず　水をあげた。

（2）個人面談の注意点

①時間を守る。暑い中、待つ保護者はイライラが募る。

②廊下に、うちわや子どもたちの算数ノート、ファイルや教育書などを置く。

③机を向かい合わせにしない。

（3）個人面談の進め方

①まず「何か特に聞きたいことやお話されたいことはありませんか」と聞く。なければ次に進み、保護者が話し始めたら聞く。話したいことがある保護者は聞いてもらえるだけで満足する。

②保護者からの話がない場合、良いところを伝える。具体的なエピソードを伴うとよい。多い方が保護者は安心する。

③良くない点は伝えなくてもいいが、どうしても伝えたいときは、どうすればそれが良くなるのかも話す。

④最後に、「先生がほめていたと伝えてください」と締めくくる。

（細羽正巳）

２年４組学級だより

QUESTION

第○○号

平成○○年７月○日　　　　　　　　　　○○市立○○小学校　細羽正巳

７歳は「魔の年齢」

公益財団法人 交通事故総合分析センターによる「交通事故分析レポート No. 116」（2016 年６月公表） http://www.itarda.or.jp/itardainfomation/info116.pdf　で、「交通事故の死傷者が最も多いのは７歳児」という事実が発表されています。

その概要を紹介します。

平成２７年度の交通事故による成人の死傷者数が６００人前後、６５歳以上では一段と多くなって８００人前後で推移しているのに対して、

「７歳児の死傷者数は、約１，４００人と際立って多い」

のです。

なぜ７歳児に死傷者のピークがあるのでしょうか。

７歳児の交通事故の特徴を見ると、

① ９３％の事故が、日中と薄暮時に発生している。

② 平日の死傷者数は、土曜日の約２倍、日曜日の約２．５倍。

③ 小学校が始まる登下校以外の通行目的でも７歳児の死傷者数が最多。

④ 男児の死傷者数は女児の約２倍で、男児の方が危険な行動をとる傾向があると推定される。

登下校中の事故、道路上での遊戯時、友だちなどへの訪問時の事故が、小学校入学の６歳から急増し、７歳をピークに減少します。

なぜ、７歳児の交通事故が多いのかについて、レポートでは、

「送り迎えがある幼稚園・保育園から、自分で登下校する小学校に移るなかで、まだ保護者などが行動に注意をしている６歳児、自分で比較的安全な行動がとれるようになる８歳児に対し、その中間の７歳児は、急激に活動範囲が広がることもあり、交通事故に巻き込まれやすい『魔の年齢』となっている」とあります。

また、死傷者が７歳にかけて急激に増加した後、そのまま推移するのではなく、すぐに減少していきます。その原因として、レポートでは、

「７歳にかけて死傷者数が増加したということは、その裏には事故に至らなかった数多くの危険な状況があったと思います。そして７歳を過ぎても登下校の頻度や外で遊ぶ機会は変わらないにもかかわらず死傷者数が減少したということは、子ども自身が危険な状況に遭遇し、その経験を通してどのような行動が危険なのかを学んだことで、死傷者数が減少しているということなのかもしれません」としています。

子どもたちの日記を読むと、行動範囲の広がりを感じます。交通事故には気を付けるように、大人が常に声をかけたり、子どもが自分自身で安全な行動が取れるよう、指導していくことが重要だと言えます。

月別プラン・ドゥ・シー〈4〉

9月の学級経営のポイント【2学期】

シルバーの3日間

（1）始業式の前日までにしておくこと

1．教室の掃除。掃除用具の確認
2．掲示物のはがれの確認
3．教室備品の点検（テレビ・パソコン・CDラジカセなど）
4．貸出文房具の確認（赤鉛筆、鉛筆、消しゴム、のり、ミニ定規、下敷き等）
5．黒板まわりの確認（チョーク、黒板消し、黒板用定規など）
6．机・椅子のがたつき、破損の点検
7．シルバーの3日間の計画作成
8．教科の単元計画・準備
9．配布物の確認（学校便り、教科書など）
10．提出物の出す場所の確認と名簿の用意
11．夏休み自由研究発表会の準備（赤ペン、コメント用ピンクのカード（TOSSメモピンクが最適）など）
12．漢字テストプリントの用意
13．黒板にメッセージを書く
14．初日に子どもに話すことを考える

（2）1日目

夏休み明けは子どもたちも不安がある。

ポイント1　子どもより先に教室に

登校してくる子どもたちに「おはよう」と明るいあいさつで迎えたい。特に「変化」を苦手とする発達障害の子は担任が教室にいるだけで安心する。

ポイント2　態度の良い子を褒める

始業式でしっかり話を聞いていたり、一生懸命校歌を歌ったりしていた子をチェックし教室で褒める。

ポイント3　提出物の確認をする

自由研究、絵、工作などはあらかじめ提出場所を決めておき、黒板にも書いておく。翌日に作品発表会をすることを予告する。

通知表関係など全員が提出すべきものは提出者を名簿にチェックする。

ポイント4　シーンと取り組む時間を

休みモードから学習モードへ切り替えるために漢字50問テスト、計算テストを行う。夏休み前に予告しておく。

（3）2日目

ポイント1　当番や係の仕事の確認をする

給食当番、掃除当番、1人1役の仕事の確認をする。仕事の内容は前任者から引き継ぎをさせる。給食当番、1人1役当番は、欠席者がいたらその隣の子が代役をすることも確認する。

係活動も始めるとよい。

ポイント2　自由研究作品発表会の最中に作品カードにコメントを記入する

（4）3日目

ポイント1　時間割通りの授業を行う

2学期は学校行事が多く、時間割が変更になることも多い。急な時間割変更は発達障害を持つ子どもたちを不安にし、問題行動を引き起こす引き金になりやすい。予定通り、授業を進めることが安定した学級経営を行うポイントである。

ポイント2　日常学校生活に戻す

教科書の開け方、持ち方、ノートの書き方、発表の仕方などの学習規律や給食の準備片付けなどを再確認する。

（細羽正巳）

２年４組学級だより

QUESTION

第○○号

平成○○年９月○日　　　　　　　　　　○○市立○○小学校　細羽正巳

２学期スタート

２学期の始業日。教室で待っていると、次々に元気に「おはようございます」と言いながら入ってくる子どもたち。一学期と同じ風景で始まりましたが、ちがうのは、子どもたちの持ち物。お道具袋や引き出し、そして夏休みの宿題と、重い荷物を一生懸命持ってきていました。日焼けした子、髪の毛をばっさり切った子、眼鏡をかけてきた子…。

教室の前には、かごを並べておきました。提出物を入れてもらうためです。名簿も置き、かごに入れたら、自分の名前に○を付けます。ほとんどの提出物が一日でそろいました。

大掃除のあと、始業式が行われる体育館へ移動します。少し早めに並んで入場しました。一応教室を出る前に、体育館へ入ってからの行動を復習し、送り出しました。

私は職員室に用があったので、子どもたちより少し遅れて体育館に着きました。そこには、きちんと静かに並んで座っている２年４組の姿がありました。他のクラスはまだ来ていなかったようです。

早めに来て待っていた音楽専科の○○先生が、「みんなしゃべらずに静かに待っていたわよ」と教えてくれました。

司会の○○先生からも、「はじめの方に来た３年４組と２年４組のみんなが静かに待っていたので、いい雰囲気で２学期の始業式が始められます。」と全校に紹介してくれました。４組の子たちは誇らしそうです。

教室に戻って、「校長先生のお話テスト」をしました。始業式での校長先生のお話の内容を、私が質問し、連絡帳に答えを書きます。質問と言っても、「校長先生はいくつのお話をされましたか」「一つ目のお話は『○○を○○る』でしたね。なにを○○る、でしたか」のようなものです。この日の問題は７問。ほとんどの子が半分以上正解しました。「話を聞く」というのはポイントを覚えることなのです。このようにして話を聞く力を育てているのです。

「たのしかった学校」

今日ひさしぶりの学校へ行ってひさしぶりにみんなとあえてとてもうれしかったです。そしてあんなちゃんのかみがすっごくびっくりしました。四くみは一がっきよりもたのしくてえがおがすごい、そういうクラスに、みんなでがんばってなりたいです。このクラスになれてうれしいです。（○○さん）

「一つ目のやくそく」

今日から学校が始まりました。たいいくかんで、しぎょうしきをしました。校ちょう先生が一つ目のやくそくの『時間をまもる』ことを話しました。それを聞くのはかんたんですが、それをまい日、まい日つづけるのは、とてもむずかしいことです。なぜなら、わすれてうっかりちこくをすることだってあるからです。ですから、わたしは、それをできるようになりたいなあと思います。（○○さん）

「二学きのはじまり」

・・・しゅくだいをかくにんしてもらっている時に先生が「日記を夏休みの間毎日書いた人は立ってください。」と言われて立ったのはぼくと○○さんだけだったので、ぼくが思っていたよりもすくなくてびっくりしました。先生にど力、すばらしいですとコメントを書いてもらって夏休みもまい日日記をかきつづけてよかったなあと思いました。（○○君）

月別プラン・ドゥ・シー〈4〉

10月の学級経営のポイント【2学期】

英語学習を日常的に

新学習指導要領では、中学年から外国語活動が取り入れられる。2年生から少しずつ英語に慣れ親しませると、よりスムーズに英語を話すことができる。2年生では、「朝の会、帰りの会」の日直の司会から始めるとよい。初めから全部英語で進めず、1語ずつ増やしていくと無理がない。

(1) まずは健康観察で

元気なら、「I am fine.」風邪を引いていたら、「I have a cold.」ということを教えた。

担任も名前を呼ぶときは、Kazumi, Manokaなどと、ファーストネームを呼ぶ。リズムにのって名前を呼ぶことがポイントだ。『ドラえもんの英会話』(小学館)には腹痛や頭痛などいろいろな症状が載っているので学級文庫に置いておくといい。

欠席の場合は、隣の子が「Absent.」と言う。

「英語が苦手」と言ってなかなか言えなかった子には、「『ゲーム』も『ノート』も英語だよ。みんな英語を話しているんだよ」と言って励ますと、話せるようになる。

(2) 朝の会の司会を英語で

健康観察が英語でできるようになったら、日直の司会も英語で進めるように1つずつ単語を増やす。

日直の司会を英語でやらせることによって、全員が英語で司会をする経験を1か月に1回はすることになる。

「日直」Day duty.
「気を付け」Attention.
「朝の会」Morning meeting.
「おはようございます」
Good morning.
「健康観察」Health check.
「連絡」Contact.
「先生の話」Teacher's talk.

次に日直の司会を文で行わせる。

「これから朝の会を始めます」
Let's start Morning meeting.
「歌を歌いましょう」
Let's sing a song.
「連絡です」Contact.
「他にありませんか」Do not contact the other?
「健康観察と先生の話です」
Health check & teacher's talk.
「欠席です」Absent.

(3) 帰りの会も英語で

朝の会が英語で進められるようになれば、帰りの会もすぐできるようになる。

「これから」

(4) 給食のあいさつも英語で

「手を合わせてください」
Please hands' together.
「いただきます」
Let's eat. Enjoy your meal.
「ごちそうさま」(英語では「ごちそうさま」に当たる言葉がないので「ごちそうさま」でもよい) I'm done.

(5) 手紙の配布も

プリント類などの配布時も、
「どうぞ」Here you are.
「ありがとう」Thank you.
「どういたしまして」
You're welcome.
を教えて言わせるようにすると、喜んで話すようになる。

(細羽正巳)

２年４組学級だより
第○○号

QUESTION

平成○○年１０月○日　　　　　　○○市立○○小学校　細羽正巳

係活動、始まりました

今月から、係活動が始まりました。

係活動は当番活動とは異なります。

当番活動とは，「毎日同じ手順で繰り返される学級全体に奉仕する活動」です。

掃除当番、給食当番、日直、そして一人一役が当番です。

係活動とは，「子どもたちの創意・工夫が生かされ，しかもクラス全体の文化を高める活動」です。

だから，例えば、生き物を飼ったり，その様子を紹介したりするのは，生き物係の仕事です。

係では，子どもたちがやりたいことをするため，当番のように人数や仕事の制限はありません。

さて、学級活動の時間に話し合って、２年４組の係は次の、８つになりました。

●レク＆ちょうせんじょう（休み時間にみんなと遊ぶレクを考えたり、他のクラスとドッジボールなどの試合をする計画を立てたりする）
●なぞなぞ・ひやひや（給食の時間になぞなぞを出題したり、怖い話をしたりする）
●バースデー（お誕生日会を企画する）
●クラス新聞
●に顔絵・ポスター
●生きものしょうかい
●かざりつけ（教室に季節感あふれる草花などを飾る）
●おわらい

全員がどこかの係に入り、クラスをより楽しくするために、それぞれ活動を開始しました。

「なぞなぞ・ひやひや」は翌日の給食の時間から、なぞなぞを出題し、怖い話を披露しました。

「かざりつけ」は、教室の後ろに、拾ってきた木の実や、色づいた葉っぱを飾って、秋の雰囲気を表しています。

「に顔絵・ポスター」も三人の似顔絵を描いた作品を掲示し、「レク＆ちょうせんじょう」も休み時間にみんなに遊びを提案しています。

月別プラン・ドゥ・シー〈4〉

11月の学級経営のポイント【2学期】

バスレクでのりのり

校外学習、見学でバスレクのネタを教師が数多く持っていたい。低学年のバスレクは凝らなくていい。簡単で準備もあまりいらないものを用意していくのが良い。

（1）なぞなぞ

2年生はなぞなぞが大好きである。校外学習のしおりに、「なぞなぞの問題と答え」を書く欄を設けておく。そして事前に、全員が、なぞなぞの問題と答えを1問考えて（見つけて）記入する。

当日までに、問題を読む練習をさせる。バスの中ではマイクを使うので、鉛筆などをマイクに見立てて練習させるのもよい。

バスの席の一番後ろの子からでも前の子からでもよい。1人1題ずつ出題する。出題者は、手を挙げた子を指す。解答が合っていたら「正解です。正解は○○です」、間違っていたら「違います。○○ではありません」と言わせる。

教師がなぞなぞを出題する時は『2年生のなぞなぞの本』から出題するのではなく、「1年生」や「幼稚園」のなぞなぞ本から出題すると、子どもたちが答えやすく、テンポもよくなり盛り上がる。

（2）これは何でしょう

画用紙にクイズを絵で描いたものを見せて答えてもらう。

①大きな「9」の数字を見せて、「何の仕事でしょう」

答えは「大工さん」

②ひらがなの「ご」を黒いマジックで書いたものを見せて、

「何の教科でしょう」

答えは「国語」

③ひらがなの「め」の左上の部分を消したものを見せて、

「なんと読むでしょう」

答えは「でたらめ」（↓左上の部分が出たら「め」になる）

（3）私は誰でしょう

事前にアンケートを取り、その答えを順番に読んで、そのアンケートを書いた子が誰だかを当てるクイズ。

アンケートの質問例

ここに書いたことは、校外学習で使います。絶対に他の人に話さないでください。

1．楽しみにしているお弁当のおかず。
2．楽しみにしているおやつの名前を1つ。
3．バスの　となりのせきの子は、どんな子？
4．自分は何の動物ににている？
5．自分は　どんな子？
6．かさいりんかい水ぞくかんへ行ったら、なにを見るのが　楽しみ？

（4）似顔絵ゲーム

白画用紙とマジックを用意する。

バスガイドさんの似顔絵ゲーム。一番後ろの子に白画用紙とマジックを渡す。一番目の子がバスガイドさんの「鼻」を描く。前の子に回して「口」と、酒井式で描かせていく。最後の列でバスガイドさんの絵が完成する。

4列のうち、どの絵が気に入ったか、バスガイドさんが判定する。教師の絵を描かせてもいい。

（細羽正巳）

２年４組学級だより

QUESTION

第○○号

平成○○年１１月○日　　○○市立○○小学校　細羽正巳

校外学習

子どもたちが待ちに待っていた校外学習。雨天のため、行き先が葛西臨海水族園となりました。

全員が参加できました。ピロティでの出発の会では、実行委員の○○さんと○○さんが、何度も練習した成果で堂々と話せていました。

みんな、運転手さんに「おはようございます」と元気よく挨拶をして乗車しました。

車内では、まずレク係の○○さんが、運転手さんに挨拶をします。

「運転手さん、わたしたちは、○○小学校２年４組です。わたしたちのクラスは、みんな仲がいいクラスです。担任の先生は細羽先生です。勉強をわかりやすく教えてくれるおもしろい先生です。今日一日、よろしくおねがいします。」

はっきりゆっくり聞きやすい声で話せました。みんなも声をそろえて「よろしくお願いします」とあいさつしました。

そして、元気よく「今月の歌」をみんなで歌っていきました。「今月の歌」はCDもありますし、一か月ごとに練習しているのでみんな歌えます。教室では踊りながら歌っている子も多かったのですが、バスの座席ではシートベルトもしているので思うように動けません。それでも楽しそうに歌っていました。

次にバスレク係の○○さんの指示で、「なぞなぞ合戦」の始まりです。全員が用意してきたなぞなぞを一人ずつ出題していきます。出題者は、手を挙げた子を指します。回答が合っていたら「正解です。正解は○○です。」、間違っていたら、「違います。○○ではありません。」と言うので、スムーズに進行します。「なぞなぞ合戦」が終わったあと、子どもたちが「先生も問題出して」と言うので、画用紙に書いた「文字？」を読ませるクイズを出題しました。例えば画用紙に大きく「９」と書いて「何の仕事でしょう」。（大工。大きな９（く）だから）

そして、○○さんによる「わたしはだれでしょうクイズ」です。事前に質問に回答してもらった自己紹介の回答欄を読み、それが誰のものか当てるのです。質問は「持って来たいおやつの名前一つ」、「となりの席の子はどんな子？」、「自分を動物に例えると」などです。このようにみんなでワイワイやっているうちに、約１時間余りで葛西臨海水族園に着きました。

水族園は、本校のように、雨天のためにここにコース変更した学校も多く、入り口から大勢の子どもたちでごった返していました。帽子の色も同じ赤白帽子の学校も多く、名札とカラーバンド、そして教師の派手な黄色のポロシャツで区別できました。

驚いたのは、子どもたちの魚への興味関心の高さです。どの水槽にもぱっと群がっては、興奮しながら「わっ、○○だ！」、「かわいいー」、「おもしろーい」などと歓声を上げていました。

特に、サメ、マグロの回遊、マンボウ、タツノオトシゴ、ペンギンの人気が高かったです。ヒトデやナマコ、ウニにさわれるコーナーも人気がありました。

午前中、一時間半ほどかけて水族園を見た後、バスに戻ってくるとまた雨が降り出し、バスの中でのお弁当となりました。でも子供たちは喜んでいました。お腹が空いて、どこでもいいから早くお弁当を食べたかったようです。お弁当のふたを開けてまた歓声があがります。「わーっ、かわいい。パンダおにぎりだー」「愛情いっぱいだー」「ねえ、私のおにぎり見てー。」と、お家の方の愛情をかみしめて食べていました。

月別プラン・ドゥ・シー〈4〉

12月の学級経営のポイント【2学期】

冬休みの過ごし方は「3つのやくそく」

冬休みは、子どもにとって行事が多くなり、家族や親戚とのふれ合いも増えるときである。

そしてもちろん安全に過ごしてもらいたい。そこで、冬休みの過ごし方を、「3」をキーワードに、シンプルで覚えやすいものにする。

懇談会や「冬休みのしおり」でも知らせていく。

（1）早寝・早起き・朝ごはん

子どもたちが健やかに成長していくためには、適切な運動、調和のとれた食事、十分な休養・睡眠が大切である。

しかし、年末年始で乱れがちな生活習慣。中には、昼夜逆転してしまう子も。乱れるのに時間はかからなくても、乱れたものを元に戻すには、時間がかかる。

3学期になってもそれを引きずらないよう、「早寝・早起き・朝ごはん」を合言葉にする。

冬休みのしおりなどには、それぞれについて具体的な数字を書かせて反省欄にチェックさせるとよい。

わたしの
早ね……（9時までにねる）
早起き……（6時半までに起きる）
朝ごはん……（毎日3食きちんと食べる）

（2）3つの車の話

「安全に過ごしましょう」とか「車に気をつけましょう」と言っても、それが具体的にどうすることなのか、イメージできにくい。そこでお勧めなのが、向山洋一氏の「3つの車の話」だ（実際の車のおもちゃ（ミニカーなど）を用意してもよい）。

冬休みには、次の3つの車のお世話にならないように、過ごしましょう。
1台目は、赤い色の車です。何でしょう。そう、消防車ですね。
冬休みに、たき火などの火遊びをして火事になったら大変です。火遊びは絶対にしません。
次は、白い車です。そう、救急車です。
お餅を食べすぎておなかをこわしたり、交通事故で大きなけがをしたりして、救急車のお世話にならないようにしましょう。
そして最後が、白と黒の車です。そう、パトカーです。
万引きをしてつかまったり、知らない人の車に乗ったり、ついて行ったりしたときに怖い事件に巻き込まれないよう気を付けてください。
冬休み、赤い車、白い車、白と黒の車にお世話にならないようにしましょう。

（3）3つの宿題

「始業式の日までに必ずしてきてください」と言い、次の3つを宿題として出すのもいい。

①学校からの宿題。
②おうちの仕事を何か1つでも続ける。
③元気で過ごす。

（細羽正巳）

２年４組学級だより
第○○号

QUESTION

平成○○年１２月○○日　　○○市立○○小学校　細羽正巳

かけ算九九

かけ算九九の学習が終わりました。

「かけ算九九」ができるということは、「逆上がりができる」、「跳び箱を跳べる」というような、「大きな指標」になっています。「子ども黒帯」と言ってもいいと思います。

かけ算の学習のポイントは、
① 九九を覚えて言えるようにすること
② かけ算の意味「○ずつがいくつ分で全部の数」がわかること
です。

かけ算九九の中で、難関なのが、７の段、８の段です。

５の段は、答えが、５，１０，１５・・・と５跳びなので、覚えやすいです。ですから、最初に学習する九九が、５の段でした。

次に、２の段、そして、３の段、４の段、６の段と続きます。

７の段は、「しちし　にじゅうはち」「しちろく　しじゅうに」などの唱え方が難しいのです。

１年生から、４→「し」、７→「しち」の読み方を意識してきた子は、比較的スムーズに唱えられますが、４→「よん」、７→「なな」と読んでいる子は、ちょっと苦戦を強いられているようです。

つまずきやすい九九は、つぎのようなものです。

●３×７（さんしち）　３×８（さんぱ）　３×９（さんく）
●４×６（しろく）　４×７（ししち）　４×８（しは）
●６×４（ろくし）　６×７（ろくしち）　６×８（ろくは）
●７×３（しちさん）　７×４（しちし）　７×６（しちろく）　７×７（しちしち）　７×８（しちは）
●８×８（はっぱ）　８×９（はっく）　８×６（はちろく）　８×４（はちし）　８×７（はちしち）　８×３（はちさん）　８×５（はちご）
●９×８（くは）　９×６（くろく）　９×３（くさん）　９×５（くご）　９×４（くし）　９×７（くしち）

九九を唱える時に、ただ、言うのではなく、教科書にある、「九九をつくろう」の図を使って下敷きなどで隠しながら唱えるようにすると、
① 言葉と量が対応する
② 子どもが自分からすすんで喜んでやる
ようになります。

教室でも、算数の授業の最初は、「百玉そろばん」をつかって、リズムよく唱えるだけでなく、量を視覚でとらえさせるようにしています。

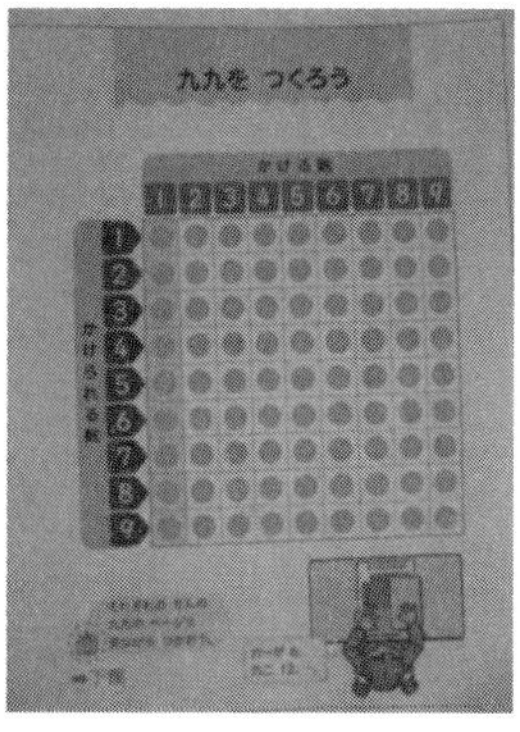

月別プラン・ドゥ・シー〈4〉

1月の学級経営のポイント【3学期】

新しい気もちで

3学期の始業日は、新しい学期の始まりでもあると共に、新しい年の始まりでもある。

ぜひ、子どもたちに、3学期のめあてを書かせたい。

そのめあては、後で書いた内容を忘れたり、できているかどうか判断できないものはあまり意味がない。「〇〇をがんばる」よりも、「1日1回〇〇をする」「毎日〇分、〇〇をする」のように、

①具体的で、やったかどうかが分かるもの

②続けられるもの

を、めあてにするように話す。

かけ算九九には「かけ算ファイターさが」

2学期で「かけ算九九」の勉強が終わったが、「かけ算九九」の習得は、2年生で最も重要な学習内容だ。

3学期に、コンピュータ室が使えれば、かけ算の練習をTOSSランドの子どもサイト「かけ算ファイターさが」でおこなうといい。

学校のコンピュータにはフィルタリングがされているので、いくつかのサイト集を経由して「TOSSこどもランド」に行き、「算数・数学」集から入る。

「TOSSこどもランド」は子ども用の学習ゲームサイト集だが、全てのサイトが、教師の手によって作られているので、子ども達も使いやすい。

プログラミング教育を

新学習指導要領では、「児童がプログラミングを体験しながら、コンピュータに意図した処理を行わせるために必要な論理的思考力を身に付けるための学習活動」を実施することが書かれている。

文部科学省のHPから入れる「プログラミン」が低学年では適している。慣れてきたら、「Scratch」にも挑戦させるとよい。「Scratch」は、TOSSランドから指導用ワークシートが印刷できる。

1年生へおもちゃのプレゼント

生活科でおもちゃ作りの発展として、ぶんぶんゴマを作ると、1年生にプレゼントできる。途中で壊れたりするものもあるので、多めに作らせる。

2年生も、1年生の時に、2年生からぶんぶんゴマをもらっている。

上手くぶんぶんゴマを作ることができない子、作ることができても、回すことができない子もいる。

そこで、作ることができた子は、他の子の作るのを手伝ったり、回し方を教えたりさせる。冬休みや3学期になって完成させた子もいた。ぶんぶんゴマを1年生にプレゼントとして渡すだけではなく、回し方を教えなければならない。しまい方や、作り方も教えてあげたい。

3学期の生活科で、隣同士で、片方が1年生役になって、教え方の練習をさせる。教え方が上手だった子の、教え方を発表し合い、自分が説明するときに使えるようにするとよい。

（細羽正巳）

２年４組学級だより

第○○号

QUESTION

平成○○年１月○日　　　　　　　○○市立○○小学校　細羽正巳

3学期スタート

３学期の始業日。冬休みに、大きなけがをしたり、入院したりした子もおらず、全員がそろいました。通知票の袋や歯磨きカレンダー、冬休みの一言日記、書初などの宿題も、ほぼ全員がきちんと持って来ました。新しい年、新しい学期へのやる気が見られます。

そのやる気が失せないように、子どもたちに、３学期のめあてを書かせて、自己紹介カードに貼りました。そのめあても、後で、書いた内容を忘れたり、できているかどうか判断できないものはあまり意味がありません。「○○をがんばる」よりも、「１日１回○○をする」「毎日○分、○○をする」のように、

①具体的で、やったかどうかが分かるもの

②続けられるもの　を、めあてにするように話しました。

「続ける力」は、今話題の、『ＧＲＩＴ　やり抜く力～人生のあらゆる成功を決める「究極の能力」を身に付ける～』（アンジェラ・ダックワース著　神崎朗子訳　ダイヤモンド社）
にも、その重要性が書かれています。

この本の中に、「偉大な人とふつうの人との決定的なちがい」は、「知能の高さ」ではなく、「動機の持続性」であると書かれています。そして、「知能のレベルは最高ではなくても、最大限の粘り強さを発揮して努力する人間は、知能のレベルが最高に高くなくてもあまり粘り強く努力しない人より、はるかに偉大な功績を収める」とあります。

と言っても、ただ「やりなさい。」「がんばりなさい。」と言うだけでは、続ける、やり抜くことは難しいです。実は、本書には「子どものころの「ほめられ方」が一生を左右する」として、「成長思考」「やり抜く力」を伸ばす表現として、次の言葉を紹介しています。

「成長思考」「やり抜く力」を妨げる表現	**「成長思考」「やり抜く力」を伸ばす表現**
「才能があるね！すばらしい」	「よくがんばったね！　すばらしい」
「まあ、挑戦しただけえらいよ！」	「今回はうまくいかなかったね。一緒に今回の方法を見直して、どうやったらもっとうまくいくか考えてみよう」
「よくできたね！　君はすごい才能を持っている」	「よくできたね！　もう少しうまくできたかもしれないとおもうところはあるかな？」
「これは難しいね。できなくても気にしなくていいよ」	「これは難しいね。すぐにできなくても気にしなくていいよ」
「これは君には向いていないのかもしれない。でもいいじゃないか。君にはほかにもできることがあるよ」	「もうちょっとがんばってみようか。一緒にがんばれば必ずできるから」

月別プラン・ドゥ・シー〈4〉

2月の学級経営のポイント【3学期】

「自分発見発表会」をしよう

（1）最後の授業参観で「自分発見発表会」

「学習発表会」ではなく、「自分発見発表会」である。

これまで多かったのは、体育館で、学年で自分の得意なことを、クラスの枠を外して、グループごとに練習して発表する「学習発表会」だった。

これだと、学年で同じ時間を設定して練習を行わなければならず、時間の調整などが必要だった。

また発表時間がグループごとなので、保護者はわが子を「見る」ことが主となっていた。

「自分発見発表会」は、クラスごとの練習をし、1人ずつ発表するので、よりわが子の成長を見て聞くことが出来る。練習もクラスごとなので融通が利く。

自分自身の成長を振り返る活動後、これまでの生活や成長を支えてくれた家族に感謝する気持ちを「自分発見発表会」で表す。

また、子どもたちが身に付けた話す力を保護者にも見てもらいたい。

具体的には、子どもたちが、自分の生い立ちを家の人にインタビューしたことの中で、みんなに話したいエピソードとそれに関係する「紹介する物」を選んで話し、お家の人への感謝の言葉を伝えるのだ。

（2）事前の案内

保護者へは、事前に学年だよりなどで案内をし、使うものについて協力を得る。

> **自分発見発表会のご案内**
> 自分の成長ぶりを、小さいころの写真や、小さいころに使った物（くつや靴下、服、遊んでいたおもちゃ、絵本）などを見せながら発表します。ぜひお越しになって、子どもの発表をご覧ください。そして、家に帰って感想を言ってあげてください。子どもたちの励みになります。

（3）プログラム

> ①初めの言葉
> ②合奏と合唱発表
> 　子どもたちと話し合って決める。
> ③自分発見発表
> 　何度もリハーサルさせる。
> ④感謝の言葉
> 　呼びかけ形式でもいい。
> ⑤終わりの言葉

（4）会場

場所は、各教室がいい。

椅子は保護者用として、保護者に座って参観してもらう。

保護者と子どもたちは全員の顔が見えるように対面式にして座る。

写真を持ってきた子は、実物投影機などでテレビ画面に映す。

司会、保護者用いす並べ、保護者誘導、CD操作は、子どもたちにやらせる。「自分発見発表」はもちろんだが、係や合唱合奏もリハーサルは念入りに行うことがポイントだ。

（細羽正巳）

2年4組学級だより

QUESTION

第119号

平成〇〇年2月〇日　　松戸市立柿ノ木台小学校　細羽正巳

自分はっ見はっぴょう会（1）

2月22日の「自分はっ見はっぴょう会」には、なんと、全家庭の保護者が参観されました。子どもたちが、自分の生い立ちを家の人にインタビューしたことの中で、みんなに話したいエピソードとそれに関係する「紹介する物」を選び、一人ひとり、一生懸命、話している姿、そして話した内容、お家の人への感謝の言葉は、とても素晴らしく、心を打たれました。

翌日提出された日記帳にはこの会のことが書かれていました。

●じゅぎょうさんかん

今日、じゅぎょうさんかんでした。じゅぎょうさんかんは5時間目で、きょうしつでやりました。じゅんびもありました。それはたいへんでしたので、昼やすみでした。いすや、つくえを、さんすうきょうしつまでやります。ほかのクラスは、ずこうしつのところです。

ぼくは、はっぴようするとき、きんちょうしなかったので、こえがぜんぜんでませんでしたけど、なれてきたので大きなこえをだせました。

（〇〇くん）

●「自分はっ見はっぴょう会」　2月22日（水）

きのうは、はっぴょうのれんしゅうをしなければ、と思いながらスイミングのならいごとがあってなかなかはっぴょうのれんしゅうができませんでした。

そしてとうとうはっぴょう会がはじまり、わたしの番が回って来ました。でも、もうその時には心ぱいなんてしていませんでした。なぜなら、二十分休みに何どもれんしゅうして、自しんがついたからです。

でも、ゆだんなどはしていませんでした。

はっぴょうをする時は一生けんめいでしたから、自分がせいこうしたか、しっぱいしたかもわかりませんでした。ですから、いつか、お母さんがとってくれたビデオでせいこうか、しっぱいかをたしかめたいです。

（〇〇さん）

月別プラン・ドゥ・シー〈4〉

３月の学級経営のポイント【3学期】

最後の保護者会

（1）何のための保護者会か

保護者会は、保護者同士のつながりを作ることが目的だ。

保護者同士の仲がよければ、子ども同士も仲がよくなる。保護者会を利用して、保護者同士が知り合えば、いろいろな話ができるようになる。

子ども同士のトラブルが起こっても、保護者同士が知り合いだとすんなり解決することが多い。

ほとんどの学校では、2年生から3年生へはクラス替えが行われるだろう。そういう意味では、学級懇談会ではなく、学年懇談会を設けるのもよい。

（2）保護者会の進め方4か条

①開会時刻と終了時刻を守る（個人的な相談をしたい保護者もいるので、終了予定時刻の15分前に終わるとよい）。
②メモしたくなるような話をすること。
③子どもが良くなる努力のやり方を話すこと。
④写真や映像、作文やアンケート結果など、子どもの様子が具体的に分かる資料を用意する。

保護者会を進めるにあたって、右の4カ条を念頭に置くだけで保護者の参加率が上がる。

（3）わが子の成長が分かる演出を

子供たちの成長ぶりが良くわかる「モノ」を用意する。

①1年間撮りためた写真やビデオ

4月からの学校生活の様子を記録した写真を時系列で用意しておく。これは急には用意できないので、できるだけ写真を撮っておく。

保護者会当日は、スライドショーの機能を使い、テレビ画面で映せばいい。

余裕があれば、タイトルを入れたり、BGMを入れたりして編集しておくと一層効果的である。

保護者の中から、このスライドショーの画像を分けてほしい、という要望も出てくるかもしれない。個人情報の関係から、事前に管理職に聞いておいた方が良い。

写真は、運動会や校外学習などの行事だけではなく、ふだんのスナップがたくさんある方がよい。

特になかなか保護者が見ることのない給食当番のエプロン姿、給食を食べているところ、掃除中、係活動の様子などの写真は大好評である。

休み時間にはやっていた遊びや図工の作品作りの様子、体育や音楽の授業の写真やビデオも保護者にとってはお宝映像である（もちろん、一部の子どもの写真に偏らないような配慮は忘れてはならない）。

4月当初の姿と2月、3月の姿を写真で比べてみると一目瞭然。この1年で大きく変わっていることが分かる。保護者にとってもわが子の成長を実感できるうれしい時間となる。

②わが子の作品

年度末には、1年間の図工や生活科の作品、作文などを「作品集」として、大きめのファイルに入れて渡すと記念になり、大事に保管してもらえる。

（細羽正巳）

２年４組学級だより

第 129 号

QUESTION

平成○○年３月○○日　　　　松戸市立柿ノ木台小学校　細羽正巳

１年間の子どもの成長がわかる 15 のチェックポイント

早いもので、２年生もあと２日となりました。「低学年」としての時期が終了し、「中学年」になっていきます。

子どもたちは１年間で学習はもちろん、心も体も大きく成長しました。

１年間の成長を、下記のチェックポイントで確認し、できるようになったことを実感してください。そして、お子さんをほめてあげてください。

これからも、学習だけでなく、心も体も成長していくお子さんを見届けてほしいと思います。

□　①よく日のじゅんびが、自分でできる。(時間わりや　ふでばこの中みのかくにんなど)
□　②ならったかん字をつかって、文しょうを書くことができる。
□　③かん字テストで１００点をとったことがある。
□　④「、」や「。」をつかって、文しょうを書くことができる。
□　⑤「は」「へ」「を」を　正しくつかって文しょうを書くことができる。
□　⑥一人で読書ができる。
□　⑦一のだんから九のだんまでの九九を言うことができる。
□　⑧１日に２０分は、つくえにむかうことができる。
□　⑨時計を見て行どうできる。
□　⑩元気にあいさつができる。
□　⑪外であそぶことができる。
□　⑫家で、友だちのことを話すことができる。
□　⑬友だちに、自分から声をかけることができる。
□　⑭かたづけまでできる。
□　⑮朝ごはんを毎日食べることができる。

チェックを終えて感じたことなどを書いておくことをお勧めします。

〈1〉学校のホームページづくり
学校全体、学年のホームページ担当の仕事

学校全体の仕事

学校のホームページを把握する

各校、様々な項目がある。学校長挨拶、学校経営方針、教育目標、研究、沿革、学校案内など、まずは、ホームページにどのような項目があるか把握する。そして、年度初めに更新が必要なもの、年度中に更新が必要なもの、更新が必要ないものに分類する。こうしておくことで、見通しをもってホームページの更新ができる。

ホームページ等掲載許可の通知を出す

ホームページには、個人の写真が掲載されたり、名前が掲載されたりする。その時のために、保護者に写真や名前を載せてもよいか許可を取る必要がある。この担当は学校によっては管理職が行うこともあるので確認する。可能であればホームページ担当が進んで行い、学校に貢献したい（文例は次ページに掲載した）。

年間計画を立てる

どのような仕事をやるか、何回やるか、いつやるかが決まっていた方がどの学年も仕事がしやすい。

そこで、年間計画を立てる。

例えば、各学年で学年のページを作成する、月一回程度更新する、月末に作成したものを担当に提出する、など、年間の計画を立て周知する。

各学年のページの更新を依頼する

各学年のページは、学年ごとに定期的に更新できるように、写真1枚、コメント50文字程度の枠を用意する。更新は月に一回程度にして、無理のない回数を依頼する。写真とコメントだけであれば大きな負担はない。管理職への確認や更新作業は担当が行う（文例は次ページに掲載した）。

常にデジカメを持ち歩く

思いがけない時に、ホームページの題材が見つかることもある。例えば全校朝会で、子供が表彰されたとき、担任がデジカメを持っておらず、自分が写真を撮り感謝されたことがある。常にデジカメを持ち歩くことで、全校児童の活躍を意識するようになる。各学年の先生方に写真を提供できる。自分の学年のホームページ更新にも役立つ。学校全体に貢献できる

学年の仕事

2年生の行事を確認する

行事があるときにホームページを更新する場合が多い。4月に行事予定を見ながら、更新の年間計画を立てる。行事がない場合は、子供が活躍する様子を紹介する。

4月	入学式	5月	植物の栽培
6月	運動会	7月	プール
8・9月	始業式	10月	生活科見学
11月	学芸会	12月	音楽鑑賞教室
1月	席書会	2月	1年生との交流
3月	成長を祝う会		

授業であれば生活科の授業で、子供たちの生き生きした活動の様子が撮れる。学校たんけん、町たんけん、植物の栽培、おもちゃ作り、他学年との交流などである。

（髙木順一）

各学年の先生方へ

学年のページ更新のお願い

毎月1回各学年のページを更新します。そこで、写真を1枚、コメント50文字程度で作成をお願いします。写真、名前掲載不可の児童にご配慮をお願いします（ファイルは　校内共有→ホームページ→各学年のページ　に入っています）。

コメント（50文字程度）

〇年〇月〇日

保護者様

児童名、写真のホームページ掲載許可のお願い

切り取り

（　）児童名の掲載を許可します。

（　）写真の掲載を許可します。

保護者名　　児童名　　印

〈2〉学校でＩＯＴを構想する

プログラミング教育につなげよう

ＩＯＴとは

ＩＯＴとは、Internet of Things の略であり「モノのインターネット」と訳される。パソコンやスマートフォンなどの情報通信機器に限らず、すべての「モノ」がインターネットにつながることで、生活が大きくに変化すると考えられている。

近い将来、考えもしなかった「モノ」がインターネットにつながると考えられている。

そこで、２年生の児童に、ＩＯＴに気付かせるしかけや、ＩＯＴにつながる、プログラミング教材を紹介する。

学校のＩＯＴを考える

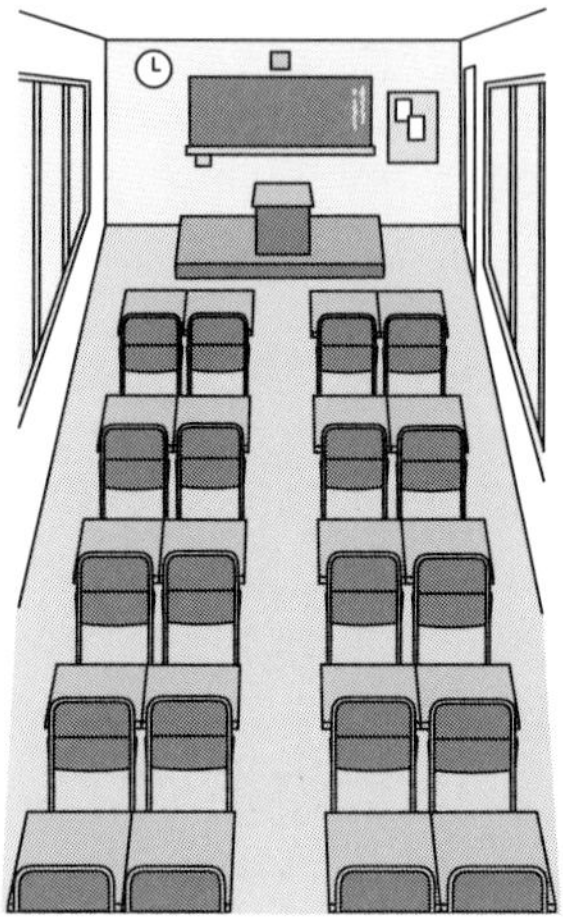

教室の写真を見せながら発問する。

「いろいろなモノがインターネットにつながることをＩＯＴといいます。例えば教室のパソコン、先生のスマートフォンはインターネットにつながっています。他にも、インターネットにつながると便利なものはどれですか。便利になる理由も考えましょう」

児童には、写真を印刷して配布する。

・教室の戸がつながるといいと思います。自動ドアになって面白そうだからです。
・机がつながるといいと思います。机がスマートフォンみたいになると面白そうだからです。
・黒板がつながるといいと思います。黒板でインターネットができて、便利で見やすいと思ったからです。
・窓がつながるといいと思います。窓から外を見たら、天気予報が見えたり、昼間に星が見えたりすると便利で面白いと思ったからです。

続いて、学校の写真を見せながら発問する。

「たくさんの考えがでてきましたね。学校全体を見たらどこに、インターネットがつながるといいと思いますか」

・校門がいいと思います。遠くからドアを開け閉めできるからです。
・サッカーゴールがいいと思います。得点が記録されるから便利です。
・花壇がつながるといいと思います。花壇が、水が足りなかったり、肥料が足りなかったりするのが、わかると思うからです。

このように、学校とＩＯＴを子供たちに考えさせると、楽しい活動になる。

子供たちの発想を生かした、ＩＯＴをワークシートや画用紙に書かせて掲示物にすることもできる。子供同士で作品を見合うことで学校のＩＯＴを意識することができる。

プログラミング教材

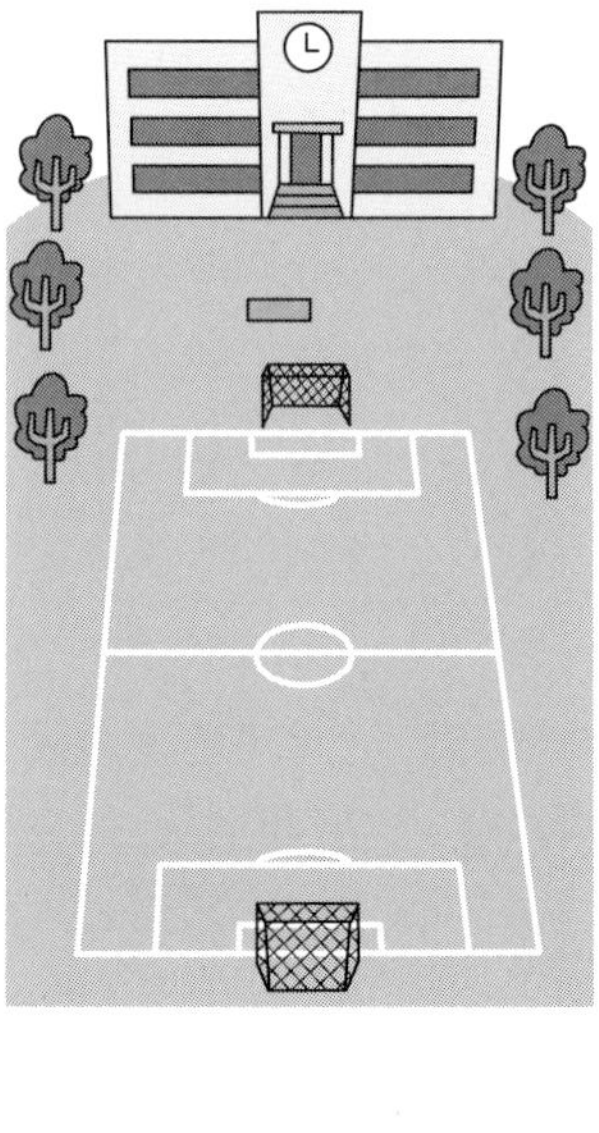

文部科学省のＨＰから引用する。

「小学校におけるプログラミング教育が目指すのは、子供たちが、コンピュータに意図した処理を行うよう指示することができるということを体験しながら、身近な生活でコンピュータが活用されていることや、問題の解決には必要な手順があることに気付くこと、各教科等で育まれる思考力を基盤としながら基礎的な「プログラミング的思考」を身に付けること、コンピュータの働きを自分の生活に生かそうとする態度を身に付けることである」

２０２０年度から、プログラミングが必修になる。プログラミング的思考を身に付けるための教材を紹介する。

①プログラミング

文部科学省が運営するプログラミングソフトである。ＷＥＢ上で、視覚的なプログラムを作成することができる。プログラミングを難しいと思わず、簡単に始められるように作られている。

②ＳＣＲＡＴＣＨ（スクラッチ）

キャラクターに「前に進む」「回転する」「もし端にぶつかったら跳ね返る」など、命令して、動かす。プログラミングの基礎が学べる。小学生でも扱いやすいので、小学校のパソコンクラブで導入しているところもある。

③Code-A-Pillar（コードアピラー）

芋虫型のロボットで、頭に動力、体に動きの命令が入っている。

「前に進む」「曲がる」「止まって音を出す」などの命令を組み合わせて、ロボットを動かす。

コースを作ってその上を動かすようにプログラミングしたり、障害物を避けて通るようにプログラミングしたり、ロボットが実際に動く様子を見ながらプログラミングが体験できる。

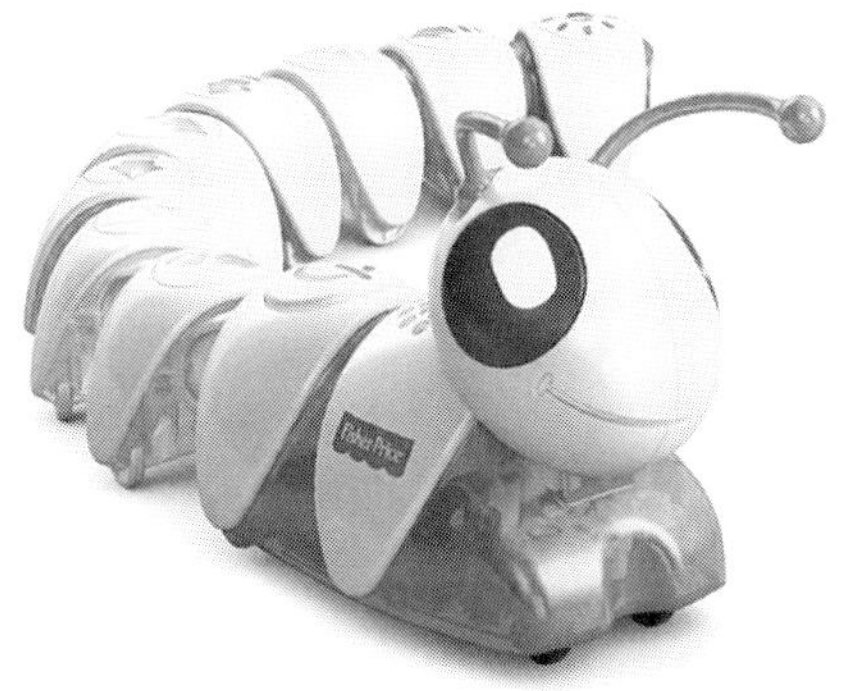

④レゴのロボット教材「WeDo 2.0」

ブロックを組み立てて車を作る。その後、動力部分とＰＣをつなげて、プログラミングする。

「左右のタイヤを前に進ませる」「左右のタイヤを後ろに進ませる」「右は前、左は後ろに進ませる」など、自由に動かすことができる。スタートと、ゴールを決めて、どのようにプログラミングしたらゴールまでたどり着くかを考える。２人組になって、協力して取り組むのもよい。

今後、プログラミングが必修化になるとともに、低学年でも将来に向けてパソコンの使い方を覚えるインプットだけでなく、プログラミングをして自分で動きを作るなどのアウトプットも必要になってくる。まずはできるところから、取り組ませていきたい。

（髙木順一）

〈3〉学校のICT

教師が使うICTと子どもが使うICT

新学習指導要領総則において、ICT環境を整備する必要性が規定された。これは日常生活において、ICTを活用することが、あたりまえになっており、学校生活や授業でもICTを活用することが求められている。

学校現場にも、児童がPCやタブレットを活用して学習を進める場面が多くみられるようになった。

教師、児童がどのように活用するか、事例を紹介する。

教師が使うICT

（1）その場で大きく映して焦点化する

書画カメラとプロジェクターを使い、教科書やノートを大きく映す。

教科書を大きく映せば、児童はどこを学習しているか迷うことがない。書き込みがしたい場合は、ラミネートフィルムなどの透明のシートを上からかぶせて、ホワイトボードマーカーで書けば、何度でも書き込みができる。

児童のノートを大きく映して、発表させたり、ノート指導をしたりすることができる。

教科書や資料集など前もって準備ができて、あらかじめ提示することが決まっている場合は、スキャナやデジカメ等でPC等に画像を保存しておくとよい。事前にスキャンなどができない、児童が授業中に書いたノート等は、書画カメラを使って拡大するなど、区別をしておくと授業が円滑に進められる。

（2）映像を見せる

NHK　for　School（http://www.nhk.or.jp/school/）が非常に使いやすい。国語、算数等の教科、道徳や総合的な学習の時間、プログラミングなど、児童向けの動画が様々用意されている。

10～15分程度の番組から、1分程度のクリップまで用意されている。授業に関係する映像が見せたいと思ったらまず検索するサイトである。

（3）授業コンテンツを使った授業をする

TOSSランド（http://www.tos-land.net/）には、国語、算数、社会、理科、外国語活動等、数多くの授業コンテンツがある。作成者は、学校の先生たちである。子供相手に授業することを想定しているので、非常に使いやすい。授業コンテンツを使った授業をしたいと考えたら、まずは、TOSSランドを検索するとよい。パワーポイントで作成されたもののあるので、学級の実態に作り替えて、活用することもできる。

子供が使うICT

（1）学習ゲームをする

TOSSこどもランド（http://www.tos-land.net/child/）では、各教科の学習ゲームがそろっている。2年生のおすすめは、

①かけ算ファイターさが

ゲームをしながら、九九の答えを打ち込み、ステージをクリアしていき、九九を習得するゲーム。

②しょくぶつはかせけんてい

校庭や公園にある植物に関するクイズ。初級から上級まであり、自分で難易度を選ぶことができる。

③おんぷのよみかたゲーム

音が鳴ったら、その音の鍵盤をクリックするゲーム。音の場所を正確に覚えることができる。

④世界の国旗をおぼえよう

国旗と国の名前がでてくる。国の名前の上に、国旗をドラッグするゲーム。２０２０年の東京オリンピック、パラリンピックに向けて国際交流の学習に非常に役立つ。

（2）タブレットを活用する

児童用タブレットが学校に設置されてきた。教室に持ち込んだり、校外に持ち出したりして積極的に活用したい。

①体育の授業で活用する

例えば、長縄をしているときの映像を撮る。全体に見せながら、良いところや改善点などを説明する。何度も繰り返して縄に引っかかってしまう児童には、映像を見せながら、具体的な動きを指導し、改善させることができる。映像を撮り、フィードバックに使うというやり方は、マットを使った運動、かけっこ、跳び箱、立ち幅跳びなど、様々な運動に使うことができる。

②生活科　まちたんけんで活用する

まちたんけんでは、地域のお店などに行き、仕事内容ややりがいなどをインタビューしたり、施設の使い方などを教えてもらったりする。

グループで1台タブレットを持たせれば、インタビューの様子を撮影したり、施設の中を撮影したりすることができる。

学校に戻り振り返りをするときに、施設のことを画像で振り返ったり、インタビュー内容を映像で振り返ったりすることができる。また、お店などを撮影する前に、事前に許可を取ることが必要である。許可が必要なことも児童に指導しておくことで、無許可で撮影することをなくすことができる。

③生活科　季節探しで活用する。

グループ、もしくは2人で1つタブレットを持たせる。校庭に出て、春を感じるものを探して写真を撮らせる。グループ、もしくは2人組にしたのは、春を感じるものかどうか、話し合いながら探すことができるからだ。

見つけるたびに、絵をかいたり、植物や虫の名前を書いたりしていたら時間がいくらあっても足りなくなる。写真ならば、極めて短い時間で済む。時間を決めて、写真を撮り教室に戻る。教室に戻った後に写真を見ながら図鑑等で名前を探したり、特徴を調べたりする。

④図工の作品などの発表で活用する。

作品の写真を撮り、大きく映して発表する。児童には、あらかじめ、見てもらいたいところ、発表したいところが大きくなるようにして、写真を撮るように指導しておく。

大きく映したところが児童の工夫したところや見てもらいたいところになる。児童の願いや思いが素直に出る発表ができるようになる。

その他、各校にＩＣＴ支援員が配置されている場合がある。支援員と一緒に授業を考えたり、考えた授業を一緒にやってもらったりということもある。

ＩＣＴに関する授業は、新しい分野がたくさんある。ベテランだからできる、若手だからできないというものではない。特に若い教師は、失敗を恐れず新しい授業、使い方を開発し校内に共有できるようにする。

（髙木順一）

〈4〉スマホゲーム紹介、ネットモラル
すぐ使えるネットモラル情報

ある自治体の調査によると、小学校3年生で、スマートフォン・携帯電話の使用率は8割を超えている。4年生になれば、ほぼ10割の児童が、自分の物、もしくは家族所有の物を使用している。

このような現状を考えると、小学生の中学年から、ほとんどの児童がSNSを利用可能な状況にあると言える。

スマートフォンや携帯電話を持ってからでは遅い。持つ前から指導する必要がある。そこで、ネットモラルの意識を高めるアプリやネットモラルの授業を紹介する。

ネットモラルの授業

(1)SNS東京ノートを活用する

自治体によっては、ネットモラルに関する児童向けの冊子が配布され、授業で活用しているところもある。東京都ではSNS東京ノートが配布されており、活用事例も公開されている。

食事中にスマートフォンを使っている絵や布団に入りながらスマートフォンを使っている絵を見て、絵の中でしてはいけないこと、自分だったらどうするかなどを考えさせる（授業案を次のページで紹介する）。

(2)インターネットサイトを活用する

①ネット社会の歩き方

(http://www2.japet.or.jp/net-walk/index.html)

小学生向け、中学生向け、高校生向けがあり、様々な校種、学年に対応している。

「ネットで悪口は要注意」「ケータイゲーム機に夢中になると」など、指導したい内容を選ぶと、アニメーションが流れる。5分程度のアニメーションで、最後には学習のまとめができるように、作られている。

②やってみよう情報モラル教育

(http://jnk4.info/www/moral-guidebook-2007/index.html)

すぐに使える、指導実践事例が掲載されている。

例えば、

「友達に携帯電話を貸してほしいと言われたらどうするか」

「子供だけでインターネットを利用しない」

「インターネットの情報はすべていい情報？」

など、現実にありそうな事例が数多く紹介されている。

③考えよう！いじめ・SNS@Tokyo

(http://ijime.metro.tokyo.jp/index.html)

いじめを受けたとき、どのような対応をするか、SNSによるトラブルが起きたとき、どうしたらよいかを考えるサイトである。

(3)スマートフォンのアプリを活用する

東京都では、こころ空模様チェック、こころストーリー、SNSルールリマインダーの3つのアプリを公開している。

(http://www.kyoiku.metro.tokyo.jp/press/2017/pr170323d/besshi3.pdf)

いじめやSNSのトラブルのマンガを見たり、ストレスチェックをしたり、SNSのルールを登録して思い出すようにしたりできる。

（高木順一）

友達の写真（SNS 東京ノートで学習した後の発展問題として扱う）

友達と一緒に写った写真を自分の SNS に載せようと思います。そのまま載せていいですか。

・いいと思う。相手は仲の良い友達だから。
・いいと思う。載せたいと思ったものは載せていいから。
・だめだと思う。友達に載せていいか聞いてからにする。
・だめだと思う。インターネットで見られたくない人もいるから。

運動会でビデオを撮ってもらいました。たくさんの人に見てもらいたいと思います。
動画配信サイトに載せようと思います。そのまま載せていいですか。

・いいと思う。撮ってもらった人が中心に映っていて周りの人はあまり映っていないから。
・いいと思う。運動会に来られなかった人が映像だけでも見ることができて喜ぶから。
・だめだと思う。たとえあまり映っていなくても、動画配信サイトに載りたくないという人もいるから。

これから、みなさんも、写真や映像を SNS に載せることがあると思います。その時には、まず、載る人の気持ちを考えて、載せてもよいか相談しましょう。そして、載せてもよいと許可をもらっても、一人でやらずに、おうちの人と相談してからにしましょう。大切なことなので、確認します。

写真や映像を使うときには、相手の気持ちをよく考える。そして、おうちの人に相談しましょう。

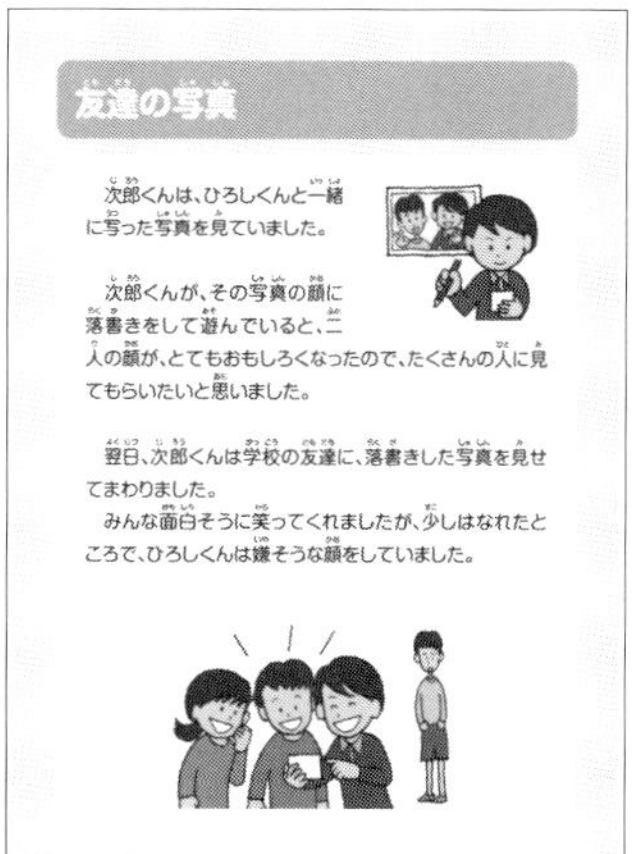

〈1〉新学習指導要領の方向性―ALを見える化する～道徳教材で～

道徳でも求められるAL

道徳でも「主体的・対話的で深い学び」が求められている。

ここでは「みんなのニュースがかり」（『小学生のどうとく2』（廣済堂あかつき））を採り上げる。

文科省発刊の『小学校道徳　読み物資料集』（平成23年3月）に掲載されている資料でもあり、ネット上でもたくさんの指導案が見つかる。

資料のあらすじを紹介する。

> 主人公のけいすけはニュース係。みんなの紹介を書いたニュースを貼り出した。しかし、内容に間違いがあり、みんなが怒ってしまう。もう書くのをやめようと考えたけいすけに、同級生のゆいが「ちゃんと調べて書けば、みんなもきっと喜ぶと思うわ」とアドバイスする。もう一度ニュースを書いたけいすけは、みんなから感謝される。

ネット上で見つかったたくさんの指導案から「発問」だけを見ていった。

最も多かったのは「気持ちを問う発問」だ。

> ◇あわててニュースをはがしているけいすけくんは、どんな気持ちでしょうか。
> ◇もう一度、ニュースを書いているけいすけくんはどんな気持ちでしょうか。
> ◇「みんなのニュースがかり」と言われたけいすけくんは、どんな気持ちだったでしょうか。

このタイプの発問だけでは考え合う展開にはなりにくい。主人公の本当の気持ちは分からず、各自の想像で話すしかないからである。また、多様な意見を引き出すことも難しい。

中央教育審議会資料「道徳科における主体的・対話的で深い学びを実現するための学習・指導について」（平成28年7月29日）にも次の記述がある。

> 自己を見つめ、自己の生き方についての考えを深めるためには、（中略）読み物教材の登場人物の心情理解のみに終始する（「読み取り」）指導、（中略）など陥らないよう留意すること。

ALを実現するための発問とは？

前述の資料には、改善の例の1つとして次の案が示されている。

> 読み物教材の登場人物への自我関与を中心とした学習において、教材の登場人物の判断と心情を自分との関わりにおいて多面的・多角的に考えることを通し、登場人物に自分を投影して、その判断や心情を考えることにより、道徳的価値の理解を深めること。

「自分との関わり」という視点で考えれば、「けいすけくんの気持ち」そのものを問うよりも、次のことを考えさせる方が良いだろう。

> けいすけくんのような立場に自分が置かれたらどんな気持ちになるか（または、どんな行動をとるか）。

「多面的・多角的に考える」ようにするためには、さらなる発問の工夫が必要である。

前述の教科書の問いはどうなっているのか。

Aみんなが怒ったわけを考えたけいすけくんは、どんなことに気付いたのでしょう。

B友達から「みんなの○○がかりだね」と言ってもらえるのは、どんな人なのでしょう。


明らかにこれまで行われてきた道徳の授業とは、発問のタイプが変化しているのが分かる。

ただし、これでもまだ「考え合う」のは難しいだろう。なぜなら、Aでは多様な意見は出てこないからだ。たくさんの意見は出されるかもしれないが、「ちゃんと調べてなかった」ということに集約されるだろう。

Bは一般化をねらった発問だ。それだけに2年生には難しい。こちらも多様な意見は期待できない。

発問の工夫で思考を「見える化」する

そこで私が考えたのが、次の発問である。

①やめてしまうという意見に賛成ですか、反対ですか。
②やめる以外にいくつの方法がありますか。
③学級の仕事をするときに大切なことは何ですか。

考え合うためには論点がはっきりしていることが大切だ。「論点の見える化」と言ってもよい。

だから①のように「二者択一」で問うのである。
②の発問は「いくつ」と数を問うている。同じことを聞いても「どんな方法」と問うよりも「いくつ」と聞く方が不思議と子供たちの思考は進む。
「いくつありますか」「それはどんな方法ですか」という順番で聞くと多様な意見が生まれやすい。

子供たちから出された意見を分類・整理し、望ましい行動はどれか順番を考えさせる。

このように「ベスト」だと思う方法だけでなく、いくつも考えさせることが重要だ。なぜか。


行動の選択肢を増やす経験につながる。


けんかなどのトラブルになった子供たちに話を聞くと、行動の選択肢がほとんどないことが多い。

トラブルの多い子ほどその傾向が強いというのが私の実感である。例えば、「嫌なことがあったときにどうするか」。その選択肢が「怒る」だけだったら、毎回トラブルにならざるを得ないだろう。

だから、道徳の授業の中で「行動の選択肢を増やす」経験をさせることは大切なのである。

また、自分の考えていなかった選択肢を、友達の発言から知ることができるのも大きい。

たくさんの考えを知った後は、自分の事として考えさせると良い。


自分ならどの行動を選びますか。


たくさんの選択肢を知った上で、より良い行動を選択するのは「多面的・多角的に考える」ことにつながっていく。

さらにこの場面で「付箋」を活用すると良い。


付箋を使えば思考が「見える化」できる。


思考が「見える化」されれば、友達と一緒に考えることも可能になる。協働的に問題を解決していく上で有効な方法である。

いろいろな付箋があるが、私のおすすめは「TOSSメモ」である。

罫線が入っており、文字を整えて書きやすいからである。また、のりの粘着力も強く、子供たちの思考に合わせて繰り返し操作するのにも適している（東京教育技術研究所のHPから購入することができる）。

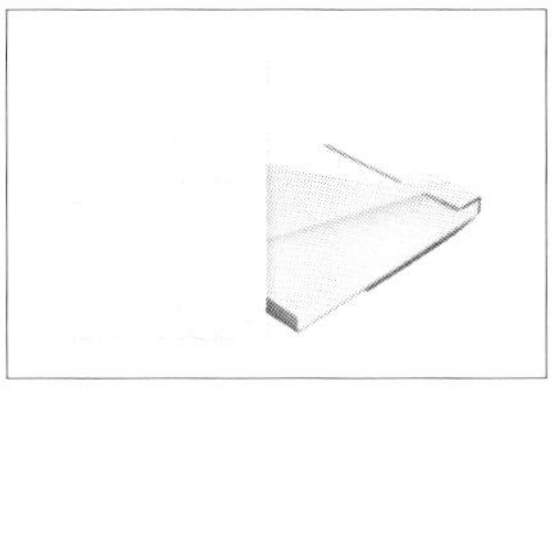

ここまでで多様な意見が出され、やりとりがなされていれば、③の発問で一般化することも可能になり、深い学びへとつながっていく。（太田政男）

〈2〉新指導要領の方向性─対話指導の方法

対話的な学びの実現へ

新学習指導要領には、「対話的」な学びを実現させる視点として次のように示されている。

> 子供同士の協働、教職員や地域の人との対話、先哲の考え方を手掛かりに考えることを通じ、自己の考えを広げ深める「対話的な学び」の実現ができているかという視点。
> （解説・総則編より）

また、「対話的な学び」を実現するための例として、「平成29年度　小・中学校新教育課程説明会における文部科学省説明資料」に、次の例が示されている。

> あらかじめ個人で考えたことを、意見交換したり、議論したり、することで新たな考え方に気が付いたり、自分の考えをより妥当なものとしたりする。

授業の中で、お互いの意見や考えを、認めたり質問したりするような対話を取り入れることが必要となる。さらに、次の例も示されている。

> 子供同士の対話に加え、子供と教員、子供と地域の人、本を通して本の作者などとの対話を図る。

「対話」にもいろいろな活動があり、子供同士の対話だけではなく、教師や地域の人、教材文や本の作者とも対話するよう指導することも求められている。

授業の中で、様々な対話指導を行い、自分の考えを広げ深める「対話的な学び」の実現を目指すことが重要である。

子供同士の対話

子供同士が対話するには、子どもたちが「対話」したくなるような活動を取り入れることが大切になる。

向山氏は、子どもたちが熱中して話し合う討論の授業には、次のポイントがあると述べている。

> 異なる意見がある
> （どちらも、もっともな理由が成立する）
>
> TOSSメディア「向山型アクティブラーニングを試論する③」p.57

異なる意見があることで、意見交換したり、議論したりする意味が出てくる。その対話の中で、新たな考えに気付いたり、自分の考えをより妥当なものとしたりすることができるのである。

2年生の国語で学習する物語文「お手紙」（アーノルド＝ローベル、東京書籍、等）がある。場面ごとに登場人物の気持ちの変化を読み取っていくが、主役を考えると、「異なる意見」が出てくる。

> 発問　主役は誰ですか。

主な登場人物の「がまくん」と「かえるくん」に意見が分かれるだろう。

> 指示　理由をノートに書きます。

まずは、個人で考える。1人1人の考えをもつことが、「対話」への第一歩である。

自分の理由を書くことができたら、発表をする。お互いの意見を聞き、自分の意見が正しいと思う子もいれば、「そういう考え方もあるのか」と友だちの意見に共感する子もいる。

そこで、次に同じ意見の子供たち同士で対話をする。

> 指示　「がまくん」チームと「かえるくん」チームに分かれて、意見を考えます。

同じ意見の子供たちが集まることで、自分たちの意見がより正しい理由を考える。1人で考えるよりも仲間で考えるほうが、自分の考えを広げ深めることにも繋がる。

こうして考えた意見を発表する。お互いに自分たちの意見のもっともな理由を発表する。相手の意見を聞いて、質問したり反論したりすることもできる。対話が盛り上がるほど、子供たちの考えは深まっていく。対話を進める中で、新たな考えに気付いたり、自分の考えをより妥当なものにしたりできる。

なお、「お手紙」の授業実践については、以下の書籍やサイトで紹介されている。

『国語」授業の新法則　2年生編』（学芸みらい社）
『教材別・単元展開の可能性に挑戦する〈1〉「お手紙」の授業』（東洋館出版社）
『たしかな教材研究で読み手を育てる「お手紙」の授業』（明治図書出版）
TOSSランド
NO．3213111　兼田麻子氏
NO．1747565　溝端久輝子氏
NO．1112088　中村智治氏　他

地域の人との対話

地域の人と対話するには、学習活動を校外へ向けて展開する必要がある。

2年生の生活科では、「町探検」の単元がある。子供たちが地域の人と対話をするのに、適切な単元である。

学校の周りの商店や施設に出かけ、地域の人にインタビューをする。インタビューの内容は、子供たちから出た質問が多いが、インタビューの仕方や質問の内容など対話の基礎を指導することができる。

グループごとに探検する場所が違えば、探検した子供たちは、調べたことを伝え、それ以外の子供たちは発表を聞いて質問する。それに答える。こうして、子供同士の対話も自然と生まれる。

また、お互いの発表を聞く中で、地域の人々が生活していく上で、どんな工夫をしているか、どんな苦労があるかなどに気付く。

これは、先にあげた「平成29年度　小・中学校新教育課程説明会における文部科学省説明資料」の「対話的な学び」の例示にも繋がる。

> 実社会で働く人々が連携・協働して社会に見られる課題を解決している姿を調べたり、実社会の人々の話を聞いたりすることで自らの考えを広める。

実際に働いている人の姿を見たり、話を聞いたりすることがポイントである。学校の中にいては、実現しない。地域へ出かけ、子供たち自身が見たり聞いたりすることから、「対話的な学び」が実現していく。

さらに、町探検で調べたことをもっと多くの人に伝える単元もある。

地域の人々と関わったことを振り返り、自分の心に残った地域の出来事を、教員や身近な人に伝える。地域の人との対話の様子を、今度は、教員との対話で伝えることができる。1つの単元で様々な「対話」を指導することができる単元でもある。

いろんな大人との対話を通して、子供たちは、これまでの優れた考え方に触れることができる。その素晴らしさに気付き、自分の考えを広げ深めることができるだろう。

TOSSランドには、生活科の授業実践もたくさん紹介されている。

（石川和美）

〈3〉モジュールの入れ方・カリキュラム管理

モジュールについて

「モジュール」について、「中央教育審議会　初等中等教育分科会　教育課程部会　資料」に次のように示されている。

> モジュールは時間等の「単位」を意味しており、モジュール学習とは、10分、15分などの時間を単位として、取り組む学習形態である。

また、新学習指導要領解説・総則編には、「短い時間を活用して行う指導」の中に、授業時間設定の留意点として次の4つが挙げられている。

> ①各教科等の特質を踏まえた検討を行うこと
> ②単元や題材など内容や時間のまとまりの中に適切に位置付けることにより、バランスの取れた資質・能力の育成に努めること
> ③授業のねらいを明確にして実施すること
> ④教科書や、教科書と関連付けた教材を開発するなど、適切な教材を用いること

モジュールの時間を実施するには、4つの留意点を考慮し、効果的な時間の使い方を校内で検討する必要がある。

年間を見通したモジュールの設定

モジュール学習を有効に活用するには、各教科等の特質を踏まえ、単元や内容や時間のまとまりの中に適切に位置付ける必要がある。

例えば、校内で4月当初に、各教科等の年間指導計画の中で、どの学習内容でモジュール学習を取り入るか決めておくこともできるだろう。

2年生の実践例を紹介する。

【国語】

> 「ビーバーの大工事」（東京書籍）

教材文を学習したあと、ビーバーや他の動物について本を読んで調べ、驚いたり伝えたいと思ったりしたことから、「どうぶつクイズ」を作る。

調べ学習には、時間が必要である。さらに、調べたことをもとに「クイズ」を作りまとめる。まとまった時間のほうが、活動により集中できる。

また、調べ学習のあとには、子どもたち同士で「クイズ大会」をする。ここでも、モジュールを設定することで、活動の時間を確保する。

> 『「おもちゃ教室」をひらこう』（東京書籍）

手作りおもちゃを調べ、おもちゃの材料や作り方、遊び方を説明する。説明の練習をしたり助言したりしながら、「おもちゃ教室」の準備をする。その後、実際に「おもちゃ教室」を開く。

調べ学習からおもちゃの作り方や遊び方の説明など、まとまった時間が必要である。子どもたちも意欲的に活動しやすい内容なので、モジュールを設定すると良い。また、この単元では、生活科と組み合わせたり、1年生を招待したりとモジュール学習を効果的に活用する。

【生活科】

生活科は、週に3時間で、2時間と1時間、もしくは1時間ずつで時間割を設定している学校がほとんどだろう。活動の多い生活科は、1時間では学習時間が足りないことも多い。そこで、モジュールを設定する。

> どきどき　わくわく　まちたんけん（東京書籍）

町探検は、子どもたちにとってとても楽しい活動である。町探検へ行くときはもちろん、探検後のまとめの学習にもモジュールが活用できる。

あしたへジャンプ（東京書籍）

2年生のまとめの単元である。自分の成長を振り返り、大きくなった自分のことをまとめる。まとまった時間が必要な単元である。1時間では、細切れになってしまうだろう。45分＋15分のモジュールで60分の学習時間を設定することで、より詳しいまとめをすることができる。

適切な教材の活用

モジュールは、短い時間で授業のねらいを明確にして実施する必要がある。そこで、各教科等のねらいに即した教材を短い時間に繰り返し使うことで、子どもたちに力を付けていくことができる。

TOSSかけ算九九計算尺セット
「かけ算九九の助」

2年生のかけ算九九は、繰り返し練習して覚えることがとても重要である。そこで、「かけ算九九の助」を活用し確実に覚えさせる。

「かけ算九九の助」は数字のみで九九を覚えるのではなく、四角の形や円形の量と共に九九を覚えることができる。スモールステップで覚えることができるので、子どもたちだけ学習を進めることもできる。詳しい使い方等は、TOSSオリジナル教材のホームページに載っている。

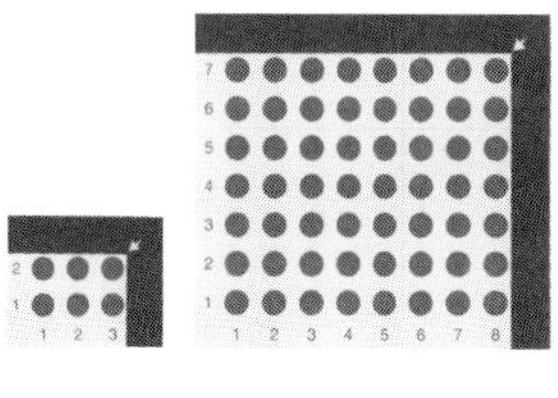

PISA型算数スキル

算数の繰り上がりのたし算やひき算の計算を定着させるために、スキルを使って計算問題をする。それぞれの単元の時期に、15分間でスキルの問題に挑戦する。繰り返し問題を解くことで、計算の仕方を覚える。小学校で身に付けたい基礎基本をマスターできる教材である。

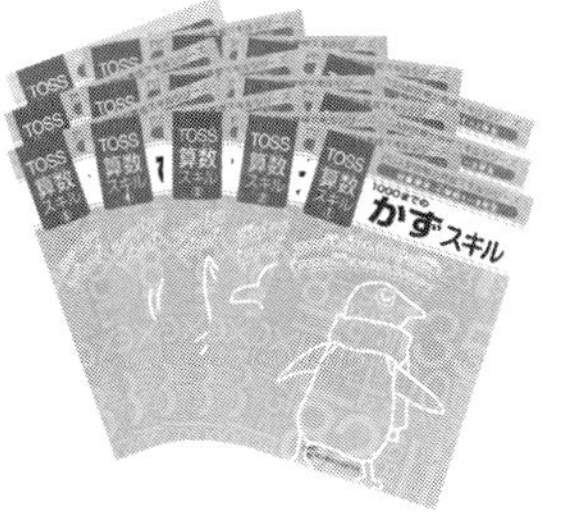

東京教育技術研究所のHPから購入できる。

うつしまるくん

光村教育図書の教材である。視写するだけで、国語の力が伸びる教材である。この教材の良さは次の3つである。

①手本を写すだけで、表現力・理解力・言葉の力が付く。
②原稿用紙の使い方、はがき・手紙の書き方、敬語の使い方などが学習できる。
③「書く力を付ける」ページが増え、整った文章を書く力が付く。

この他に、低学年用の教材には、「　」の使い方も入っており、繰り返し練習することで定着を目指す。

間違えやすい表記フラッシュカード

正進社のフラッシュカードである。一分間で子どもたちが熱中して取り組む。

間違えやすい表記を取り上げ、繰り返し行うことで、正しい表記を覚えられる。詳しい使い方は、正進社のホームページの動画を参考にするとよい。

この他にも、「時計」「わくわくずかん（昆虫・植物）」などのフラッシュカードがある。

（石川和美）

〈4〉 学習活動のバリエーション

国語 音読編

低学年では、教材文をできるだけたくさん読ませたい。そのためには、飽きさせず、繰り返し取り組めるようにいろいろなバリエーションを使うとよい。

最初は、教師が読む。その際に指で追うように指示しておく。子どもの集中が途切れないし、読むのが苦手な子も、どこを読んでいるのかがわかる。その後に様々なバリエーションで、音読をたくさんさせていく。

追い読み

まずは、教師が読んだ文を真似して読ませる。低学年は、字を読むことに慣れていない児童もいる。そのような場合は、音節ごとに区切って追い読みさせる。少しずつ区切る部分を長くしていき、最後は1文で追い読みできるようにする。

何度も追い読みをすると、飽きる児童もいる。

読むスピードを上げていく。

子どもが最後の文字を読み終わるか終わらないかのタイミングで、かぶせるように教師が読んでいく。子どもも必死になってついてくる。

範囲をせまくする。

物語文など長い文章では、段落ごとやページごとなど、範囲をせまくして、色々な読み方で変化をつけて読ませると飽きずに取り組める。

追い読みのあとは、次のような活動をする。

交代読み

1文ずつ交代しながら読む。先生と子どもで交代する。または、男女で。教室を半分にわけて、あるいは班ごと、列ごと、おとなりさんとなど、変化をつけやすい。

他にも、次のような活動がある。

たけのこ読み

自分の読みたい文を決め、立って読む活動である。詩など短い教材文で行うとリズムも生まれ、楽しくできる。また、体を動かすので、じっとしているのが難しい子どもも楽しく活動できる。

声がそろっていたところをほめることで、自分勝手なスピードで読む児童もいなくなる。

回転読み

個々に読ませたいときにさせる活動である。教材文を4つの範囲に分ける。子どもを立たせ、1つの範囲を読み終わるごとに、体を45度回転させる。回転させるので、児童は動きが生まれ、友だちの速さもわかり刺激になる。教師は、個々の読む様子を把握できる。

ダウト読み

教師がわざと間違えて読み、児童が正しく読む活動である。教材文をしっかりと見るようにもなる。教師が間違えるという行為は、低学年では大いに盛り上がる。

算数 百玉そろばん編

2年生になると足し算、引き算の筆算や長さやかさの計算などで、1年生の繰り上がり、繰り下がりの計算が既習事項としてたくさん出てくる。しかし、十の合成・分解がまだ定着していない児童や、数量感覚が身についていない児童も中にはいる。そうした子どもたちに有効なのが「百玉そろばん」を使った指導である。

1学期は、教師用の大きな百玉そろばんを使った。最初は1とび、2とび、5とび、10とびをした。TOSSランドに詳しい（№：1121275）。

子どもたちに人気だった技は、目を閉じて、だまったまま数えさせる「隠し球」と、そろばんを玉が縦に並ぶように置いていくつかの玉を一度に上に上げ、いくつかを当てる「一瞬」だった。これらは、どの子も楽しんでできるし、数をまとまりでとらえられるようにもなる。

口で唱えられるようにはなったが、数量感覚がまだしっかりと身についていない児童、具体物と半具体物、抽象化された記号とが結び付いていない児童もいる。こんな時に役立つのが小さな「子ども用百玉そろばん」である。1人に1台ずつ持たせた。これなら自分で玉を操作する体験もできる。しかし適当にやってしまう児童も出てきた。

きちんとしている児童をお手本にする。

玉が移動したのを見てから数えている児童をほめ、全員の前でやって見せることで、いい加減にする児童が減った。

1人でさせる緊張場面を作る。

技ごとに1人だけ指名してやらせ、合格か不合格かを評定した。すると緊張感が生まれ、遊ぶ児童がいなくなった。また、「67」と教師が言い、玉を67にした児童から「合格！」と評定していくことで全員が活動した。単元に合わせた百玉そろばん活用法も様々ある。

1玉を1分に見立てて時間の学習をさせる。

時計の単元では、「1玉1分！」と言い、順唱では1分、2分と読み上げる。5とびでは5分、10分と読み上げる。

60分になったら、「60分は1時間」と言わせるようにした。

1玉を1デシリットルに見立てる。

かさの単元では、「1玉1デシリットル！」とやっていく。10デシリットルなったら、「10デシリットルは1リットル」と言わせることで、楽しく覚えられた。単位の換算もできる。

長さの単位でもこの方法で行った。

発問して答えを入れさせる。

大きな数の単元では、10が8こでいくつになるか、という発問をし、玉を入れさせるようにした。

1玉を十や百に見立て、順唱したり、逆唱したりさせる。逆唱が苦手な児童も多いので、列指名や男女ごとにするなど、変化を付けながら何度もやらせる。これらは、数直線の問題に生かされる。

どちらが多いかを不等号で表す。

2年生で初めて出てくる不等号も、百玉そろばんなら、楽しく体を使って覚えていけた。例えば、教師用の百玉そろばんで、10を7と3に分け、「どちらが大きい？」と問う。子どもたちは、親指と人差し指で不等号を作って答える。

腕で不等号を作ったり、体全体で不等号を作ったりと変化させると動きが生まれ、授業の開始の意欲付けにもぴったりである。

（太田景子）

〈5〉席替えのバリエーション

ルールを説明してから席替えをする

席替えは担任が決める。自由にさせないことで学級が安定する。

そのためには、４月の最初に何のために席替えをするのかを子どもに伝える。

> ①誰とでもなかよくするためにする。
> ②色々な友だちの良いところを見つける。

そして、ルールも伝える。

> ①先生が決める。
> ②「え～」などと文句を言う人がいたら、席替えはしない。

こうすることで、誰と隣になっても子どもたちは納得する。

私が過去に担任したある学級は、４月の時点で、男女が競い合うなど、あまり男女間の仲がよくなかった。

しかし、席替えで、男女のペアを作るようにすることで、男女の仲もよくなっていった。

低学年を担任したときにおすすめの取組がある。以前、学年主任だった先生が教えてくれた方法だ。

> ありがとうカードを書こう。

席替えの前に、お隣さんにお礼の気持ちを込めて、手紙を書かせる。中身を教師がチェックした後、お互いに交換し合う。手紙を読んでいるときの子ども達は、とてもうれしそうである。最初はけんかが多かったペアなどを取り上げて、ほめることで、少しずつ仲良くなっていくことを伝えることもできる。読み終わった後にも、会話が生まれる。

実際、私のクラスでも、４月の最初はけんかばかりだったが、席替えの頃には、なかよくなり、１学期の終わりには一緒に遊ぶようにもなったペアがいた。２学期には、男の子が困ったことがあると、まずその女の子に相談したり、その女の子が、男の子に「今日、一緒に遊ぼうよ」と誘ったりするようにもなった。１年間、保管しておき、３月にお手紙集として、綴じて渡す。

担任が座席を決めるが、席替えの瞬間は楽しくやりたいものである。そこで、席替えで子どもたちに大人気の方法を紹介する。

> ご対面方式

原実践である向山氏の実践はツーウエイ２００７年９月号に詳しい（原実践では、席は子どもに決めさせている）。

まず、女子を廊下で待たせ、男子を先に呼び、新しい座席の場所を１人１人に教え座らせる。このとき大事なのは、お隣が誰かが分からないようにして伝えることである。次に、男子には目を閉じておくようにいい、女子を呼び、同じようにする。そして、「ごたいめん！」の合図で男の子は目を開け、お隣さんとご対面するのである。

毎回、子どもたちはこの方法でやってほしいと訴えてくる。時々、男女の順を逆にし、女子が目を閉じる方にしたり、女子に違う場所に座るように言い、ご対面した後、正しい席に座り直すようにさせるフェイントを入れたりすると、さらに盛り上がる。

席替えの後は、お隣さんとじゃんけんをしたり、指相撲をしたり、仲良くなるミニゲームをする。

少しずつ集団を意識させる

2学期あたりから、少しずつお隣同士で相談したり、グループで活動したりする時間を多くするようにした。

その際に、座席を男女で組んでおくと、4人グループを組んでも、男女のバランスがよくなる。

例えば、図工などで協力して制作する単元を設定する。お互いがアイデアを出し合ったり、認め合ったりする姿を記録し、活動後、子どもたちに伝える。お隣さんの良さに気づけたり、友だちに相談したり、話を聞いてもらうことの良さに気づいたりもできる。教師を頼らずに、自分たちで協力するようになる。

行事の班も教室の座席を活用する。

2学期は行事も多い。例えば遠足もその1つだろう。成功体験を積ませるためにも、班をつくる時には、教室の座席を利用して作ると良い。

以前、1・2年生の校外学習で動物園へ行ったことがあった。2年生がリーダーになって、グループごとに動物園を周り、スタンプラリーをする活動もあった。まだまだ意見がぶつかりあい、ゆずれずに、けんかになってしまうことが多かった。

そこで、校外学習で同じグループの児童が隣同士になるように席替えをした。

各教科で「お隣さんと相談する」「お隣さんと協力する」という活動をたくさんさせる。お隣さんと活動したら、次はグループで活動するというような流れで授業を展開することも多くした。

そうすることで、校外学習でも協力して、1年生と一緒に動物園を回ることができた。校外学習後には、成功をお互いに喜び合った。

校外学習以外にも運動会や学習発表会などでも同様にできる。

配慮が必要な児童のためにすること

こだわりの強い児童や多動傾向のある児童など、配慮が必要な児童がいる場合には、座席の位置にも配慮する。

4月。持ち上がりの場合は、人間関係も分かっているのでよいが、持ち上がりではない場合は次のようにするとよい。

座席の案を作って、よく知っている人（前担任など）に見てもらう。

配慮の必要な児童の情報だけでなく、どの子とどの子がぶつかり合いそうかということや、配慮の必要な児童の近くにその子が安心できる子が近くにいるかどうかなどの情報を得られる。

座席表を見て話すので、子ども同士の姿がイメージできる。名簿を見ながらの引き継ぎでは得られなかった情報も教えてもらえることがある。

4月は、どの子も不安と希望を胸に登校してくる。特に、配慮の必要な児童は不安も大きい。座席の位置に配慮することで、安心感を持たせることもできる。始業式までに、座席の位置を決め、机も配置しておく。

座席が決定したら、次のこともしておく。

実際に座って見る。

配慮が必要な児童の座席に座ってみる。そうすることで、刺激になるものはないか、黒板が見えにくくないかなど確認できる。

実際、自分も座ってみて、前にある教師用の机が邪魔で見えにくいのが分かり、教師用の机を後ろへ移動したことがあった。

特定の子が目に入ると極端に反応してしまう児童を担任したことがある。その子と席を離すようにした。しかし、座席表の上では離れていたが、実際に座って見ると、角度的にその子がよく見える位置であることに気づき、座席を変更したということもあった。

実際に座って見ることで、色々と気づくことが多い。

（太田景子）

〈1〉非認知能力育成トレーニング　ソーシャルスキルかるた

2年生に何を教えるべきか

　2年生という学年は、「見逃された発達障害の子どもたち」の症状が噴出する。数年間特別支援コーディネーターとして校内全体を見てきた印象である。

　「1年生」というマジックワードから解き放たれ、過剰適応していた子どもや、ステップアップした学習に適応できない子どもが、問題行動という形でSOSを出す。

　医師、専門家にかかれば、「この子には、ソーシャルスキルトレーニングをしてください」というアドバイスを受ける。

　しかし、学級担任にはかなりハードルが高い。

　校内にも知識のある教師は少ない。

　結局、アドバイスが活かされない、という光景は珍しくない。

普通学級でソーシャルスキルをどう鍛えるか

　普通学級でソーシャルスキルトレーニングをする際は、以下の様な状況が必要であろう。

（1）全員を巻き込むことができる。
（2）やることが明確である。
（3）どの子にどんなスキルが必要かを把握している。
（4）各々の子どもに必要なソーシャルスキルが網羅されている。

　現在、巷にあるソーシャルスキルトレーニングといえば、「個別型」か「プリント形式」である。

　この時点で、①を満たすのはかなり困難だ。

　「プリント」は良い様に思えて、かなり難しい。

　そもそもソーシャルスキル未習得の子どもに「こんな時はどうすればいいのか書いてみよう！」は、あまりに酷である。あっという間に教室は質問の嵐。そして騒乱状態に陥る。

　また、ASD（自閉症スペクトラム）の子どもの中には、正しい選択肢を選んだ後の「なぜそれが正しいのか理由を書こう」という欄に「それが正解だから」と書く子もいる。趣意がわからないまま、とにかくそうしなさい、という指導の結果である。

楽しくソーシャルスキルを学ぶ

　楽しい中でする学習は身につきやすい。教師の経験則で感じることであろう。

　これは脳科学的にも正しい現象である。

　脳に入ってきた情報にラベリングをする「A10神経」で「楽しい」とラベルされた情報に対しては学習効率が上がるのだ。ソーシャルスキルは、どうしても「でなければならない」という指導になりがちである。できれば、楽しく行いたい。

　そこで、「ソーシャルスキルかるた」（東京教育技術研究所）を使った指導を行った。

「学校生活」
「学習規律」
「あいさつ」
「社会生活」
「対人関係」
の5種類、各20枚で構成されているかるたゲーム。

「ぬいだくつ　かかとそろえて　くつばこへ」
「もちものに　かならずかこう　じぶんのなまえ」
等、リズムの良い5・7・5調で、子どもの記憶に入りやすい。

　1組20枚なので、授業の終わり5分で行うことができる。一気に100種類のスキルを覚えることは難しいが、20種ならば繰り返すうちに子どもは暗唱できるまでになる。

ひらがなが読めれば取れる様になっているため、1年生から使用可能。

かつて1年生を担任した際、LD（学習障害）のためひらがなの読みも難しい子がいた。学習となると、止まってしまい、午後には眠ってしまうこともあった。

しかし、その子はソーシャルスキルかるたとなると喜んで参加した。それは、かるたに「状況がわかる絵」が挿してあるためだ。教師は百人一首の様に、札を読み上げる。その音声情報から絵を想像して（あるいは記憶して）取るのである。周囲の子もびっくりしていた。そして「●●くん、すごい！」と声が上がる。この子が、学習で初めて周囲に認められたのだ。前述した、
（1）全員を巻き込むことができる。
（2）やることが明確である。
という条件を、しっかりとカバーしている。

子どもたちの中にスキルとして定着させるためには、「言葉」として脳に記憶されることが必要である。そのため、指導も変化させていく。
①初期は、取り札に書かれた下の句（最後の5字）を2回繰り返して読む。取る時は「はい」と言わせる。
②慣れてきたら、下の句の読みを1回にする。
③取る時に「はい」から「くつばこへ！」など下の句を言いながら取らせるようにする。
この辺りから、上の句を読み終える前に取れる子が増えてくる。
④1試合で1つか2つ、「解説」をする。かかとそろえてくつを入れることの大切さ、なぜそれをするのかを短く語る。それによって、前述のようなASD児の「スキルの空洞化」に対応する。
⑤下駄箱に入れる際に「ぬいだくつ〜？」と教師が聞いて子どもに答えさせる。実際の場所で行動化するための般化の指導。できている子どもには「かるたでお勉強したことが本当にできているね」とほめて行動強化する。
⑥教室では、教師が読むのは最初の5までにする。子どもが7・5を読みながら取る。
このように、子どもが行動を学び、行動に移していくステップを作る。

個別の課題にも対応する

（3）どの子にどんなスキルが必要か把握している。
これはソーシャルスキルかるたの5種類のスキルから簡易アセスメントをすれば良い。子どもの問題行動が「学校生活独特のスキルのなさ」からくるのか「対人関係の不全」からくるのか。5種類の視点から見れば分類しやすい。
（4）各々の子どもに必要なソーシャルスキルが網羅されている。
対人関係面に課題を抱える子が多ければ「対人関係の札」など、学校生活上のソーシャルスキルはかなり網羅されている。あとは、対象児の日常の姿を捉えて、その子に必要なカードは必ず読むようにする。休み時間を一緒に過ごすなどして、スキルが実行できた場面を捉えてほめる。

これで、ソーシャルスキル指導のサイクルができる。

私は教室にソーシャルスキルかるたがA4サイズになった、「ソーシャルスキルスクールポスター」を掲示している。

文房具の貸し出しスペースに「かりたもの　かえすときには　ありがとう」のポスターを貼ると、「かるたと一緒だ！」と子どもたちへのインプットの場となる。ワーキングメモリの課題を抱え、言い忘れてしまう子どもへのサポートにもなる。
保護者から「合理的配慮」として、ソーシャルスキルトレーニングを要請されても安心の、心強い教材だ。

（原良平）

〈2〉インクルーシブの教室対応　記憶に対する配慮を行うUD化

2年生は「発達段階」が1年生から大きく次の段階に移る年齢である。まずはその点を理解したい。

ピアジェの発達理論から2年生の子供たちを知る

2年生の子供たちは、「自己中心的な思考をする前操作期」と、次の段階である「具体的操作期」に入り始めた子供たちが入り混じる発達段階である。

2年生の具体的操作期は、「第1段階」と呼ばれる時期に当たる。

まずは「保存概念を獲得する」ようになる「量や重さ、長さ」などをより具体的に理解する。2年生より算数にそのような内容が入ってくるのはピアジェの理論が元になっている。さらに「系列化」ができるようになる。「短い順に組織的に並べる」などである。最後に「クラス化」である。「サクラは、花」というように下位概念と上位概念の連結が行われまとまりとして分類ができるようになる。これも2年生の国語からこの内容が入ってくる。しかし、それでもまだ前段階である「前操作期」の子供たちももちろんクラスの中に存在することになる。

まだまだ「自分と他人は違う」ということがなかなか認識できない子供。「保存概念の獲得」がまだまだ未達な子供。

クラスの子供たちを見る時に、ひとくくりで「2年生」と見るのでなく、「前操作期の子供」「具体的操作期の子供」がどれくらいかを見ていくことで余裕を持って子供を見る目が生まれるはずである。

特別支援教育の視点からどのようにインクルーシブを進めるか

2年生を担任する場合、発達段階もそうだが、学習定着状況もバラバラしている可能性が高い。

そこで、まずは次のことをチェックする。

「10の合成分解ができるかどうか」

「繰り上がりの足し算、繰り下がりの引き算の定着度はどの程度か」

「1年生の既習の漢字の定着度はどの程度か」

「カタカナはすべて書けるかどうか」

「文章を単語を認識しながらスラスラと読めるかどうか」

これらは全て2年生の学習で使われる重要な項目である。2年生で取り戻すことができなければ、発達障がいを持つ子供たちは以降、学習の困難性を持ったまま学校生活を送ることになる。

例えば、10の合成分解や繰り上がり繰り下がりのある計算などは百玉そろばんやフラッシュカードなどで授業の導入で繰り返し復習を行いたい。

2年生になっても、カタカナや1年生の漢字があまり書けない子供も多い。

国語も同様である。定期的に1年生漢字の復習テストを行ったり、カタカナの確認テストなどを行ったりして欲しい。特にカタカナは、漢字の重要な構成パーツなるため2年生の前半までに定着をさせたい。

また1年生の学習活動を通してもなお、「単語」を捉えきれずに、「お・じ・い・さ・ん・が」と逐一読みをしてしまう子供もいる。フラッシュカードなどで単語を揃えてあげたり、教科書の単語ごとに色付けをするなどの支援を行っていく必要がある。

このような1年生の復習はやりすぎることはない。2年生だから「わかっているはずだ」「出来て当たり前のこと」としてしまうと、発達障がいをもつ子供も含めグレーゾーンの子供まで置き去りにしてしまう。

「記憶や学習のスタート地点を揃える」ということはとても重要である。

長期記憶の外部委託支援を充実させる

2年生といえば「九九」という「暗記」しなければならない重要単元がある。

もちろん何回も繰り返し練習をしていく中で身につく子供もいる。しかしそのような練習をしてもなお、定着が難しいグレーゾーンの子供たちも多い。

「しっかりと唱えれば覚える！」

「何回も練習しないから覚えないんだ！」

というような旧態依然の指導や根性論ではこのような子供たちはできるようにならない。

やはりワーキングメモリなどの関係から長期記憶への定着が難しいのだ。

そのような時に必要な配慮が、「長期記憶の外部委託支援」である。

九九の表を誰にでも見える位置に張り出しておく。それをいつでも見てよいようにしておく。

アメリカの公立学校では、このようなポスターがたくさん教室に張り出されており、いつでも見てよいようになっていた。

例えば「繰り上がりや繰り下がり」の長期記憶の外部支援も必要であると考えられる。

「17－9＝8」のような計算を手で何回も計算している子供も多いのではないだろうか。

例えば、そのような計算を手でやってしまっていてテストや様々な学習への取り組みづらさ、取り組みの遅さが出てしまうと、その日に学んでほしい事項が入力されないことも多い。

このような繰り上がりのある足し算や引き算についても九九と同様に、表などを用意し長期記憶支援をすることで2年生の学習内容がスムースに入ってくる子供も多いはずだ。

このような支援は必要がなくなったら、全体支援ではなく個別支援に切り替えるなど支援を段階的に減らしていく工夫も必要である。

長期記憶への配慮が必要な子への支援を実現することがインクルーシブを実現するための一つのユニバーサルデザインになる。

発達障がいをもつ子供の周りの子供達への支援

これは2年生ばかりでなく、1年でも同じようなことが起きうる。

個別の支援をしていると

「なんで！○○くんだけずるい！」

と声が上がる場面も時々見かける。

これは発達段階が「自己中心性」にあたる年齢なので、相手も自分と同じだという認知からきている。

グレーゾーンや発達障がいを持つ子供だけの支援では、真のインクルーシブは実現することができない。

やはり、「周りの子供達への支援」というのも大切である。

1～2年生であれば、「他人の思考や考え方を教える」支援をよくやっている。ドラえもんの「のび太やジャイアン」をよく例にとる。

ジャイアンがのび太をいじめている写真などを見せて、まずは「ジャイアンの気持ち」を想像させる。次に同じ写真における「のび太」の気持ちを想像させる。

「同じ場面なのに、なんで、2人の感じていることは違うのかな」と問う。

このことで「同じ状況でも人によって考えていることが違う」というコードを教えることができる。

「個別の支援」についてはダブルスタンダードを生じてしまうことをできるだけ避ける。できればユニバーサルデザインの中でどの子も取り組めることが理想である。

しかし、合理的配慮としてその支援を展開する場合「苦手なことを少し助けることでみんなと同じように勉強ができるんだよ。いずれそのようなお助けがなくても○○さんもできるようになるからみんなも応援してあげてね」

と少しずつ説明をする。できれば保護者にも同様に説明をすることで、クラス全体としてのインクルーシブの実現につながっていくだろう。（小嶋悠紀）

〈3〉学習困難視点による教科書教科別指導

学習定着状況の差が現れる2年生

1年生の土台を立て直してのスタート

1年生は、幼児期に絵本などで文字や数に意図的に触れているかという生活経験の違いによっても、学習の習得に個人差が大きい時期であった。

1年間の学習経験により各自の学習条件はほぼ一定になる。生活経験に関係なく学校では学習が進む。

しかし、学習の定着状況に個人差がある状態で2年生がスタートすることが少なくない。

2年生の学習内容には1年生の学習内容を土台にしたものが多い。1年生の段階でつまずいていると積み重なっていかない。

2年生でつまずくと3年生、その先も困難さを抱えていくこととなる。1年生の内容を習得できているかチェックして、さらに2年生の学習内容につなげるようにしていく。

2年生の学習困難を改善するポイント

【国語のつまずきポイント】

（1）文を読むのがたどたどしくなる。

【主な原因】

ひらがなをすぐに思い出せず、1文字1文字をたどって読んでいる。→1年生でのつまずき。

単語のまとまり、文節が分からない。

【対策】

文節に「ね」を書き入れて、読む練習をする。

例：きのう、ね おとうとと ね ケーキを ね たべた。

慣れてきたら、「ね」を書かずに「ね」を読む。

（2）紹介する文が書けない。

【主な原因】

相手を意識して伝える文を書かなければいけない。しかし、自他の区別があいまいで、伝える文面を書くのが難しい。

【対策】

①PISA型読解力育成シリーズの『かきかえくん』（東京教育技術研究所にて出版）を用いて、言い回しなどの文を書く型を身につける。

『かきかえくん』は次のような項目で構成、易から難へスモールステップの問題配列となっている。

（説明の項目）

・自分の考えを例をあげて説明しよう

・順序良く説明しよう　　など

（紹介の項目）

・宝物を紹介しよう

・出来事を紹介しよう　　など

（描写の項目）

・見方を変えてあらわそう

・立場を変えてあらわそう　　など

型にしたがって文を書くことで、論理的な思考力が身につく。

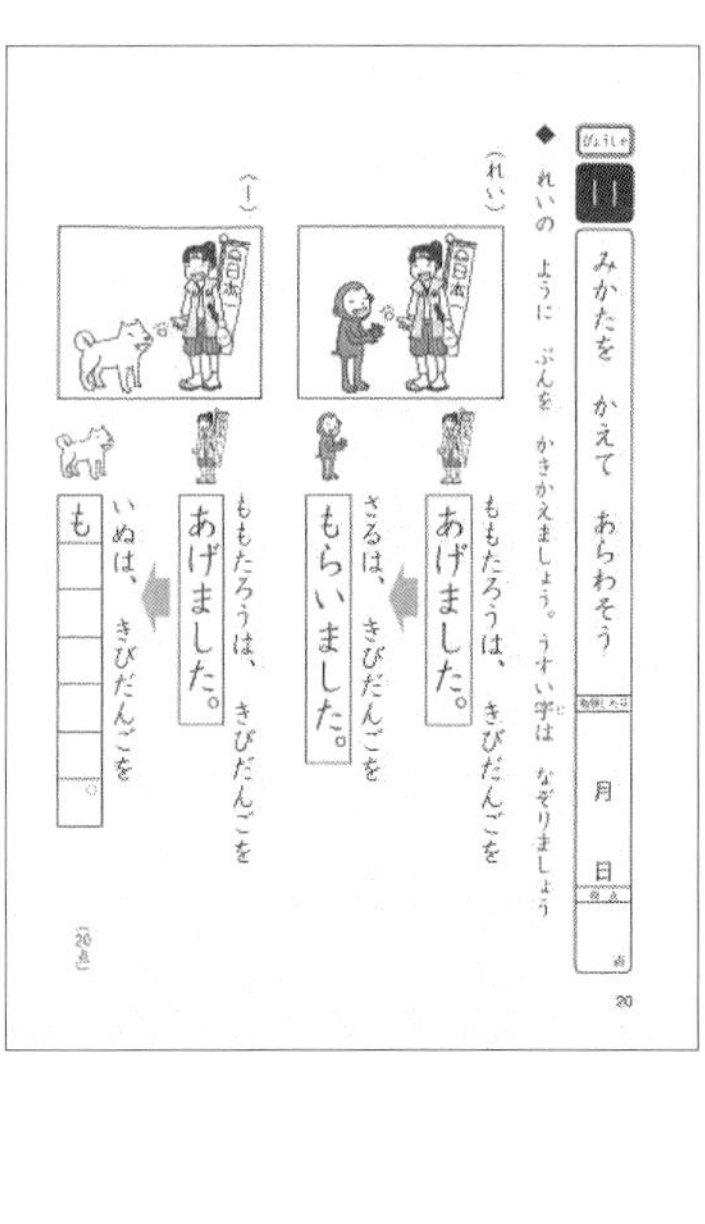

②TOSSメモを使って、書く内容を整理する。

①の型にメモの内容を当てはめていく。

メモの貼り直しが何度もでき、ノートと同じマス目になっているので、安心して書くことができる。

【算数のつまずきポイント】

（１）九九を唱えられても、答えが書けない。

【主な原因】

九九の音だけで覚えていて、式や量感に結び付いていない。

【対策】

ＴＯＳＳかけ算九九計算尺を用いて、視覚の形や円形の量と共に九九を習得できるようにする。

数字のみで九九を覚えるのではなく、かぎ形の透明シートを九九表の上でずらしながら口唱する。

２×３＝６、７×８＝56、この２つの違いが尺を用いることで一目で分かる（写真参照）。

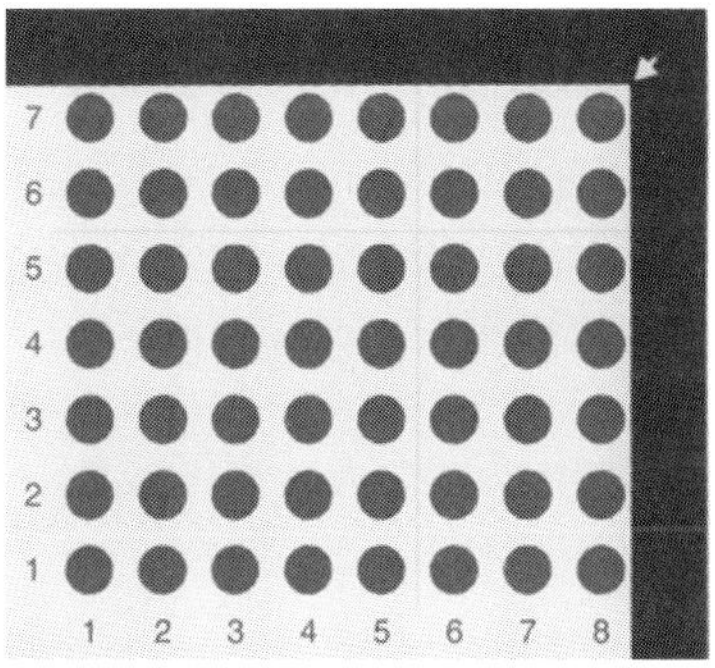

ＴＯＳＳかけ算九九計算尺は、九九の習熟過程をシステム化している。

いちごの図、赤丸、□のみ、暗唱と具体から抽象へとスモールステップで進められる。

（２）繰り下がりのひっ算ができない。

【主な原因】

百の位や十の位から10借りてきて計算する過程が複雑で覚えられない。

【対策】

補助計算を書くのではなく、一気に13とメモして工程を減らす。

教科書のように補助計算を書くのは工程が多い。

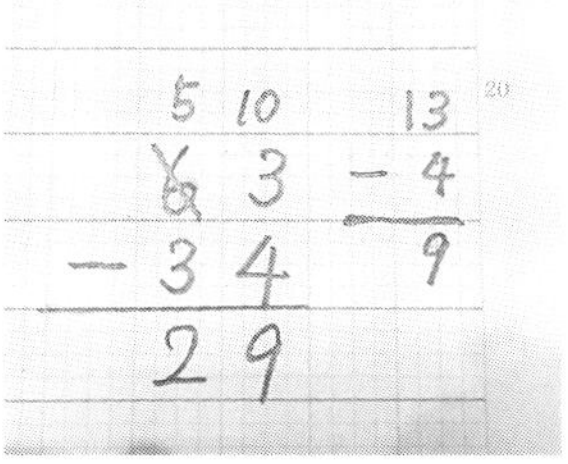

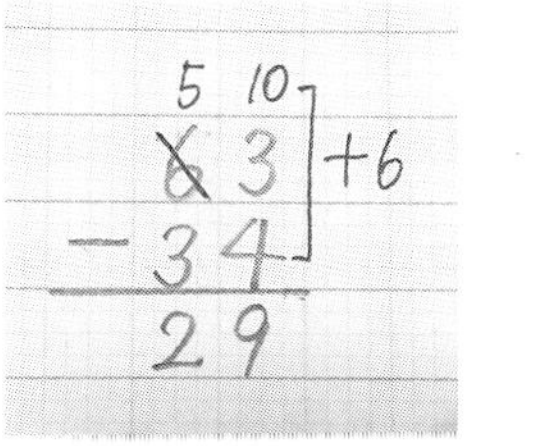

写真右下下段の「＋６」のように「ブリッジ」というやり方でメモをしてやるやり方もよい。次のように言いながら書き進めていく。

「一の位。６ひく３は、ひけない」

「６を５にして10もらう」

「ブリッジ」（もらった10から橋をかける）

「10ひく４は６」

「６たす３は９」（真ん中に＋を書く）

「５ひく３は２」

「答え29です」

それでもなお、ワーキングメモリが足りず、できない子どももいる。その場合には、左のように、６を斜線で消して、その上に「５」と書き、「６」と「３」の間に「１」と書く。こうして工程を減らすことで、ワーキングメモリが少ない子どもでも計算できるようになる。

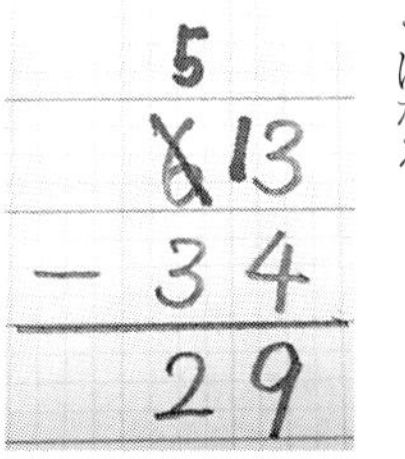

つまずきを補助する指導

子どもの特性やつまずきに合わせて指導法を工夫することが求められる。

どこでどのようにつまずいているのかをアセスメントする。

目で見たり耳で聞いたりする入力の段階なのか、頭の中で操作する段階なのか、話したり書いたりする出力の段階なのか。

そのつまずきをどのような手立てで支援すれば解消できるか知恵を出す。

教師自身で補助する手法が思いつかないときは、ＴＯＳＳランドなどで紹介されている方法を参考にするとよい。

（小嶋悠紀）

〈4〉個別支援計画づくりのヒント
問題行動のアセスメントと個別支援計画

本来、個別支援計画は、支援を展開していく上でとても重要な役割を果たさなくてはならない。

アメリカへ特別支援教育視察にでかけた。

どこでも「IEP(個別の教育・支援計画)Base」で個々の支援計画と評価がなされながら支援が展開されたいた。日本の個別教育支援計画とは活用のされ方に大きな違いがあった。

私はそれぞれの教育委員会のフォーマットのものとは別に、実践的に使える個別支援計画を作成し、保護者と支援計画の共有を定期的に行っている。

どのような項目を書くことにより個別支援計画は実践的になるかを下記に示す。

子供の課題となっている行動を3種類に分類し明記する

支援会議となると「子供の現段階での困っていること、問題行動」などが羅列されるだけのことが多い。これでは、どこに焦点化して支援を展開すればよいか分からない。既存の個別支援計画では、問題行動が大雑把に記述されるだけである。

私は、下記の3種類に分類し、課題となっている行動を明記している。

（1）学校における日常生活について

ここで日常生活とは校内にいる時間のみを指す。また、この項目は授業や学習活動などとは別である。

「給食の準備などへの取り組み方」「掃除などの取り組み」「集団行事への参加」「休み時間の過ごし方」「朝の会帰りの会の参加」などである。

（2）学習状況について

（1）の学校生活における取り組みについて明記をしたら次は学習状況について書く。

学習について、

「勉強に取り組むことが難しい」

というような書き方はしない。教科や時間帯、内容などによって参加の仕方や参加率が大きく変わるはずである。

できるだけ教科ごとに取り組み状況を明記する。参加しづらい状況であれば、それは「どのような場面」で「どのような行動を起こしているのか」を保護者にも分かるように明記する。学習状況については、宿題などの項目も含めておく。

（3）対人関係について

最後に対人関係についてである。

対人関係では、「一方的な関わり」「暴力行動」「対人関係ストレス」なども明記しておきたい。

このように3種類に分類して個別支援計画に書くだけで、「どの部分の課題が多いのか」が一目で分かるようになる。

それまではすべて問題行動と考えがちだったものが、支援の重点を決める時の参考になる

問題行動の対応の具体方略

「問題行動・不適応行動」への対応とアセスメントはとても重要な課題である。

「子どもが暴力的である」

「教師の言うことにいちいち反抗する」

しかし、

「暴力的とは、反抗するとは、具体的にどのような行動ですか？」

と聞くと、次のように返ってくることが多い。

「手が出たり、すぐに喧嘩をしたり……指示に対して従わなかったり、わざと違うことをしたり……」

しかし、これらの返答には「2つ以上の行動」が混じっていることが分かる。

問題行動・不適応行動に対応するには、「それ以上分けられない行動」にすることが第1である。その次に、大切なポイントが、

「誰でも観察可能な行動」

に表現することである。

「手が出る」というのも、「誰でも観察できる形」にすると、

「隣の子どもをグーで叩いてしまう」とすることができるだろう。これならば、担任でなくとも観察し記録することができる。

このような作業を

「ターゲット行動を絞り込む」

という。

教師は、子どもの不適応行動・問題行動をいくつかの「複合的に合わさっている行動」として捉えてしまいがちである。

「あの子は暴力的」「あの子は反抗的」と印象として捉えると、対応すべきターゲット行動が曖昧になってしまう。

つまりは、不適応問題行動に対して適切な対応がとれないことになる。

結果、問題行動が増え、加速的に子供の状態は悪い状態になっていってしまう。

問題行動をできるだけ分解し、観察可能な行動に表現することで「どの行動を修正するターゲットとするか」がまずは明確になる。

ターゲット行動を絞り込む一つ目のメリットは、

「観察行動の共有化ができる」

ことである。

担任以外の支援メンバーで観察する場合、どのメンバーから見ても観察可能な行動に表現する。

このことで、具体的な行動を観察することが可能となる。結果、観察に正確さが生じる。

次のメリットは、

「行動の増減が測定できる」

ことである。その行動が増えたか減ったかを測定することは行動をより具体的に捉えるために絶対に必要な観点である。

「あの子は暴力的だ」は、観察することができない。そのため「行動の増減の測定」が不可能である。

具体的な上にも具体的に行動が観察できる形にしてほしい。そうすると行動の増減によるある程度の行動のきっかけなどが見えてくることがある。

ターゲット行動が決まれば、次は「測定」である。

測定するためにはいくつかのチェックポイントがある。

①何回起こったか数を数える

例えば「友だち叩く」という行動は数を数えられる。しかし、「暴力的だ」という行動は数えられない。教師が問題行動を捉える場合、「印象」で捉えることが多い。相談を受けた時に「その行動は何回起こっていましたか?」と聞くと、多くの場合、「1回」「忘れた」と答えられることが多い。つまり「印象」によって「問題行動」としてしまうのである。実はその裏に、もっとたくさん起こっている行動があるかもしれない。数を数えることで、本当に解決すべき問題行動なのかが見えてくる。

②増減を測定する

問題行動を観察する場合、1日1日の増減をグラフなどに記録していく。

このことで行動の増減が見えてくる。増減が見えることで、「傾向」がつかめる。

「理科がある日は、行動が増える」「金曜日よりも月曜日の方が多い」などである。

このことで「先行条件（その条件が起きると、問題行動が生じる条件）」を特定するヒントになる。

③継続的に起こる行動の場合は、「時間」を用いて測定する

行動を測定する場合、担任だけでなく、支援員や支援学級の担任が数を数える時がある。その時に基準がぶれてはいけない。

「授業に取り組めていない」という行動は、測定者によってバラバラに測定されてしまう。

この場合は「こだわりによって、『5分以上』授業に参加できない」というように「時間」を使って測定可能な表現にする必要がある。このことで誰が観察しても正確な測定が可能になる。

（小嶋悠紀）

【1学期】特別活動・学級レクリエーション

1学期に教えたい楽しい遊び～個から集団まで～

「1学期にたくさんの遊びを教える」

このことが2学期、3学期の学級活動を盛り上げていく土台となっていく。とりわけ、低学年の時期、子どもたちはあまり遊びを知らない。例えば、「お楽しみ会」を1学期の終わりにやろうとしても、子どもたちからアイデアがなかなか出てこないことを経験したことがある。これは、遊びの選択肢を知らないからである。色々な遊びを教える中で、7月の「お楽しみ会」に向けて、ステップを踏んで、取り組んでいく方法を紹介する。

遊びは授業で教える

遊び＝休み時間にするものという意識が強い先生も多い。しかし、休み時間に遊びを教えようとしてもうまくいかないことが多い。これは、子どもたちにとって休み時間は休み時間であり、基本的にリラックスする時間だからだと思われる。そこで、授業の中で、遊びを教える時間を位置づける。この際、有効なのは毎週決まった曜日で位置付けてしまうことである。例えば、月曜日の1時間目は学活（遊びの時間）。このように固定化することで、安定して取り組むことができる。授業の45分全てをやるのではなく、10分～15分程度取り組むだけでも大きな効果があると考えている。

また、月曜日に固定化すると良い点がいくつかある。1つ目は、子どもたちにとっての楽しみができるため、不登校などの対策につながる。月曜日に気分が重くなる子もいる。そのような子にとっても1つ楽しみがあることで、学校に行きたい気持ちが高まる。2つ目は、教えた遊びをその週の休み時間に取り組むことができる。勤務校では水曜日に長い昼休みがあり、クラス遊びができる。そのような時に、もう1度教えた遊びを実施することができる。その結果、遊びの習熟につながる。

遊びのタイプを意識して教える

遊びには色々なタイプがある。

◆個の遊び→リーダー対子ども全員でやる遊び
◆ペアの遊び→2人組でできる遊び
◆グループの遊び→3～6人でできる遊び
◆集団の遊び→クラス全員でできる遊び

このような遊びのタイプを意識して教えると、無理なく教師も遊びを教えることができる。また、授業で取り組む際は、個の遊びから徐々に集団の遊びへと移行していくことで、子どもたちの人間関係づくりにもつながる。

個の遊び

◆船長さんの命令

①「船長さんの命令○○して」と言った時だけ、体を動かします。

②「船長さんの命令、右手挙げて」

「左手挙げて」

「今は、船長さんの命令と言っていないので、挙げてはいけません」

③「今のは練習。次からは、間違えた人は座っていきます」

子どもたちが間違えるように、徐々にスピードを上げていくなど変化を付けると盛り上がる。

ペアの遊び

◆キャッチ

①「右手は人差し指を出します。左手は穴を作ります」

②「ペアの人の穴に人差し指を入れます」

③「先生がキャッチと言ったら右手は逃げて、左手は相手の指をつかみます。」

④「キャキャキャ、キャッチ！」

キャベツなどのフェイントを入れると盛り上がる。途中で４人組など人数を増やすとさらに盛り上がる。

グループの遊び

◆ハイイハドン

①「５人組で円を作ります」

②「右手を順番に重ねます」

③「先生が、ハイと言ったら、一番下の手の人が上に手を重ねていきます。ハイ、ハイ、ハイ」

④「イハと言ったら、一番上の人が下に手を重ねていきます。イハ、イハ、イハ」

⑤「ドンと言ったら、一番下の人がみんなの手をたたきます。それ以外の人は手を引いて、逃げます」

最初は動き方のルールを確認するために、ゆっくり、徐々にスピードに変化を付ける。また、ドンの時に、「ドラえもん！」などとフェイントを入れると良い。慣れてきたら、右手だけでなく、左手も重ねて取り組むとより難易度が高くなる。

◆新聞じゃんけん

①グループに１枚新聞を渡す。

②リーダーとグループの代表がじゃんけんをする。

③負けた場合は、新聞を半分にたたむ。

④最後まで、全員が新聞の上に乗っていられたら勝ち。

やることがじゃんけんなので、誰でもできる。どうやって新聞の上にのるか相談することで、自然と協力が生まれる。

集団の遊び

◆バトン鬼

①ビブスを着た鬼を８人、バトンを持つ人８人を決める（30人学級の想定）。

②鬼はバトンを持っている人だけを追いかける。バトンを持っている人は自分で逃げるか、バトンを持っていない人にバトンをリレーして、逃げる。

③鬼にタッチされたら、鬼が交代する。その際、バトンとビブスも交換する。

次々と鬼が変わっていくことやリレーのようにバトンパスをしていくので、子ども同士の交流も生まれる。低学年の場合は、リングのバトンにする方がやりやすい。

この他にも遊びにはたくさんの種類がある。７月までにたくさんの遊びを教えることで、クラスみんながルールを知った上で、楽しめるお楽しみ会が実施できる。

（山崎克洋）

【2学期】特別活動・学級レクリエーション

『車酔い0』安心安全のバスレクネタ

秋といえば、遠足や校外学習がある学校も多い。そのような際、バスに乗ることも多いのではないだろうか。バスに乗る際、教師が最も気にすることの1つが「車酔い」である。目的地に到着するまでの間、何としても子どもたちを酔わせない。そんな強い決意のもと、私はバスに乗車する。ちょっと大げさなようにも聞こえるかもしれない。しかし、車に酔ってしまったことで、遠足そのものを楽しめなかったとしたら、その子にとっては、とても辛い思い出になってしまう。そんな「車酔い0」を目指すために、必ずやるのがバスレクである。車酔い0を実現するバスレクの心得と具体的な方法を紹介する。

バスレクの心得①　レクネタは山ほど持っていく

バスレクでできるものには限りがある。バスの車内で動いたりすることはできないからこそ、基本的に、教師が仕切るようなバスレクがメインになっていくだろう。だからこそ、バスレクのネタは多めに持っていった方が良い。目安は1時間バスに乗るのであれば、最低でも10本は用意しておきたい。10本あったとしても全てのネタを使うとは限らない。余るかもしれないが、足りなくなるよりは良い。

バスレクの心得②　到着時刻から逆算して組み立てる

いつ到着するのか、これはバスレクにとって重要なことである。到着時刻から考えて、あといくつのネタをすれば丁度良いのか、教師の組み立てが重要になってくる。早く終わりすぎると、酔う子が出てくる。反対に、到着時刻ギリギリまでやっていると、降りる際の大事な連絡を忘れることにもつながる。その点からも、到着時刻から逆算して、バスレクの内容も組み立てていきたい。

安全に盛り上がるバスレクネタ

平成20年からシートベルトの着用が全ての席で義務化された。このような流れの中で、遠足の際に、これまで取り組んでいたようなバスレクがなかなかできなくなってきた。立ち上がったり、移動したりはできなくても、安全で盛り上がるバスレクのネタはたくさんある。その中のいくつかを紹介する。

◆スケッチブッククイズ

バスレクの前半で使うネタ。スケッチブックに色々な種類のクイズを書いておき、順番に出していく。

例えば、並べ換えクイズ。

「『ろひつか　きざまや』誰でしょう？」

並び替えると、『やまざきかつひろ』となる。クラスの子の名前や学校の先生の名前を入れると盛り上がる。

その他にも、ひらがなクイズ。

「『ままま』何と読むでしょう」

「3個のま」、つまり「さんま」となる。

「まままま」＝「ごま」のような問題もある。

スケッチブックにいくつもクイズを書いておくことで、たくさんのネタを事前に用意することができる。この際、クイズは難しすぎない方がよい。みんなが分かる簡単な問題の方が、全員が手を挙げて楽しい状態が生まれやすい。また、このようなスケッチブックは、1度作れば他の学年でも繰り返し使うことができるので、おすすめである。

◆イントロドン

バスレクの中盤で使うネタ。歌のイントロ部分を流して、その歌を当てるクイズ。私の学級では、正解すると正解した子やクラスの子みんなでその歌を歌うようにしている。選曲をする際、大切なことはみんなが知っている歌か、ということである。マニアックな歌では、みんなで歌えず盛り上がらない。授業で習った歌、校歌、アニメソング、今年はやった歌など、誰もが口ずさめる歌を選曲できるのは教師だけである。

ちなみに、昔はCDをこれのために作り、バスのCDプレーヤーで流していたが、今はスマートフォンやタブレットがあれば、十分である。YouTube の音楽から選曲し、それをすぐに再生できるように順番に登録しておく。そして、順番に流していくことで、準備も簡単である。

◆いつどこでだれが何をしたゲーム

バスレク中盤のネタ。バスの休憩の時間や事前に教室で書く時間を確保すると良い。

①バスの列ごとに、いつ、どこで、だれが、何をしたかを配った紙に書かせる。

②その紙を回収し、袋などに入れて、見えないようにする。

③教師がその紙を順番に発表していく。

たったこれだけだが、どの学年でやっても間違いなく盛り上がった。鉄板ネタと言える。教師が落ち（何をした）の前に間をあえて作るなど、発表の仕方を工夫することで、さらに盛り上がる。また、事前に書かせる際、友だちを傷つけるような言葉は避けるように伝える。それでも特定の子が傷つく可能性があると判断した場合は、上手く別の言葉などに変更する配慮は必要である。

◆何時何分に着くでしょうゲーム

バスレク終盤のネタ。目的地に到着する10分くらい前に、子どもたちに声をかける。

「まもなく、このバスも到着します。さて、最後に問題です。このバスは、何時何分に着くでしょうか？」

そう言って、予想した時間に手を挙げさせる。たったこれだけだが、到着が待ち遠しくなる。予想した時間を過ぎるたびに「止まってくれ～」と悲鳴が聞こえたりする。最後の時間調整にもなるゲームだ。また、このゲームをやると同時に、降車の際の確認などをすると良い。

基本的に紹介したバスレクは行きにやることが多い。帰りは疲れている子などが寝られるようにビデオなどを見るようにしている。これも酔わないための1つの配慮である。

また、帰りのバスに乗車した際やバスが到着する直前などに、子どもたちに感想を発表させると、遠足の楽しかった雰囲気を共有できる。

（山崎克洋）

【3学期】特別活動・学級レクリエーション 自分たちで創り上げる冬の大運動会

「春の運動会」、「秋の運動会」。ここまでは聞いたことがあった。しかし「冬の大運動会」があることをみなさんは知っているだろうか。私はサークルでこれを聞いた時、今までの概念がふっとぶような思いがした。

「運動会って勝手にやっていいんだ♪」

そんな異次元の発想で取り組んだ冬の運動会について紹介する。

冬にやる意義

冬は6年生を送る会や卒業式など学年や全校にかかわるイベントはあるが、学級で盛り上がったり、協力したりするイベントは少ない。さらに、運動会を冬にやるというイメージがない子どもたちにとっては、わくわく感のある活動となる。学級解散のフィナーレに向けて、より子どもたちの仲を深める活動となる。

種目決め

2年生という学年であっても、この時期まできてればある程度、子どもたちが育ってきている。そこで、種目決めは子どもたち主導でなるべくやらせたい。運動会の種目として実際にあるものから、ないものまで、色々な種目を出させると良い。また、その種目の例として、過去のプログラムなどを見せてあげるとイメージがつきやすい。以下、プラグラム例を示す。

1 はじめの言葉
2 選手宣誓
3 小玉転がし
4 はんぺんリレー
5 借り物競走
6 せんべい食い競走
7 鬼ごっこ玉入れ
8 終わりの言葉

役割分担

種目が決まったら役割分担を決める。運動会というと、高学年が準備に関して、基本的にやる学校が多いと思う。その役割分担と同じように、2年生なりにできる役割を分担してみると、子どもたちはやる気になって準備をする。

・応援係　・進行係　・出発係　・用具係
・運動会実行委員　・放送係

このような係を作ることで、全員で創り上げる運動会へと変わっていく。

種目の内容

◆小玉転がし

①ドッジボール、ソフトボール、ゴルフボール、色々なボールを用意する。
②それらのボールをテニスのラケットに乗せながら運んでいく。
③リレーのバトンのように次の人にラケットを渡し、ボールを運んでいく。
④速くゴールしたチームの勝ちとなる。

大玉転がしの道具を用意することは大変である。しかし、どうしても大玉転がしのよう

な種目をやりたいということで、小さな玉でやることにした。色々な小玉を用意して、リレー形式で転がしていく。やっていても見ていても楽しい種目となる。

◆せんべい食い競走

①たけざおに洗濯ばさみを取り付ける。
②その洗濯ばさみに、袋入りのせんべいをつるす。
③選手は、そのせんべいを口でつかみ取る。
④つかみ取ったせんべいを口にくわえながら走り、ゴールを目指す。

パン食い競走をやりたい、しかし、さすがにパンは用意できない。そんな時は、せんべいで代用する。子どもたちはパン食い競走のことは知っていても、実際にやったことがない子が多いため喜ぶ。一生懸命、子どもたちが口でせんべいをつかもうとする姿は、シャッターチャンス。懇談会などで見せたら、きっと笑いが起きるだろう。また、袋入りのため、せんべいが落ちて汚れることもないので安心である。最後、せんべいを取ったあと、どうするかはご想像にお任せする。

◆はんぺんリレー

①リレーのバトンの代わりに、体育で使うマット（はんぺん）をバトンにする。
②4～6人で1つを持ち、運んでいく。
③最後は、全員で大きなマットを運んでいき、ゴールする。

折り返しリレー形式、トラック形式、どちらでもできる。マットのサイズは子どもたちの体の大きさや力の様子を見て決めると良い。最後のアンカーでマットを運ぶ際は、重たいマットになる。そのため、みんなで自然と協力する姿が見られるようになる。

◆鬼ごっこ玉入れ

①チームを2チームに分け、1つのチームに付き1人、かごを持つ鬼を決める。
②コートを2つ作り、鬼はそれぞれその範囲で逃げる。
③選手の人は、相手チームの鬼のかごに、落ちている玉を入れていく。
④最後に玉の数を数えて、勝敗を決める。
※時間は3分程度。

通常の玉入れと違い、鬼ごっこの要素もあるため盛り上がる。コートの範囲をある程度広くしないと、ぶつかる危険性もある。また、時間を過ぎても玉を入れる子が出てくるため、時間より後の玉は抜くように伝えておくと良い。

冬にできない時には

冬には行事が多くてできない、そんな時には裏技が1つある。それは、運動会と同じ時期に実施する方法だ。私自身、これを何度かやったことがある。この利点は、すでに運動会の用具が倉庫から出されていたり、使える状態になっていたりすることだ。これで準備はほとんどいらない。さらに、種目に運動会でやる学年種目を入れれば、団体種目の練習にもなる。

（山崎克洋）

【1学期】保護者会・配布資料　学習面の情報はきめ細かく発信しよう

学習面について

国語の学習では、習う漢字の数が1年生の時より、大幅に増えます。1年生では、80字だったのが、160字になります。国語の授業の始めに、「漢字スキル」を使って、毎日学習します。指書き→なぞり書き→空書きの順番で書きます。ただ練習するだけではなく、脳科学に直結した指導をして参ります。

算数では、たし算・ひき算の筆算が1学期では大切になります。まずは、ノートの書き方を指導いたします。すっきりしたノート作りが算数の学習の基盤になってくると考えております。たし算の筆算では、繰り上がりを書き忘れることがよくありますので、「1ひっかけて」と計算の過程を子どもたちと言いながら、授業を進めます。そして、ひき算では、「ブリッジ」という方法を使います。ぜひお楽しみにされてください。

2年生で、保護者の皆様が一番気になっておられるのが、かけ算九九だと思います。「かけ算九九尺」「話す聞くスキル」「かけ算九九下敷き」とたくさんの教材を用意しております。

2年生の特徴

2年生の子どもたちは、1年間学校で過ごし、学校生活に慣れてきています。学校の中で、1年生の時より、できることが増えています。だからこそ、様々なことに目を向けることができるようにすることが非常に大切です。

生活科では、季節の虫探しや植物探しをします。その時に、ポケット図鑑を持って、探しにいきます。図鑑を見ながら、どの花かな、どの虫かなと探すことが何よりの学習になります。

ぜひ、ご家庭でも、本を読ませたり、外で遊ばせたりしていただくなど、多くのことに目を向けることにご協力いただけたらと思います。

また、友達関係も1年生と変わってくるかと思います。1年生で仲の良かった友だち以外にもたくさんの友だちができます。学校生活の幅が大きく広がることでもあります。

しかし、一方で友だちとのトラブルもつきものです。ぜひご家庭で子どもたちが悩んでいたり、変わった様子でしたら、連絡帳やお電話でお知らせください。

まだ2年生、もう2年生

1年生の時より成長し、自分たちでできることがたくさんあります。明日の授業の準備もできるようになります。ご家庭では、「もう2年生だから」とお考えだと思います。ですが、時間割や用意するもので、見落としなどがあるかもしれませんので、ぜひご一緒に準備していただければと思います。まだ2年生という目を持っていただければと思います。

お家に帰ってきましたら子どもたちは学校であったことをお話することと思います。勉強のことやお友だちのことなどです。2年生になり多くのことができるようになったことを実感されることでしょう。子どもたちがお話する前に、帰ってきましたら「3秒間」抱きしめていただくことをお勧めいたします。それだけで、子どもたちも大変安心いたします。低学年の今のうちにたくさん触れ合いながら、過ごしていただければ幸いです。触れ合いは脳にもとても良いのです。「まだ2年生」と「もう2年生」で見守って参りましょう。

（下窪理政）

笑顔 No.007

CHOFU/SIMOKUBO/2-3

2016.04.27

学級懇談会資料１学期

お忙しい中，学級懇談会へのご参加ありがとうございます。２年３組の方針とちょこっと情報を掲載しております。１年間，どうぞよろしくお願いいたします。

> 学習用具の準備は生命線となる。

【１】学習について

① 準備物について・・・準備物については，以下のものをご準備していただければと思います。

【筆箱】鉛筆５本（４Ｂか２Ｂ） 定規 消しゴム 赤鉛筆 ネームペン
【お道具ぶくろ】色鉛筆 はさみ のり セロハンテープ
【その他】下敷き 自由帳

【２】授業について

① 国語・・・漢字の学習では，習う漢字が１年生では，８０字でしたが，１６０字になります。毎日の漢字学習を大事になります。毎日の漢字の学習には，「あかねこ漢字スキル」を使います。指導は，「指書き→なぞり書き→空書き」としています。そのまま漢字ドリルに書いても定着しません。ご家庭でも漢字練習帳を使った練習をお願いいたします。

② 算数・・・２年生の算数は，これからの小学校算数の生命線になるものばかりです。重要な単元として，①たし算・ひき算の筆算，②かけ算，③三角形と四角形があります。特に，かけ算九九は大切な単元です。使用する教材教具をご紹介いたします。

> 学習が何より気になる。２年生なら、かけ算九九の指導を紹介する。保護者も安心して、１年間任せていただけるための布石だ。

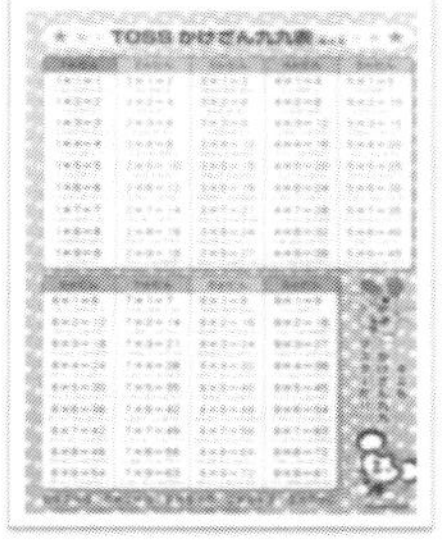

> 教材の実物を見せることで、保護者への興味・関心が向く。

③生活科・・・生活科では観察が多くなりますので，ポケット図鑑を使います。１年生で使用したものを継続して使います。

④体育・・・体育では，なわとびをご用意ください。２年生では，二十跳びだけでなく，様々な跳び方にチャレンジいたします。

⑤音楽・・・鍵盤ハーモニカをご用意ください。

⑥図工・・・図工では，初めて絵の具を使います。絵の具道具への記名をお願いいたします。また，学期末になりましたら，絵の具の補充をお願いいたします。

【３】ちょこっと情報

① もう２年生 まだ２年生

- 「もう２年生」明日の学校の準備，お手伝いにチャレンジ
- 「まだ２年生」明日の学校の準備を一緒に，家庭学習

② ３秒間の抱きしめ

- 帰宅したら，「３秒間の抱きしめ」してみませんか。昨年度の学級でご紹介したところ好評でした。お子さんとの触れ合いをできるのも低学年が一番多いかと思います。お話いたします。

初めての２年生担任で，不慣れなこともあり，ご迷惑を多々おかけするかと思います。１年間どうぞよろしくお願いします。

> 子育てに関する情報を待っている保護者も少なからずいる。

【2学期】保護者会・配布資料　運動会のプログラム紹介

学習面について

国語の学習では、作文を書く機会が多くなる。作文の力は、主に3つに分けられる。1つ目は、表現力。報告や自分の考え・気持ちを伝える文章の技巧や装飾をする力。2つ目は、表記する力。句読点や会話文など作文を書くときの約束や手紙を書く時の礼儀など。3つ目は、作文への耐力。作文に苦手意識を持たない心、作文に進んで取り組む姿勢。

2日に1回書かせる時間を設けることで、2年生の終わりには、文がすらすら書けるようになる。

算数では、かけ算九九が本格的に始まる。「かけ算九九尺」「話す聞くスキル」「かけ算九九下敷き」「百玉そろばん」とたくさんの教材を紹介する。また、かけ算九九の検定試験を実施する。順番に言えるだけでなく、逆から言わせたり、バラバラで言わせたりするのだ。また、家庭でもできるように、かけ算ファイターさがを取り上げる。楽しみながら、かけ算を学習することができるからだ。すぐに忘れてしまうので、繰り返し繰り返し、粘り強く指導したい。

2学期の行事ついて

2学期は、行事が満載だ。学校にもよるが、運動会、学習発表会、持久走大会、社会見学と目白押しだ。

その都度、連絡を的確に行いたい。①準備するもの、②服装、③タイムスケジュールを必ず明記する。

中でも、運動会は特別である。保護者は、とても楽しみにしている。

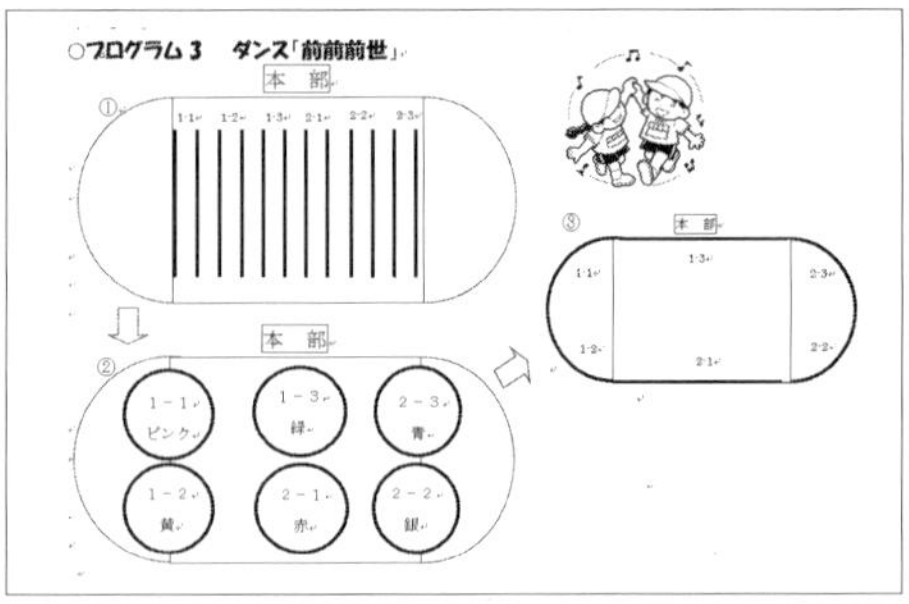

そこで、演技図や出走順をお知らせして、シャッターチャンスを狙えるようにすることが大切だ。子どもにとっても保護者にとっても大事な行事である。特別号を組んで、お知らせしたい。

規則正しい生活と家庭学習

夏休みで、起きる時間・寝る時間が乱れて、2学期すぐの運動会練習で休む子どもが少なくない。

規則正しい生活ができるよう、本校では生活チェックカードを書くようになっている。早寝・早起き・朝ごはんを徹底して、2学期をスムーズに過ごすことができるようにするためである。

また、家庭学習が定着しなくなってくる時期でもある。まずは、目安を示す。本校では「学年×10分」である。2年生なら、20分となる。目安と併せて行いたいのが、机に座る癖をつけるということだ。

また、河田孝文氏は、学級通信「七色の落書き」で、文字の丁寧さについて書いている。

> 文字が丁寧に書けない子には、共通した癖がありました。その癖とは、「紙から鉛筆を離すのがはやい」ということなのです。

家庭との連携がキーとなる。

（下窪理政）

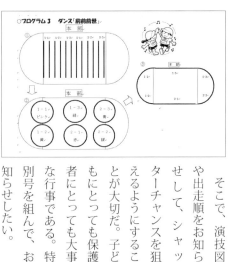

2年学年懇談会資料

平成２９年９月１日
下関市立長府小学校
運動会号

もうすぐ運動会！！

子どもたちは、はりきって練習に取り組んでいます。運動会当日に、練習の成果がしっかり発揮できるように担任一同、指導、支援していきたいと思います。保護者の皆様の熱いご声援をよろしくお願いいたします。２年生が出場する種目と位置は下記に示したとおりです。参考にしてください。

○プログラム３　ダンス「前前前世」

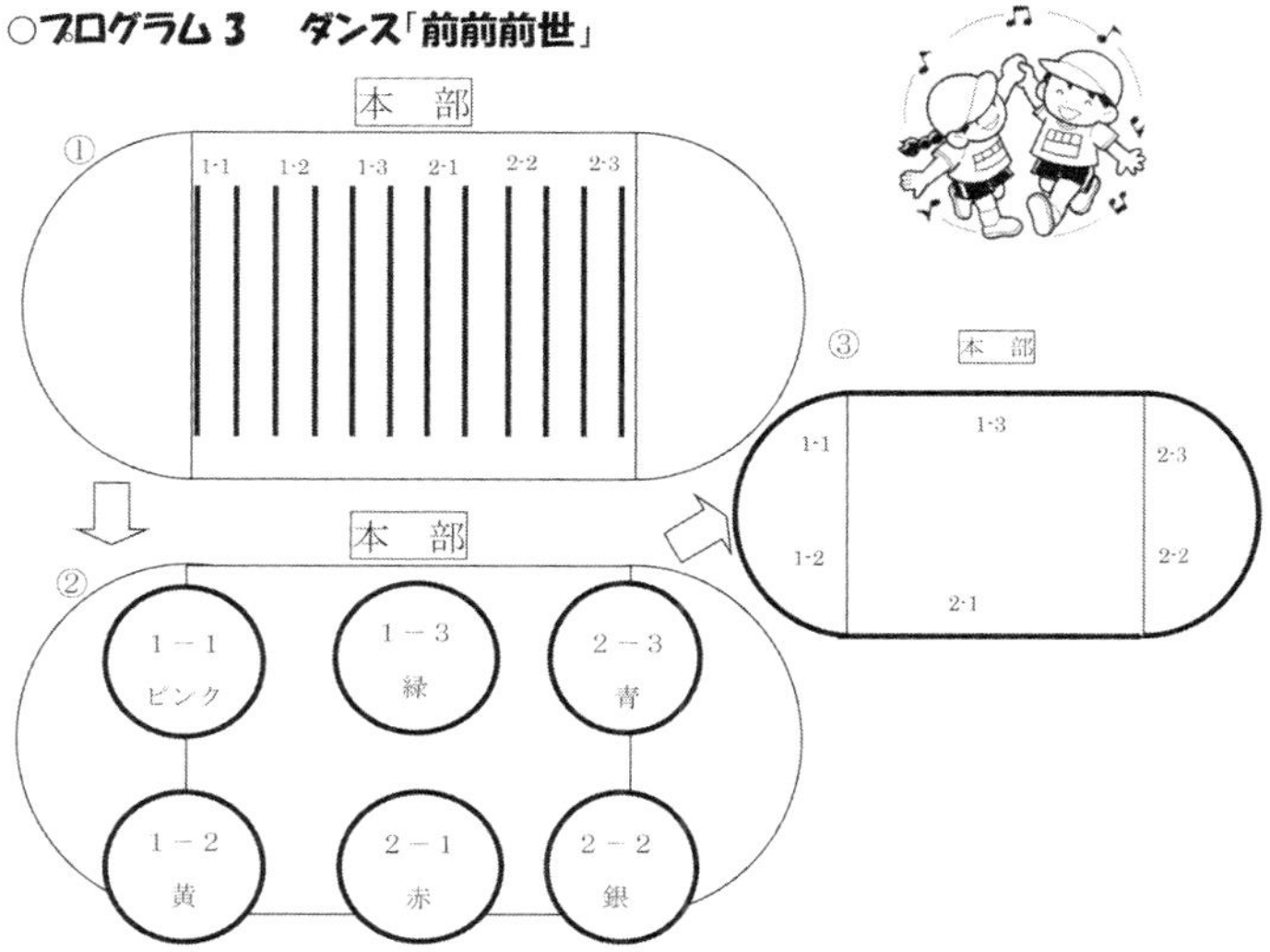

○プログラム１１　７０メートル走

○プログラム１７　応援合戦　※午後の最初の種目です。トイレを済ませ、遅れないように送り出してください。

○プログラム１８　大玉送り

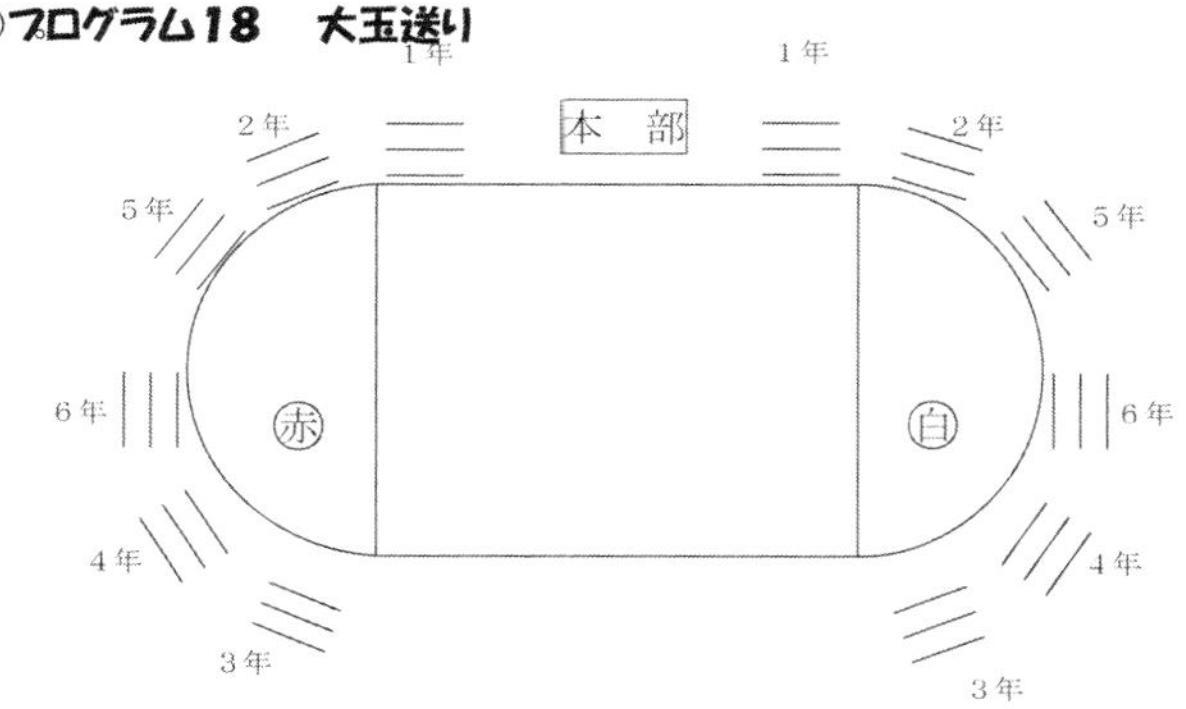

学習面について

国語の学習では、作文を書く機会が多くなります。作文の力は、主に三つに分けられます。一つ目は、表現力。報告や自分の考え・気持ちを伝える文章の技巧や装飾をする力。二つ目は、表記する力。句読点や会話文など作文を書くときの約束や手紙を書く時の礼儀などです。三つ目は、作文への耐力。作文を苦手意識を持たない心、作文に進んで取り組む姿勢です。二日に１回ほど，日記指導を始めます。

算数では、かけ算九九が本格的に始まります。「かけ算九九尺」「話す聞くスキル」「かけ算九九下敷き」「百玉そろばん」とたくさんの教材を用意しております。また、かけ算九九の検定試験を実施いたします．順番に言えるだけでなく、逆から言わせたり、バラバラで言わせたりします。また、家庭でもできるように、かけ算ファイターさがというものがあります。楽しみながら、かけ算を学習することができます。

規則正しい生活と家庭学習の充実を

夏休みで、起きる時間・寝る時間が不規則になっていたかと思います。規則正しい生活ができるよう、本校では生活チェックカードを書くようになっています。早寝・早起き・朝ごはんを徹底して、二学期をスムーズに過ごすことができるようにためです。

また、家庭学習は、学年×十分です。二年生なら、二十分となります。さらに、机に座る癖をつけてほしいです。

文字が丁寧に書けない子には、共通した癖がありました。その癖とは、「紙から鉛筆を離すのがはやい」ということなのです。気にかけていただけるとありがたいです。

【3学期】保護者会・配布資料「3年になると」の予告を入れよう

学習面について

国語の学習では、3年生に向けて、漢字の総復習をする。2年生だけではない。1年生の漢字も含めて行う。また、カタカナを忘れている子どももいるので、カタカナの総復習も行いたい。

算数では、かけ算九九と、たし算とひき算の筆算を中心に復習を行う。3年生では、わり算・かけ算の筆算が出てくるからだ。2年生担任の使命の1つは、「かけ算九九の習得」である。3学期の始めの5分間は、フラッシュカードなどを使って何度もかけ算を繰り返したい。

また、3年生では、新たに社会科、理科、外国語活動、道徳が教科として入ってくる。教科が一気に多くなることを伝えておきたい。

しつけ3か条

戦前・戦後に教育界で力を尽くした森信三氏。森信三氏は、3つのことを提唱している。1つは、あいさつができることである。年末年始にあいさつする機会も多くあったことだろう。親があいさつをすることで、自然とあいさつできる子どもに育つ。あいさつができることは、ほめるチャンスでもある。是非ともこの機会を逃さず、ほめることをお願いしたい。

2つ目は、「はい」と返事ができることである。名前を呼ばれたら、「はい」とあいさつできることは容易ではない。身に付くまで、近くにいる保護者や教師がお手本を示し続けることが必要である。返事をすることで、周りは明るくなることも併せて教えたい。

3つ目は、はきものを脱いだら揃えることである。友だち、親戚の家に行くときなど、玄関で靴を脱ぎ、自分の脱いだ靴の向きを変えることとは、礼儀が備わっていることを周りに感じさせる。家族の何気ない行動の賜物である。

森信三氏を例として、保護者と礼儀について、考える時間を作っておきたい。今のうちにできることを身に付けておくことが将来の大きな財産となるからだ。

その他にも、お勧めの子育て本を紹介するのも好評だ。『十代の脳』という本がある。10代の脳の仕組みが分かる良本である。保護者から、とてもいい本だったとお手紙をいただいた。

新学期への準備

○春休みは、道路へのとび出しなど、気がゆるんで交通事故なども起こりやすい。また、規則正しい生活を心がけ、校区外に出ないことを話したい。帰宅時刻の確認をすることも大切だ。

○学習用具については、2年生で使うノートは、新しい担任の先生からの指示で購入することを伝える。3年生になり、ノートのマス目も小さくなる。さらに、この時期に絵の具や色鉛筆の補充のお願いをしておく。新学期が始まれば、すぐに使うことになるからだ。

○春休みは3年生に向けて、かけ算九九とたし算・ひき算の筆算の復習をすることと、漢字の練習をするようにお願いする。

○3年生に上がる前に、リコーダーを購入している。保護者に保管場所を確認してもらい、新学期に備えたい。

○新学期に使う物や始業式などの連絡は、学級通信で間近に再度連絡する。

以上のことに注意して、万全の体勢で、3年生へと進級させたい。

（下窪理政）

笑顔 No.081

CHOFU/SIMOKUBO/2-3

2018.01.12

学級懇談会資料3学期

お忙しい中，学級懇談会へのご参加ありがとうございます。２年３組の３学期の方針を掲載しております。残り三か月，どうぞよろしくお願いいたします。

【１】学習について

① 国語・・・２年生の総復習をします。漢字は，２年生で160字学習ました。一年生の漢字８０字も含めて復習を行います。また、カタカナを忘れがちになりますので，カタカナの総復習も行います。３年生までに積み残しがないように，取り組みます。

② 算数・・・かけ算九九と、たし算とひき算の筆算を中心に復習を行います。三年生では、わり算・かけ算の筆算が出てきます。三学期の初めの五分間は、フラッシュカードなどを使って何度もかけ算を繰り返します。

【２】三年生で習う教科について

３年生では，新たに習う教科があります。「理科」,「社会」,「道徳」,「外国語」です。

理科は，理科の先生との学習になります。実験などを通して，楽しく科学的なものの見方を養います。

社会は，身の回りのことを学習します。校区のことや警察，消防署，スーパーマーケットの学習になります。社会事象のことを学びます。

道徳は，２０１９年度から教科になりました。教科書が年度初めに配付されます。必要なものは，３年生の担任より連絡があります。

外国語は，英語を使った会話での学習です。５・６年生で学習をしておりましたが，今年度から３年生も週に１時間学習します。

２年生の時と比べて，教科も多くなります。持ち物には，必ず名前を書いていただけるよう，お願いいたします。

【３】３つのしつけについて

戦前・戦後に教育界で力を尽くした森信三氏。森信三氏は、三つのことを提唱しています。一つは、あいさつができることです。年末年始にあいさつする機会も多くあります。あいさつができるには、親があいさつをすることで、自然とあいさつできる子どもに育ちます。あいさつができることは、ほめるチャンスでもあります。是非ともこの機会を逃さず、ほめることをお願いいたします。

二つ目は、「はい」と返事ができることです。名前を呼ばれたら、「はい」とあいさつできることは，すぐにはできることではありません。身につくまで、近くにいる保護者や教師がお手本を示し続けることが必要です。返事をすることで、周りは明るくなります。

三つ目は、はきものを脱いだら揃えることです。友だち、親戚の家に行くときなど、玄関で靴を脱ぎ、自分の脱いだ靴の向きを変えることは、礼儀が備わっていることを周りに感じさせます。

【４】新年度の準備について

４月１２日（月）　始業式・入学式

いつも通り，ランドセルで登校します。新３年生になるので，クラス替えがあります。下足箱に新しいクラスと児童名簿がはってありますので，それを見て，その教室に入ります。下足箱は，新しいクラスのところを使用します。

<持ってくるもの>

連絡帳，上ぐつ，引き出し，筆記用具，宿題，ぞうきん２枚

以下の学用品の準備をお願いします。（４／１１までに）

□はさみ　□のり　□色鉛筆　□定規　□帽子　□引き出し
□ノート　□体操服　□道具袋　□上履き　□歯ブラシ・コップ
□リコーダー　□絵の具　※ネームもご確認ください。

3年生になると、教科が大幅に増える。事前に連絡をしておく。

子育ての話でここでしか聞けない話をする。

3学期で、総復習をすることで学力を定着させることを知らせる。

新年度の準備物は、早めの連絡がよい。事前に準備ができるためである。

4月

国語　「ふきのとう」登場人物の定義を指導する

教材解釈のポイントと指導計画

「ふきのとう」には全部で14の会話文が登場する。

そこで、それぞれの会話文は誰の会話文なのか考えさせる授業を行う。

意見が分かれたら対話的に意見交換させる。次の計画で進める。

> 第1～2時　範読・音読
> 第3時　登場人物は誰なのか検討する
> 第4時　会話文を検討する
> 第5～6時　役割分担して音読劇を行う

授業の流れのアウトライン

まずは登場人物の定義を教える。

> 物語に登場して話したり行動したり考えたりする人や動物やもの。

2年生には具体例を交えて話すとよい。

「トイ・ストーリーのウッディーはおもちゃだけど話したり行動したり考えたりするよね」

登場人物は次の通りになる。

1　竹のはっぱ1
2　竹のはっぱ2
3　ふきのとう
4　雪
5　竹やぶ
6　お日さま
7　はるかぜ

登場人物が確定したら次の時間に会話文の検討を行う。

> それぞれの会話文は登場人物の誰が言っているのでしょう。まずは最初の「さむかったね」「うん、さむかったね」は誰と誰の会話ですか。教科書の「　」の上に○○と名前を書きましょう。

書けたことを確認してから、

> 隣の子と教科書を見せ合いなさい。意見が違ったら話し合いなさい。

と指示する。まずはペアで話し合いさせるのである。

その後、全体で意見を発表させる。正解は教師が最終的には伝えていいだろう。

以下、同様にそれぞれの会話文を検討していく。

学習困難状況への対応と予防の布石

2年生なりに話し合いのできる学級を1年間かけて目指していく。どの子も意見が言えるようにしていくためにルーティンとして次のような学習を毎日行うことをおすすめする。

①「話す・聞くスキル」（正進社）を使用して毎日楽しく音読練習する。
②「全員発表」（指名なし発表）を毎日何度も行う。
③河田孝文氏の「集合知」による質疑応答の授業を何度も繰り返す。
④毎日、作文を書き、論理的に考える力をつける。

話し合いや討論ができる学級を作るには意見の分裂する発問の準備と共に、意見の言える学級づくり、つまり日常的な指導が不可欠である。4月の最初から取り組んでいく必要がある。

（村野聡）

4月

算数 「たし算のひっ算」連続した問答で組み立てる

教科書の基本構造「例題→類題→練習問題」を教師と子どもの問答によってテンポよく授業する。「連続した問答」こそ、対話的活動である。

例題（教師が解き方を示しながら基本型を教える）

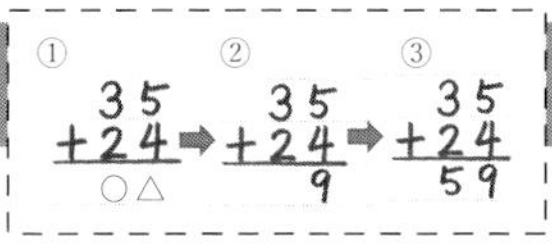

①「35＋24 の計算。最初に計算するのは○と△、どちらですか」

「○だと思う人（挙手）、△だと思う人（挙手）」「そうです。△、一の位から計算します」

②「35＋24 は、５＋４は９、９と書きます」

③「次、十の位の計算。３＋２は５、５と書きなさい。（間）答え 59。これはこう読みます」

（基本型）「35＋24 は、一の位、５＋４は９、十の位、３＋２は５。答え 59 です」

（範読→おい読み→一斉読み）※教師が基本型を正確に読み、子供に手本を示す。

類題（問題を示し、自力解決させる）

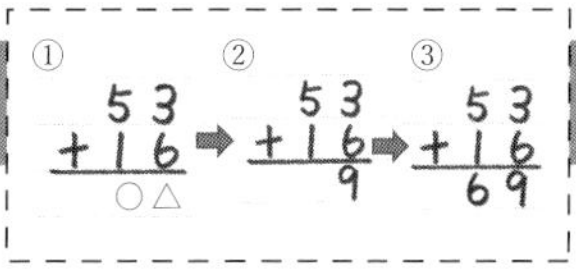

例題と似た問題を自分で解かせ、答え合わせで確認する。

①「53＋16。最初に計算するのは、○と△、どちらですか？」

「○？（挙手）△？（挙手）。△、一の位から計算します」※言葉を削っていく

②「一の位の計算。３＋６は、いくつですか？（９です）、９と書けた人、よし」

③「次に何をしますか？（５＋１です）、答えは何ですか？（６です）、同じだった人？　凄い、丸」

④「（あとに）ついて読みます。『53＋16 は』、はい」

（基本型）「53＋16 は、一の位、３＋６は９、十の位、５＋１は６。答え 69 です」

（おい読み→全員読み→男の子→女の子）ただし、必要に応じて範読から入る。

（注意）基本型の「一の位」、「十の位」という言葉は、慣れてきたら削る。

練習問題（全体を示し、１問だけ確認する。答え合わせで対話させる）

①「△２、①から④までやりなさい。③まで出来たら持ってらっしゃい」（③の答えのみを見て、答えが合っていたら○、違っていたら端的に違うと伝え、席に戻す）。

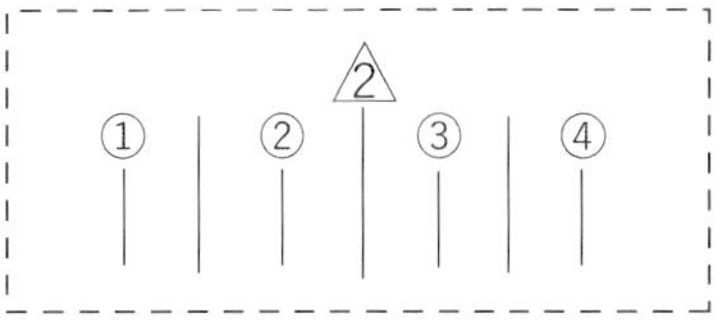

②　④まで終わった子に、「黒板にひっ算と答えを書きなさい」と指示する（黒板を８等分しておく）。答え合わせは、基本型を使って説明させる。

以上のように、目で見て考え、耳で聞き、複唱することで、学習効果が高まる活動となる。

（和智博之）

4月

生活　1年生と学校たんけんをしよう

1年生の時に、2年生に学校の案内をしてもらったことを覚えている。今度は自分たちが2年生になり、1年生を案内することを楽しみにしている。

主体的、対話的で深い学びの手立て

グループに1枚ずつ学校の地図を配る。

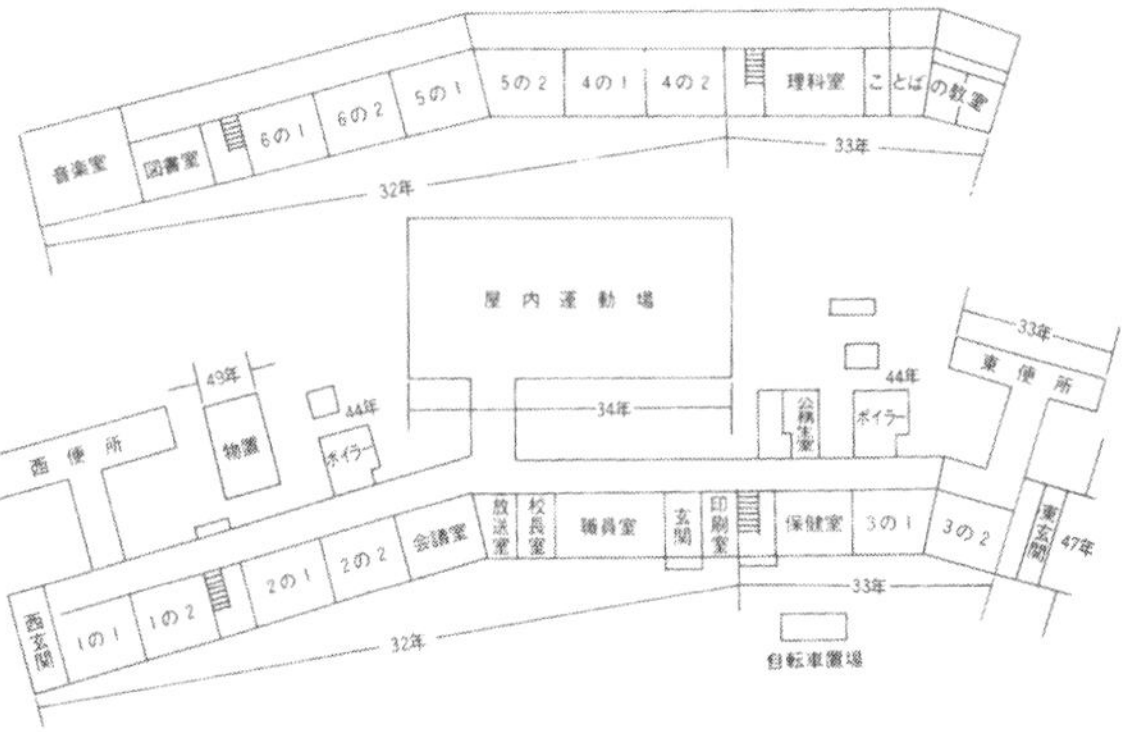

話し合いのポイントを伝えておく。

・大事なところからまわる。
・行ったり来たりしないようにまわる。

←

どの順番でまわるかを話し合う。

←

実際に歩いてみる。

歩いてみて順番を変えた方が良いところがないかも話し合わせる。自分たちで考えた道順で1年生を案内することで、子ども達の意識は主体的になる。

1年生が分かるように説明する

それぞれの場所に行った時に、どんな説明をしたらよいかを話し合わせる。

ワークシートに説明を書く。

地図にメモ欄を作っておいて、そこに説明を書かせておくと、本番でそのまま使えて便利である。

【職員室】先生がお仕事をする所です。
【保健室】けがをしたり、調子が悪くなったりしたときに行く所です。

説明が長くなってしまうと相手に分かりにくくなってしまうので、短く説明するように助言しておく。

←

それぞれのグループで、どのように説明するか発表する。

全ての場所を検討すると時間がとてもかかるので、職員室、保健室、給食室など、生活の中でよく行く場所に絞って検討する。

当日までにしておくこと

2年生と1年生が同じくらいの人数になるようにグループを作っておく。

グループの人数は4人程度がよい。気になる子が同じグループにならないように、1年担任と一緒に編成すると確実である。

（土師宏文）

4月

音楽　楽しく、力のつく音楽授業で進める

低学年のうちに身に付けさせたい音楽能力の１つに「拍の流れに乗る力」がある。「拍の流れに乗る力」とは、音楽を聴き、拍の流れに乗りながら、指揮や手拍子、行進ができることだ。この力を育てるためには、他者との関わり合いがポイントだ。１人では、曲の流れと狂っていても気がつかない場合が多いが、相手があると、２人の間の違和感で無意識のうちに強制されていく。年間を通し、継続して指導することで、どの子も「拍の流れに乗る力」が育つ。

指揮者になろう

指揮ができるようになるためには、４つのステップがある。

① 曲に合わせ手拍子をする。
② 拍の流れに合わせて振る（１つ振り）。
③ 拍の頭で大きく振る。
④ 曲に合わせて指揮を振る。

『トルコ行進曲』ベートーベン作曲
T：曲に合わせて手拍子。
T：指揮者になるよ。１つ振り。
T：拍の頭で大きく振ります。
T：曲に合わせて。

数回に分けて、指揮のステップを指導。この曲の特徴でもある強弱も意識できている子どもがいたら、前で指揮をさせ、どこが良かったのかを考えさせ、全体で共有させる。

行進をしよう

既習曲などを使い、行進をさせる。毎時間継続することで、テンポの変化にも対応しながら行進ができるようなる。
『きらきら星』フランス童謡
T：歩きます（曲を弾く）。
T：よく聴いて（テンポをゆっくりにしたり速くしたりする）。

１人、ペアなど、変化のある繰り返しで、行進させる。
T：１人ずつ。
T：Aさんのどこが良かった。

友だちの良さを見つけ、その良さを全体で共有させる。

お手合わせをしよう

わらべうたや既習曲などを使い、お手合わせをさせる。
『お寺の和尚さん』
T：先生のまねをします。

ゆっくりのテンポでやり方を教える。子どもは、先生の方を見て、１人で行う。
T：ペアを作ります。

やり方が分かったら、ペアを組み遊ぶ。

名前呼び遊びをしよう（ふしづくり１ステップ）

○○○V（タンタンタンウン）の手拍子に合わせて、動物や食べ物などの名前を呼ぶ。
「動物の名前呼び遊びをしましょう。」と教師が遊びをスタートする。

（T）みなさんV　（C）はあいV
（手拍子）○○○ ウン　　　○○○ウン
（T）名前呼び遊びをしーましょ（C）しましょ
（手拍子）○○ ○ ウン○○ ○ ウン ○○○V
（T）：うさぎV　（C）：うさぎV～

手拍子は一定のリズムを刻み、途中で止めない。同時に複数の負荷がかかるので難しいが、だからこそ、力がつく。　（吉川たえ）

4月

図画・工作　今年の目標はこれだ!「みなさん、よろしく!」

4月は進級の月。新しい学年、新しい友達、新しい先生、新しい教室、新しい勉強。子どもたちの心に生まれた進級の喜びと新学年の目標を引き出す。可愛いテントウムシの絵を添えて描き、学級づくりに生かす。

準備物

・色画用紙（水色や黄緑など薄いもの）
・カラーペン・クレヨン・ネームペン

指導時間（2時間）

①テントウムシを色画用紙に描く
カラーペンで輪郭を描き、クレヨンで彩色し、クレヨンを綿棒でのばす

〈画用紙の大きさ〉
4つ切画用紙の3分の1

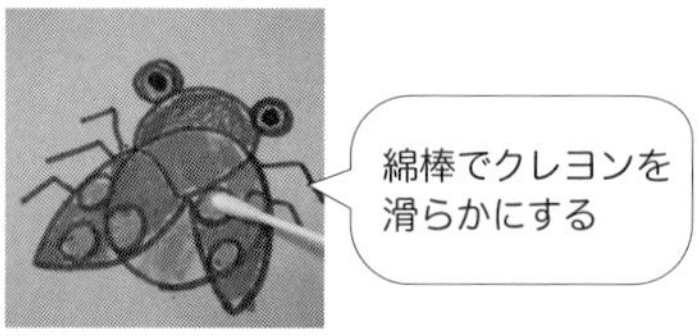

〈テントウムシの描き方と順番〉

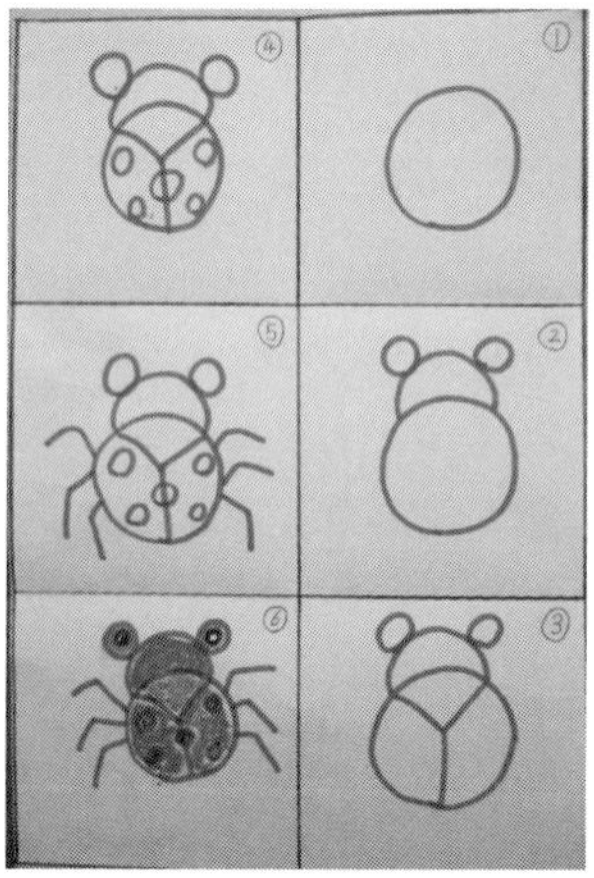

②目標を書く位置を決め、1匹目のテントウムシを描く

③2匹目、3匹目のテントウムシを描く

太字のカラーペンで、目標を描く

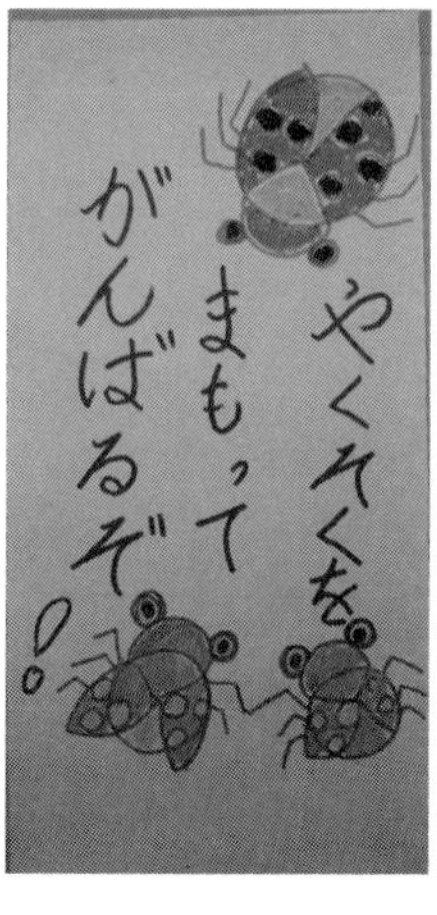

鑑賞会をする

グループごとに黒板に貼った自分の目標を、絵を見せながら発表する。

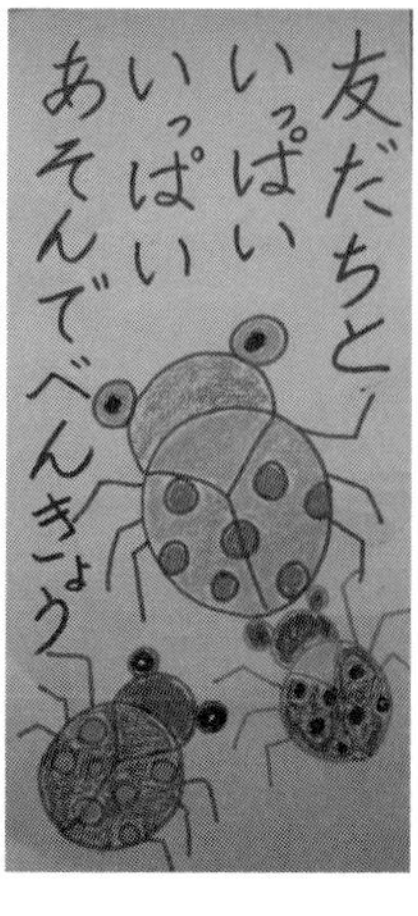

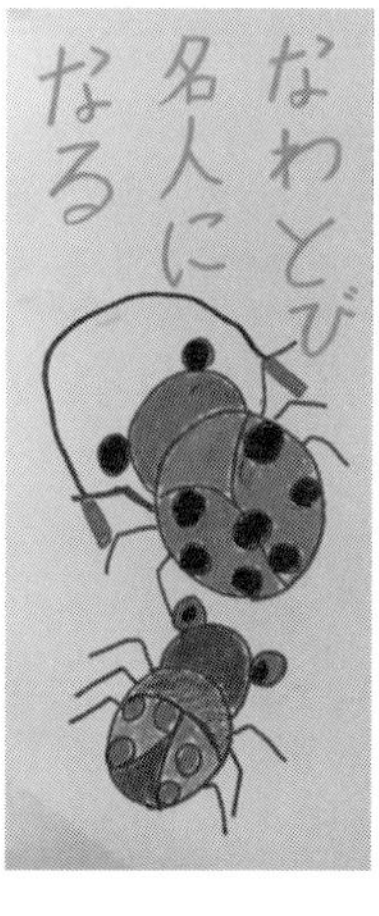

友だちの絵のいいところを見つけ、発表しあう中で、自然に友達の輪が広がる。鑑賞会は和やかで楽しく、あっと言う間に時間がたつ。

（田村ちず子）

4月

体育　準備時間なし　熱中する鬼あそび

増やし鬼でも、氷鬼でも何でもよい。普段の休み時間などで経験しているから、ルールの説明は無用。

「氷鬼をやります。日直さんの２人が鬼です。10秒後スタート。10、9、8……」と告げる。これで子どもたちは、キャーキャー言いながら、アクセル全開で動き始める。

体育館がお勧めだ。途中から、教師も鬼役で入ると大変盛り上がる。できるだけ動かないで端っこに潜んでいる子を探し出し、追いかけるのだ。これで逃げざる負えない状況が生まれる。５分もやるとたっぷり汗をかく。

このように授業を始めていく。子ども達が「これからの1年、体育楽しそう！」と思うような内容を展開する。キーワードは、

パーツで組み立てる

実際の授業

例えば45分を以下のように組み立てる。

（1）氷鬼　10分
（2）趣意説明　5分
（3）集合マネジメント　5分
（4）どーんじゃんけん　10分
（5）回旋リレー　15分

鬼ごっこであれば、ほとんどの子がルールをすぐに理解し取り組める。この様子から足の速い、遅いが把握できる。

早い子にはハンデをつけることも可能だ。これは教師だからできる。

氷鬼は友達を助けることができる鬼ごっこである。

友だちを助けることができた人？

このように氷鬼が終わった時に聞き、助けた子をほめていく。すると、自然と子ども同士の助け合いやコミュニケーションが見られるようになる。

鬼ごっこの個人戦を経て、チーム戦のどーんじゃんけんにうつる。これは友達と楽しむ楽しさが味わえる。じゃんけんだから勝つことも負けることもある。ぐずぐずしているとチームが不利になるから余計なことを考えずに瞬時に動く。こだわり行動を抑制することにもつながる。また、「どーん」と手を友達と合わせることで触れ合いが生まれ、他者理解につながる。

（桑原和彦）

4月

道徳　黄金の３日間と連動して

4月の道徳のポイント

4月の道徳のポイントは、黄金の三日間との連動を図ることである。各教科の指導のフォーマットと同じように、道徳の授業のフォーマットを決める。

1つ目は、教材文の読み方である。2年生なので、教師が範読する。その後、子どもたちに「1回読んだら、座りなさい」と指示をする。教材文が短いので、2回ほど読ませる。

2つ目は、ノートの指導である。教科書化でノート活用が重要と言われているので、今の段階から、ノートの書き方を教えておくことが求められている。

書かせる内容は、①資料名、②授業の板書した内容、③感想とした。

なお、「ノートの最後の行まで書きなさい」と指示を出しておくと、最後までびっしり感想を書くシステムができる。

システムを作り上げることを、教材を通して行っていくことがポイントとなってくる。

4月は、黄金の3日間を意識した指導を行っていきたい。

4月のオススメ資料

4月は、子ども達の意見が多く出やすい資料を選定した。

勤務校では、光文書院の教科書が採択されている。4月は、「できるねポンタくん」という資料がある。徳目は、「節度・節制」である。

内容は、ポンタくんは、いけないと分かっていることでも、ついやりすぎてしまうことがある。休み時間は、チャイムがなっていても遊んでいる。使った道具は、そのまま校庭に置きっぱなし。授業中には、学習用具を準備し忘れて、あわててしまう。下校では、横断歩道を左右確認せずに渡ってしまうという話である。ところで、道徳教科書にそうじや給食や登校場面での振り返りがついている。また、自分ができることは何かを考えるように構成されている。

4月は、学校のきまりと合わせて指導できるため、この資料はおススメである。特に、遊びのルールは、地域・学校単位で微妙に違ってくる。ルールを把握するためにも資料を学ぶだけでなく、子ども達と一緒に遊ぶ時間を設定したい。

対話指導のポイント

4月なので、「きまりを守れなかったことがある人？」と発問をする。低学年なので、幼稚園・保育園の頃まで遡って、守れなかったことの意見をどんどん出してくる。全部聞いて、とにかくほめる。ほめて、ほめて、ほめまくるのが、対話のためのポイントだ。「発表した人は、どんどん賢くなるよ」ということも言う。2年生は、張り切って発表を頑張る。

さらに、学校のきまりについて知っていることも発表させる。知っているものだけでなく、学校のルールの実態把握が可能になる。けがにつながる遊びをしないための布石にもなる。

また、低学年では、手を挙げていたのに、指名すると「忘れました」という子もしばしばいる。忘れた児童には、温かいフォローをしていきたい。「考えておいてね。また当てますから」と対応すると、子どもが安心する。また発表しようとする。

4月のほめる指導と温かな対応の積み重ねが、討論へ向かうまでの最初の一歩となる。

（下窪理政）

4月

英語　英語で大切なこと「あいさつ」

英語の授業で大切な５つのこと

英語の授業で大切な５つのことは、井戸砂織氏から教わった。

①大きな声を出す。
②間違いを気にせず、積極的に活動する。
③よく聴く。
④相手の目を見て話す。
⑤笑顔で活動する。

井戸氏は「最初の英会話の授業でこのことを伝え、これらのことを意識してどんどんほめていきます」「このことを続けていると、子供たちはこれらのことを意識して授業に取り組むようになります」と言っている。このことを教えてもらってから、必ず最初の授業で子供達に話している。授業の中では、英語に変えて“Big voice, very good!”と声をかける。５つのことは、英語に直すと、

①Big Voice　②Challenge　③Listen
④Eye contact　⑤Smile

これを、１年間続けて意識させていく。

あいさつで楽しく

楽しく英語を始めるためには、始めのあいつさが大切。教師が“Hello!”と大きな声で笑顔であいさつする。すると、子供は、だんだん“Hello!”と大きな声で言えるようになる。低学年ほど、英語を話すことに抵抗がない。教師が楽しく授業すれば、声も大きくなってくる。

体調を尋ねるあいさつ

「I'm fine./ I'm hot. /I'm cold./I'm hungry.」１年生で既習なので、毎時間必ず言うようにする。すると、“How are you?”と聞かれたら、反射的に答えられるようになる。相手に聞き返すときは、“And you?”と言うことも教える。さらに、同じ体調の時、“Me, too.”と言うことも教える。すると、友達が答えたことに反応できるようになる。できれば、１年生からやっておくとよい。

健康観察で　毎日

I'm sick. を教える。元気のない様子で、座っているＡＬＴに、担任が“How are you?”と尋ね、“I' m sick.”と「頭が痛い」「おなかが痛い」のジェスチャーをして言うと、調子が悪い時にこう言うのだなと子供達に伝わる。その後、“Take care.”と言うといいことも教える。毎日の健康観察の時間も英語で行うとすぐに覚える。

T：How are you?　　C：I'm sick.
T：What's wrong?　C：頭が痛いです。
T：１・２　　　　　C全：Take care.

以前２年生でこのように行っていた。毎日なので“What's wrong?”や“Take care.”もすんなり覚えていく。“Me, too!”も言えるようになった。

いろいろな子と会話

４月は、子供達がお互いにまだ慣れていない。そこで、隣同士や２人と話す、列で１人ずつ交代など、色々な仲間と話す機会を設定して、コミュニケーションを増やし、話しやすい雰囲気をクラスの中に作るようにする。

（奥井利香）

5月

国語　「たんぽぽのちえ」説明文の挿絵と文の対応を指導する

教材解釈のポイントと指導計画

この説明文は文にそって挿絵が掲載されており、どの挿絵がどの文に対応しているのか2年生なりに考えさせる授業が展開できる。対話的な授業が成立する。

次のように文と挿絵が対応している。

> 1段落「春になると、たんぽぽの黄色いきれいな花がさきます」→挿絵1
> 2段落「二、三日たつと、その花はしぼんで、だんだんくろっぽい色にかわっていきます」→挿絵2
> 6段落「このころになると、それまでたおれていた花のじくが、またおき上がります。そうして、せのびをするように、ぐんぐんのびていきます」→挿絵3
> 8段落「よく晴れて、風のある日には、わた毛のらっかさんは、いっぱいにひらいて、とおくまでとんでいきます」→挿絵4
> 9段落「でもしめり気の多い日や、雨ふりの日には、わた毛のらっかさんは、すぼんでしまいます」→挿絵5（2枚）

授業の流れのアウトライン

主発問は次のようになる。

> この絵を説明しているのはどの文ですか。

挿絵の数だけ発問できるので、討論的な授業に慣れさせたり、自分の考えをノートに書かせるためのよいトレーニングになる。

発問したら挿絵と対応している文にサイドラインを引かせる。ここは必ず自己決定させるところである。

「線を引いたら座りなさい」

という指示も必要になってくる場面だ。

自己決定した文を発表させ、どれが挿絵と対応しているのか最終決定させる。

その上で、そう考えた理由をノートに書かせる。

2年生なのでいきなり全体討論は難しいので、隣同士で話し合わせたり、班の中で話し合わせたりする。その後で、

「みんなの前で意見を言える子はいますか」

と声をかけ、発表する子がいれば大いに褒める。

意見発表の後で、

「今の意見と似た意見が言える子がいませんか」

と発言を促す。これも大いに褒める。

さらに、

「今の○○君の意見に反対の意見が言える子はいませんか」

と促す。

もしもここで反対意見を言う子がいたら、

「同じように反対の子はいませんか」

と教師が広げていくのである。

そうすると徐々に全体討論らしくなっていく。

討論は高段の芸であり、百回程度の体験が子どもにも必要である。

学習困難状況への対応と予防の布石

教科書の挿絵だけでは全体に意見を説明するのが難しくなることが予想される。

挿絵はパワーポイントに取り込んで大きく表示し、必要に応じてこの大写しの挿絵を使って説明させるとよい。

（村野聡）

5月

算数 「ひき算のひっ算①」間違えた理由を説明させる

くり下がりのあるひき算のひっ算は、間違えやすい。だからこそ練習問題などで子どもから出される誤答を基に「なぜ間違ったのかを説明させる」ことで習熟を図る。「間違えを見つけ、説明する活動」を本時における対話的活動とする。

基本型（河田孝文氏の追試）

基本となる説明の型は、第一時から教えておく。その基本型は以下のものである。

①「45－17 の計算、一の位、５－７は、できません（ジェスチャーを入れる)。４を３にかえて 10 借りる。②ブリッジ（10 と７をつなげる)。③10－７は３、５＋３は８。④十の位、３－１は２。答え 28 です。

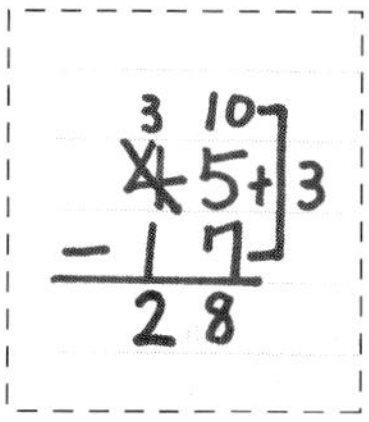

練習問題やまとめの問題の中で、説明する力をつける（対話的活動）

計算問題は、『「①から④までやります。出来たらもってらっしゃい」→黒板を８等分し、終わった子から答えを書かせる（８人)→答え合わせ』という流れで行うが、その際に誤答が出てくる。
なぜ違うかを説明させる貴重な機会となる。

【予想される誤答例】

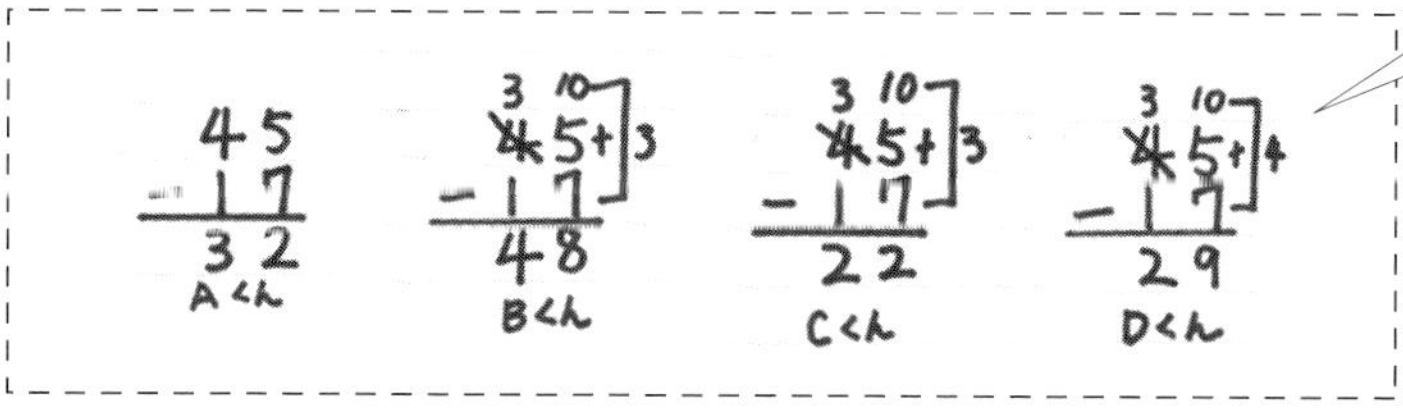

【説明の例】
Dくんは、ブリッジの計算が違います。
10－７＝３なのに、４にしています。

【主な発問指示】
①この中に、かすかに違うものがあります。それはどれでしょう（全体に問う)。
②それは、○くんの答えです（答えが違うものを確定する)。
③なぜ違うのか、お隣さんに説明しなさい（全体を巻き込む)。
⑤なぜ違うのか説明できる人？（全体の中から発言者を選び、説明させる）
⑤○くんがかすかに間違えてくれたおかげで、より計算の仕方がわかりましたね、ありがとう（フォロー)。

基本型を教え、答えの書き方を統一し、計算過程がわかるからこそ、誤答を見抜き説明することができるようになる。練習問題こそ、子ども同士の重要な対話的活動の場となる。（和智博之）

5月

生活　春さがしにでかけよう

とりあえず外に行って、何となく花や生き物を見つけてくる。そんな「季節さがし」からの脱却が必要だ。知的で楽しくて、対話が活発に行われる「春さがし」を行いたい。

観察の準備

5月の季節は春であることは2年生なら当たり前に分かっている。より主体的、対話的で深い学習となるように次のような手立てが考えられる。

> 季節が春だと言える理由は、何ですか？

子ども達は「ちょうちょがとんでいるから」「花が咲いているから」など、いろいろと教えてくれるだろう。

> これから校庭に出て「春」をさがします。さがしに行く前に、「どんな春があるか。」自分の予想を書いてみましょう。

子ども達は「春だからチューリップがあるだろう」などいろいろ書く。

> 3つ書けたら、教師のところに持って行き、板書をさせる。

黒板は子ども達の意見であっという間にいっぱいになる。明らかに「これはおかしい」というものがあれば、子ども達に聞いてから訂正するとよいだろう。

外に出て、春さがしを行う

> 春さがし
> 名前（　　　　　）
>
> ●春だから、チューリップがあるだろう。
> ●春だから、カエルがいるだろう。
> ●春だから、………

> 自分の予想の中で見つけることができたものには、自分でチェックをさせる。

予想していなかったものもたくさん見つけることができる。

> ワークシートに、つけたして書いてもよいことを伝えておく。

どの子も、自分の予想を元に、一生懸命に「春さがし」をしていた。観察をする中で、子ども達は「向こうでチョウチョを見たよ」「カエルは○○の近くにいるよ」などと友だち同士で話を始める。自然と対話が生まれてくる。

（土師宏文）

5月

音楽　『かくれんぼ』で曲想と曲の構造をつかむ

『かくれんぼ』文部省唱歌

歌詞を覚える　第１時

T：かくれんぼするもの〜
T：歌います。かくれんぼ〜
C：かくれんぼ〜
　教師の範唱を聴かせる。
　次に、追い歌いと交代歌いを行う。交代歌いでは、鬼役と隠れる役を意識させて歌う。

『かくれんぼ』をして遊ぶ　第２時

T：かくれんぼをするよ。

「かくれんぼするものよっといで〜」

　教師は、動作化しながら楽しそうに歌う。子ども達も動作化しながら答える。

T：「もういいかい」

　　椅子に隠れて！

　子ども達は、うきうきしながら椅子に隠れる。教師は、だんだん小さい声で「もういいかい」と子どもに問いかける。

C：「もういいよ」

　教師は、椅子に隠れている子どもを探す。「みーつけた」と、２〜３人の子どもに声をかける。

T：「かくれんぼするもの〜」

　２回目。見つかった子どもたちは、前に出て、教師と一緒に鬼役になる。

『かくれんぼ』をグループで歌う①　第３時

　第２時までの学習で、問答する楽しさを、かくれんぼの遊びを通して体感させた。
　この時間は、今までの学習を生かし、グループで、歌い方を考えさせる。
T：グループで『かくれんぼ』の歌を発表します。どんな歌い方にしたいのか、グループで話し合います。
T：どんな風に歌いたいですか。
C：元気な感じ。
　　鬼役と隠れる役に分かれて歌いたい。
　　（数名に聞く）
T：グループで相談して、練習します。

『かくれんぼ』をグループで歌う②　第４時

　第３時で練習したことを発表する。
T：グループで発表します。
　　工夫したところを言ってから、発表します。
　　演奏を聴く人は、良かったところを見つけます。
C：１班は、〜を工夫しました（演奏する）。
T：良かったところはどこですか。
　各グループの工夫を感じ、良かったところを全体で共有する。
T：最後に、今までの学習を生かし、歌いましょう。

スキップリズムで遊ぼう(ふしづくり21step)

　この曲で使われているスキップリズム（タッカ）を抽出し、ふしづくりで遊ぶ。
T：かくれんぼするものよっといで
　教師は、かけあしリズム（１回目）とスキップリズム（２回目）を歌い、子ども達にどちらがこの曲に合うのか、歌わせ考えさせる。
その後、ふしづくりのスキップリズムに当てはまる言葉を、回して遊ぶ。
C１：かきのたね　　班全員：かきのたね
C２：ゆきだるま　　班全員：ゆきだるま〜
（タッカタッカター（ウン）のリズムに乗って）

（吉川たえ）

5月

図画・工作　動物を描こう「ブレーメンの音楽隊」

「ブレーメンの音楽隊」には、ロバ、犬、ねこ、にわとりと四種類の動物が登場する。この絵を描かせることで次のような良さがある。
・4種類の動物の描き方が分かる。
・動きのあるユーモラスな姿が描ける。

準備物

・黒画用紙（4つ切り）・色上質紙（白、ピンク、黄色、水色、緑）・絵の具セット・マジック太細組み合わさったもの（茶、オレンジ、黄緑、緑、蛍光黄色）・面相筆・はさみ・水糊

指導計画（全5時間）

動物を描く
①上質紙の色とマジックの色を組み合わせる。
上質紙・マジック：（黄・茶）（緑・黄緑）（黄・オレンジ）（水色・緑）

ロバの下書き、着色（1時間）
①紙いっぱいに太い方のマジックで書く。背中は、波打たせ、耳は馬の耳より大きく描く。口は、ヒヒーンと鳴いているように開いて描く。しっぽは曲げる。足はまっすぐではなく、折れそうなほど曲げて描く。したと耳はオレンジで着色。

ポイント　ぐにゃぐにゃ・紙いっぱい
マジック太い方

②体を着色するときは、上質紙の色と同じ系統の色を使う。緑の紙なら緑色を中心に、水色の上なら青中心にする。同系色の色を、ポンポンというように大きさ、色を変えておいていく。下の色が見えるように色を置きすぎない。さし色で、ピンクや赤系統の薄い色を入れるとチャーミングになる。

犬、ねこ、にわとりの下書き、着色
①B4の上質紙を半分にする（犬、ねこ）。にわとりは4分の1の大きさにする。
②犬は泥棒を驚かすために、ワンワンとほえたてているように必死な様子を表す。
③ねこは、逆立ちをしているように描く。顔は人間と同じように輪郭を描いて、耳とひげを付け加える。しっぽは猫の特徴であるので、しなやかに曲げて描く。
④にわとりは、頭、胴体と描き、くちばし、とさかを加える。くちばしは黄色、とさかは赤、体の着色では白を多めに入れる。白上質紙に描いてもよい（2時間）。

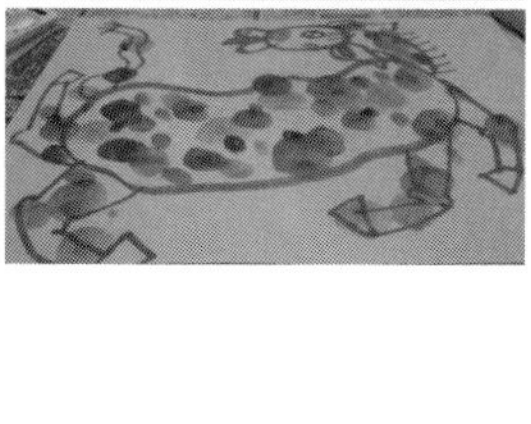

動物を貼る（1時間）
上の動物は体の1部が重なっていればいい。今にも崩れ落ちそうになるようにして貼る。

家を描く（1時間）
①窓は蛍光オレンジで着色、乾いてから驚いている泥棒の姿を黒マジックで書き足す。
②家の周りに群青色を塗る。星を蛍光黄色で、大きい星、小さい星と散らばるようにする。窓の光を細く表す。

（前田晶子）

5月

体育　「ビブス」を使って楽しく体ほぐし

体ほぐしのねらいは3つある。「体への気づき・調整・仲間との関わり」である。体ほぐしの運動は、技術がなくても動く楽しさを体験できる内容で、技術を習得してある技を出来るようにする運動とは異なる。技術の習得には能力差が生まれた。どんなに努力しても上達できない子どもも中にはいる。そんな子どもは実は運動が嫌いになっていた。

そんな子どもでも体を動かしてみたいという欲求はある。みんなと一緒に動いてみたいという願いがあるのだ。

技能を高めたりする運動だけではなく、自分の体と対話をして、自分の体の調子に気付いたり調整したり、仲間との関わりを得たりするのが体ほぐしの運動である。

低学年のボールを操作する運動遊びでは、次のような動きを身につけることをねらいとして行う。「①ボールを片手で・両手で投げ上げて捕ること　②友達と背中を合わせるなどしてボールを運ぶこと」。

しかし、大小、硬い柔らかいなど様々なボールを使用しても、なかなか上手に扱えない子どもが多い。特に女子だ。

そこで、ボールの代わりの物を用意することにした。「柔らかい材質で、ゆっくりとした動き」があるものとして、風船が考えられる。しかし準備・片付けの手間がかかる。

しかしビブスであれば容易である。捕るという動きにゆっくりとした時間（余裕）が生まれることで、ボールではできなかったことがビブスではできる子が増えた。捕ることで自分とビブスの位置感覚をつかむ、投げることでビブスを手から離す感覚をつかむことが期待できる。

①ビブスストレッチ

ビブスを持ったままで背伸びや横曲げ、立位や長座や開脚での体前屈など。

②ビブスの投捕（1人）

投げ上げて捕る→高い位置で捕る。低い位置で捕る。背中で捕る。足で捕る。ジャンプして捕る。投げ上げたら体を触って捕る。投げ上げたら拍手をして捕る。投げ上げたら回転して捕る。

③ビブスの投捕（2人）

キャッチボール→上投げ、下投げ、左右交代、片手投げ、両手投げ、後ろ向きで頭の上・股の間。

ビブスキャッチ→片方が前に投げてもう片方が走ってキャッチする（①横に並ぶ　②2人が離れる）。

向かい合い移動せずに前後・左右・高低・ランダムキャッチ（正中線を超える、頭を動かさないようにビジョントレーニングにつながる運動）。

ビブスを使った体ほぐし運動は、運動が得意な子も不得意な子も個人差が吸収され必ず熱中する。運動感覚も養われる。

（桑原和彦）

5月

道徳　システムの再構築を主軸に

5月の道徳のポイント

5月の道徳のポイントは、ゴールデンウィーク明けのシステムの再構築である。4月から行ってきたシステムは、ゴールデンウィークでほぼ機能しなくなる。

河田孝文氏の学級通信のゴールデンウィーク明けは、必ずシステム再構築の話題が掲載されている。裏を返せば、この時期に不十分だったシステムを再度構築するチャンスとも言える。もちろん、道徳授業のシステムもほぼ機能していない。

黄金の3日間をもう一度やり直すほどの気概をもって、授業をする。

ゴールデンウィーク明けは、発表するスピード感、ノートのフォーマット、量を書くためのシステムがぎこちなくなっているのだ。全部連休前までの状態に、システムを完全復旧させる。

低学年の場合、「感想を書く」ことを強調して指導する。最後の行まで、びっしり書かせることを再度指導しなおす。「書けない」ことを許してしまえば、学級崩壊へのカウントダウンが始まる。1週間を再始動のめどにして、テンポよく淡々と指導を重ねたい。

5月のオススメ資料

5月は、「くろぶたのしっぱい」という資料を選定した。徳目は、「規則の尊重」である。

内容は、くろぶたさんは、くいしんぼうで散らかし屋である。誰もいないところなら、どこでも捨てていいだろうと考える。まずは、他人の敷地に。次は、川の中へ。そして、広い牧場へ。

くろぶたさんは、ひとりぐらいならそうしてもいいだろうと思っている、という話である。

5月は、連休明けで、係活動が停滞しがちになるので、この資料はおススメである。そのままにしておけば、学級は荒れ放題となる。教室が整理整頓されていない学級ほど、荒れていく。全く落ち着かない。指示が通らなくなる。

環境をきれいに保つことは、特別支援教育の観点からも大切な配慮点である。さらに、低学年なので、いかに実生活や学級の実態に合わせるかを大切にして、教材選択を行いたい。実態と教材のリンクが効果を一気に発揮するのだ。

対話指導のポイント

5月なので、システムの確立を優先する。発問の後の作業指示では、ノートに書くのか、手を挙げて発表するのかを意図的に仕組むことが、対話のためのポイントだ。クラス全員に発表させたり、ノートに書かせたりする。自分の考えや意見を表現させたい。また、指名なし音読・指名なし発表を仕組む時期でもある。

指名なし発表は、主に感想を言う時に行う。とにかく、全員行う。回数を重ねるごとに、発表への抵抗感がどんどん下がってくる。理想は、空気を吸うように話すことができることを目指して、指導を積み重ねる。道徳での指名なし発表は、国語や算数と同じように言うと、子どもは安心して答えられるものも多い。ここぞとばかりに発言したがる子どももいる。

この時期は、参観日が設定される学校が多い。初めての参観日で、指名なし発表を全員行う姿を見て、保護者は驚く。感謝の手紙が届くこともあるだろう。

5月のステップを踏みながら、討論へと意識を向かわせたい。

（下窪理政）

5月

英語　What's this? で単語を広げる（１）

復習から入る

TOSS 型英会話は、三構成法で組み立てられている。

①単語練習
②状況設定とダイアローグの口頭練習
③アクティビティ・ゲーム（会話を楽しむアクティビティを重視）

井戸砂織氏は、45 分を「復習」→「新出」（三構成法）→「つなぐ」で組み立てると主張し、実践している。その実践のビデオがすごい。子供達が、途切れなく話している。

１年生を担任した時、既習のダイアローグを必ず入れて会話するようにしたところ、ほとんどの子供が言えるようになった。そのことからも、２年生でも可能なことだ。

井戸氏に教わったこの授業の流れで進めていくと、効果が表れるだろう。

①あいさつ
②復習
③新出（三構成法）
④つなぐ
⑤あいさつ

１年生で What's this?（動物）の授業をしているので、これから復習をする。フラッシュカードを使うと効果的。

１年生とは、違った見せ方をして、動物の単語練習。例えば、大写しにした画像を見せて、"What's this?" だんだんズームアウトして、"It's a dog." シルエットにして尋ねても面白い。

カードをちらっと見せて答えさせるのも盛り上がる。"It's a dog." の練習の後、"What's this?" の練習。復習なので、練習回数は少なく。

新出は　野菜・果物

"It's a tomato." のように、このダイアローグでは単数を扱える。野菜・果物を教える。

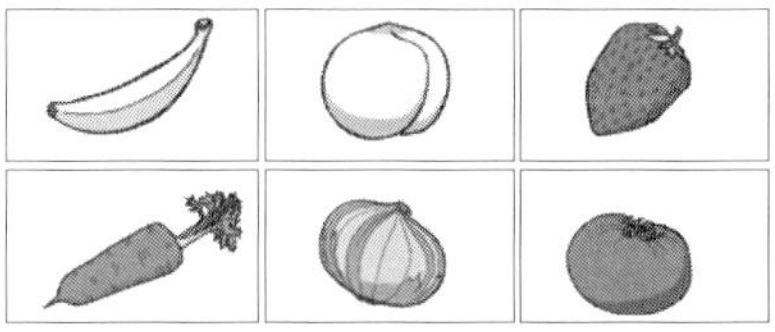

１時間ずつ果物、野菜と教える。１時間に新出単語は多くて５つまで。難しい時は、３つに絞ると定着する。そして言いやすい順に言わせる。

新出①単語練習（３つの場合）
T：banana　　C：banana
T：banana　　C：banana
T：peach　　C：peach
T：peach　　C：peach
T：strawberry　　C：strawberry
T：strawberry　　C：strawberry
T：banana　　C：banana
T：peach　　C：peach
T：strawberry　　C：strawberry
T：カードをめくるだけ　　C：banana
T：カードをめくるだけ　　C：peach
T：カードをめくるだけ　　C：strawberry
T：Very good!
②答え方の練習
T：What's this?（ちらっと見せて）
C：Banana!　　T：That's right!
T：It's a banana.　　C：It's a banana.
T：It's a banana.　　C：It's a banana.
同様に他の果物も尋ねる
③尋ね方の練習（声の調子を変えて）
T：What's this?　　C：What's this?
T：What's this?　　C：What's this?
④子供に尋ねさせ、教師が答える
⑤１ｂｙ１

つなぐ　は　あいさつと組み合わせて

学習した新出ダイアローグと４月のあいさつを組み合わせる。あいさつをして、問題を出し合うクイズなど、前月と繋がっているものにする。

（奥井利香）

6月

国語　「スイミー」主役の変化を指導する

教材解釈のポイントと指導計画

「スイミー」の主題は「協力する大切さ」と解釈する実践が多い。

しかし、本文の中で最も長く叙述しているのは、1人ぼっちになったスイミーが海の中でたくさんのものと出会い自己変革していく過程である。ここから主題を解釈すれば「出会いが人を強くする」というようになるだろう。

指導計画を次のように設定した。

第1～2時　範読・音読
第3時　登場人物と主役の確定
第4～6時　各場面の要約（あらすじ調べ）
第7～8時　主役の変化と主役を変えたもの（こと）

授業の流れのアウトライン

物語は通常、主役の気持ちや行動の変化を通して読み手に主題を解釈させるように書かれている。

主役の変化を調べるには「あらすじ調べ」がよい。

あらすじ調べとは、各場面を一文で要約させていき、全部の文を読むとあらすじが理解でき、主役の変化も捉えることができる手法である。

「スイミー」は以下のようになる。

①**たのしくくらしていたスイミー。**
②**まぐろからにげたスイミー。**
③**すばらしいものにあったスイミー。**
④**海でいちばん大きな魚のふりをすることを思いついたスイミー。**
⑤**大きな魚をおいだしたスイミー。**

このように文末を主役の「スイミー」で体言止めして1文でまとめさせる。

第7時では次の発問を準備する。

発問1　スイミーは物語の最初と最後でどう変わりましたか。次のようにまとめなさい。

はじめ（　　　）だったスイミーがさいごは（　　　）なスイミーにかわった。

発問2　スイミーを変えたもの（こと）は何ですか。短く書きなさい。

発問1により子ども達から次のような意見が出される。

「はじめ逃げたスイミーが、さいごは**マグロをおいだすスイミーにかわった**」

「はじめ弱かったスイミーが、さいごは強いスイミーにかわった」

黒板に書かせ、全員発表させる。

そして、発問2をする。

子どもからは、

「たくさんの生き物と出会ったこと」

「一人で海を泳いだこと」

などが発表される。

それぞれ意見が違ってくるので、

発問3　どれが一番スイミーを変えたのでしょうか。

と発問し、討論的に扱っていく。

学習困難状況への対応と予防の布石

あらすじ調べの場面では、1文で書けた子に黒板に文を書かせることで、書けない子の参考にさせるようにする。

黒板の文に教師がA～Cを書き込み評定することでどれがよいのか気付かせるようにする。

（村野聡）

6月

算数 「長さを比べよう」教師が揺さぶり楽しく学習

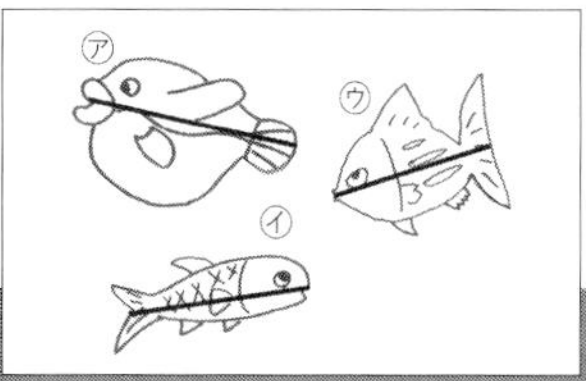

長さの導入は、発問し思考する機会を与えると、子どもたちは様々な意見を考え、時に対立する。本時における対話的活動は、「互いの意見を交換する活動」とする。

発問し、活動させよ

授業のポイントは、直接比較できないものを比較させる過程で普遍単位の必要性に気付かせる場面である。そのため、まず時間を与え、自由に思考させることが必要になる。指導の流れは以下になる。

①設定の確認「お魚つりに来ました。色んなお魚が泳いでいます。どんな魚がいますか？（指名）」

「どれも大きくて立派な魚ですね。写真でパシャッと取りました。そこで先生から問題」

②発問「この中で、一番大きな魚はどれですか。また、一番小さな魚はどれですか」

③指示「予想をノートに書きなさい」→（一番長いのは㋐（挙手）、㋑（挙手）、㋒（挙手）と確認）

④発問・指示「では、本当に長い魚、短い魚はどれですか。自由に調べなさい。時間は○分です」

※時間は５分以上が望ましい。自由な発想を促すために、「個人→ペア活動→グループ活動」という流れを作ることもある。

【本時の対話的活動】

⑤子どもに発表させ、教師が楽しく対応する。

（ポイントは子どもが説明した道具を使って、うっかり逆の結果になるような対応をすることである）

【予想される子供の考えと対応例】

「㋐は消しゴム５個分、㋑は４個分、㋒は４個とちょっとだから、㋐が一番大きいです」

→㋐を大きい消しゴムで数え、㋑を小さい消しゴムで数えて、㋑のほうが大きいと主張する。

「手の幅を根拠にして示す場合」

→教師が確かめるときに、開いていた手の大きさをうっかり広げて、㋑が一番大きいと主張する。

「えんぴつの長さを根拠に示してくる」

→短い鉛筆や長い鉛筆を使って図って、説明できていないと主張する。

「○cm と、定規を使って説明してくる」

→cm とは何ですか？と聞き返す。

⑥普遍単位を教える。

以上のような対話的活動を通して、子どもは楽しく普遍単位を学習していくことができる。

参考文献：『算数教室教え方教室』№084、2001 年向山型算数セミナー（向山洋一氏の介入授業）

（和智博之）

生活　ミニトマトを育てよう

朝、登校するとすぐに水やり用のペットボトルをもってミニトマトの植木鉢のところへ行く。背が伸びた、花が咲いたなど自分のミニトマトの成長を教師にいろいろと教えに来る。２年生の６月は朝から賑やかだ。

主体的、対話的で深い学び

主体的な学びとするためには導入が大切である。

スーパーマーケットに売っているミニトマトを教室に持ち込む。

自分たちでミニトマトを育てることができるかもしれないことを子ども達に伝えると、子ども達は関心を大いにもつことだろう。

アサガオの時に、どんな世話をしましたか。

「水やりをしました」「しちゅうを立てました」など答えるだろう。自分が世話をしなければ枯れてしまうことも確認し、生命を大切にすることができるようにしたい。

どのように食べたいですか。

子ども達は俄然盛り上がってくる。ワークシートに自分の考えを書かせて、隣の席同士や３～４人のグループで発表し合ってもよい。より主体的な学びとなるであろう。

観察の仕方

教師が観察の仕方を示す。

○個書けたら、ワークシートを教師に見せる。

書く個数は、始めは少なくしておき、観察することに慣れてきたら増やしていくとよい。

何を記録したらよいか戸惑うことが予想される。観察前に「わかったこと、気がついたこと、思ったこと」の書き方を指導しておくとよい。まずはたくさん書くことを大切にしたい。

（土師宏文）

６月

音楽　２拍子と３拍子の拍のまとまりを感じよう

　拍のまとまりを感じさせるためには、いきなり楽譜を見せるのではなく、曲を聴き、身体を動かして、拍の流れを感じさせることがポイントとなる。

『はしの上で』フランス民謡　２拍子

歌詞を覚える　第１時

（ＣＤを流す）

Ｔ：お手合わせをします。

　歌詞を教える前に、曲に合わせてお手合わせを行い、２拍子の感じをつかませる。

Ｔ：歌います。

　お手合わせをした時に曲を聴いているので、すぐに歌えるようになる。

Ｔ：歌を歌いながら、お手合わせをします。

　歌が歌えるようになってきたら、歌いながらお手合わせをする。

２拍子のまとまりを感じよう　第２時

　前時に引き続き、さまざまな活動を通し、２拍子の感じをつかませる。

Ｔ：ステップを踏みます。

　左右の横ステップをしながら歌う。

Ｔ：今度は、前後にステップを踏みます。

　曲に合わせ前後ろと、前後にステップを踏む。

Ｔ：指揮をします。

　拍の頭を意識しながら、指揮を振る。

　その他にも、お手合わせでペアの数を増やしたり、お手合わせの仕方を工夫させたりしながら、２拍子のまとまりを感じさせる。

『たぬきのたいこ』チェコ民謡　３拍子

３拍子のまとまりを感じよう　第３時

　２拍子の曲と同様に指導していくが、２拍子で学習したことを生かし、「コーナー学習」で学習を進める。

　教師が範唱を聴かせた後、好きなコーナーに分かれて活動することを指示する。

Ｔ：「コーナー学習」をします。

　歌を覚えたい人は、後ろ。

　指揮をしたい人は、前の真ん中。

　お手合わせをしたい人は、廊下側。

　ステップを踏みたい人は、校庭側。

　好きなコーナーを１つ選びます。

　移動はじめ。

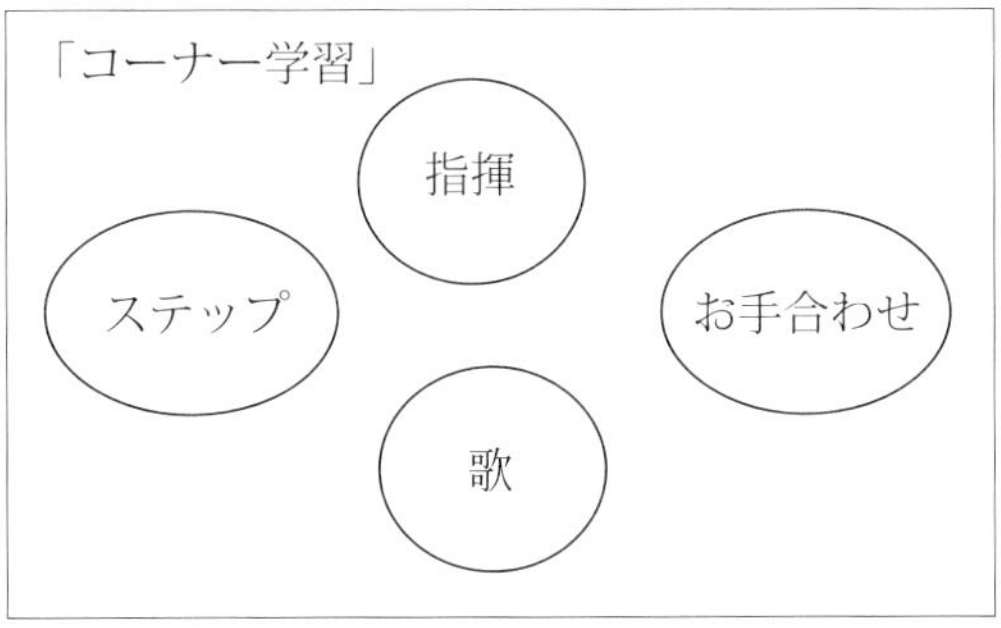

２拍子３拍子を聴き分けよう　第４時

　２拍子と３拍子の曲を聴き、どちらの拍子か当てる。教師は２拍子と３拍子の曲を何曲も準備しておく。

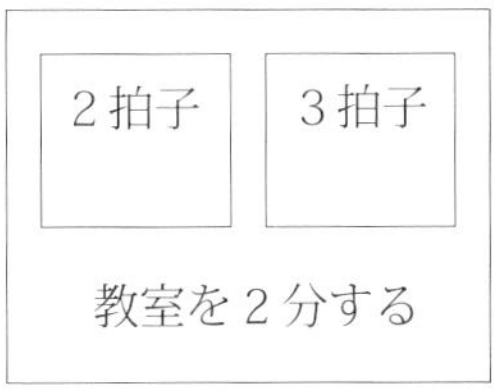

Ｔ：２拍子か３拍子を当てます。指揮をしてもよいし、ペアでお手合わせをしても構いません。２拍子コーナーか、３拍子コーナーか決めて入ります。

　（演奏する）

　子どもが分かったら、そこで曲を止め正解を発表する。この題材で、全員ができる様になることは難しい。年間を通し、継続して指導することで、力が育っていく。　（吉川たえ）

6月

図画・工作　工作「モンスターアタック」

魔の6月という言葉がある。学級が荒れやすい時期ということだ。そんなときにオススメなのは、簡単で、しかもどの子も熱中して作るモンスターアタックである。

準備物

・直径5㎜と6㎜のストロー各1本（100円均一にある）・A4を4等分した紙8枚くらい・色画用紙・のり・はさみ・セロテープ・絵の具セット・のりづけの下に敷く新聞紙

指導計画（全3時間）

しくみを作る（1時間）

①細いストローを伸ばす。

②細いストローを曲げて、先を丸くしてセロテープを巻く。

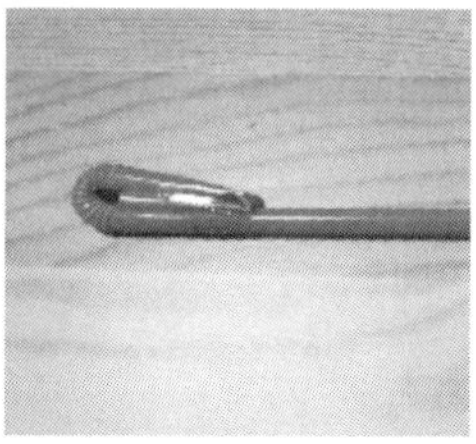

③太いストローに②を入れて吹き矢を作る（絶対に人に向けて吹かないことを指導しておく）。

太いストローの曲がった方を口にくわえて吹くととぶ。

④モンスターの形を白い紙で試行錯誤しながら作ってみる（モンスターは必ず立たせる）。

⑤本番の色画用紙を切る。

⑥かざりを考えながらしばらく遊んでみる。

飾りを作る（2時間）

モンスターの目を作る。

①とりあえず適当に白の画用紙で目のような形を切ってみる。

②また別の色画用紙で適当に目のような形を切ってみる。

③①と②の画用紙を合わせてみる。

④丸だけでなく3角など色々な目を作ってみると面白い。

⑤気に入った目の形ができたら、のりで貼りつける。

モンスターの口を作る。

①色画用紙を丸、4角、3角、への字、真一文字などいろいろな形の口を作ってみる（牙をつけるとモンスターっぽくなる）。

②気に入った口の形ができたら、のりで貼りつける。

その他の飾りを作る。

①角、翼、冠、腕、鼻、足など、その他の部分の飾りをつける。

お互いのモンスターを倒させる

作品ができたら子どもたち同士で、お互いのモンスターを倒させにいく。そうすると子どもたちは遊びの中で、自然とお互いの作品の良さを対話することになる。

（木村雄介）

6月

体育　バリエーション豊富な「だるまさんがころんだ」

　多くの子どもが知っている「だるまさんがころんだ」の伝承遊び。ルールを守ることが、楽しさにつながることを体験するのにお勧めである。ルールを少し変えるだけで、楽しい表現遊びにもなる。

　また、これを2人組で行うと、運動の苦手な子どもでも遊び方を理解するとともに、止まるタイミング、動くリズムを知ることができる。どの子も夢中になる。

基本のパターン

　ルール確認のため、普通の「だるまさんがころんだ」を行う。
①鬼を1人決め、体育館の壁の前に立つ。
②鬼以外の子どもは、鬼と反対側の壁の前に横1列に並ぶ。「始めの1歩」で、1歩前に出る。
③鬼は、他の子に背を向けて立ち、「だるまさんがころんだ」と言って振り返る。振り返ったときに動いていた子を指名する。指名された子は、鬼と手をつなぐ。
④捕まったら③を繰り返す。
⑤誰かが、つないでいる手をタッチする。タッチされると同時に、捕まっている子も捕まっていない子も全員走って逃げる。
⑥鬼は「ストップ」と言う。ストップと言われたらその場で必ず止まる。
⑦鬼が10歩歩く間にタッチされた子の中から、次の鬼を決める。

様々なバリエーション

①だるまさんがすべった
　鬼は「だるまさんがすべった」と言う。鬼以外の子は鬼が振り返ったときに床に寝転がらなくてはならない。鬼は寝転がっていない子や動いている子を捕まえる。
②だるまさんが笑った
　鬼以外の子は、声を出して笑ったり、にこっと笑ったりする。鬼は、笑っていない子を捕まえる。
③だるまさんがおこった
　同様に、怒った表情やポーズを作る。
④だるまさんがころんだ（2人組）
　同様に、近くにいる子と手をつないで2人組を作る（手をつないだままで移動することは禁止する）。鬼は、2人組になっていない子や動いている子を捕まえる。3人組で、4人組で……と人数を増やしていくと面白い。
⑤だるまさんが、○○
　「○○」の部分をその場で考えさせて、即興でジェスチャーをさせる。例えば、「もちついた」であれば、もちをつくジェスチャーをさせる。鬼はジェスチャーができなかった子どもを捕まえるようにする。○○の部分が、はっきりと聞こえるように言わせないとスムーズに進まない。

　必ず「動いていない！」と言い張る子がいる。明るく動いていたよと伝え、気持ちを切りかえさせる経験を積ませる。


（桑原和彦）

道徳　魔の６月を迎え撃つ

6月の道徳のポイント

6月の道徳のポイントは、「魔の6月」を迎え撃つ気持ちで臨むことだ。

友だち関係にも陰りが見え出す。男女間での問題、いじめの問題、思春期特有の問題と、その都度対応する必要が出てくる。4月からの学習のシステムの構築にヒビが入る。ノートの書き方は、時間が経てば逆戻り現象も出かねない。

道徳の教材は、「いじめの問題」や「友達関係」のものが当てられている。学級を見直すいい機会になる。これぞという教材を用意しておきたい。道徳の教科書とTOSS道徳のミックスで、授業を準備する。

向山洋一氏の「私の妹」をはじめ、TOSSランドの教材を収集しておきたい。ノートにまとめ、教材を整理し、2年生に合ったものを選択する。

教師の1年間の中で、学級が上手くいくか否かの山場である。全精力をここに集結させる。

さらに、TOSS教材でも対応する。五色百人一首、ソーシャルスキルカルタと必勝教材満載だ。

6月のオススメ資料

「なかよしでいたい」という資料がある。徳目は、「友情・信頼」である。

内容は、たけちゃんが家に帰ってくる。いつももりもりとお菓子を食べるのだが、様子がおかしい。お母さんが、理由を聞くと、仲良しのしょうちゃんと喧嘩をしたとのこと。お昼休みに、ボールで遊んでいて、取り合いになり、喧嘩になった。

お母さんは、しょうちゃんが本当にたけちゃんのことを嫌いになったのかなと問いかける。たけちゃんが、学校を休んだ時、毎日プリントを届けてくれたのは、しょうちゃんだった。

たけちゃんは、仲直りしたいと、しょうちゃんの家に向かうという話である。

6月は、友だちとのトラブルが起こる。2年生のトラブルは、両者の話を聞き、向山洋一氏の実践「喧嘩両成敗」で対応できる。その日のうちの仲直りを原則としたい。だが、納得がいかない子どもがいることもある。保護者への連絡をし、最後の一手まで詰め切ることも大切だ。保護者対応も合わせて行いたい。

対話指導のポイント

6月は、システムの確立ができるようになっている。指名なし音読・指名なし発表が定着してきている。定着する一方で、細かい詰めを意識する。発表と発表の間にわずかな空白が生じる。そこを徹底的に詰める。すると、指名なし討論へと移行できる状態になる。

また、友情、いじめを取り扱って、導入では、過去にあった嫌なことを子どもに話させる。子どもたちの過去の経験を知ることも、道徳ですんなりと行える。

一方で「魔の6月」で学級が荒れてしまうこともある。新採のクラスが荒れ始めるのもこの時期からだ。対話どころではない。その時はまずは4月、5月の指導へとステップを戻し、再度構築を図る。同時に主導権を教師に戻せるようにする。道徳の授業の終わりに五色百人一首やソーシャルスキルカルタをし、ルールを守れたことをほめる機会にすればいい。統率を意識した指導をしたい。6月は分かれ道の月である。ステップを進めるのか、年度初めに差し戻すのかをしっかりと見極めていきたい。

（下窪理政）

6月

英語　What's this? で単語を広げる（２）

復習は「これ何？クイズ」

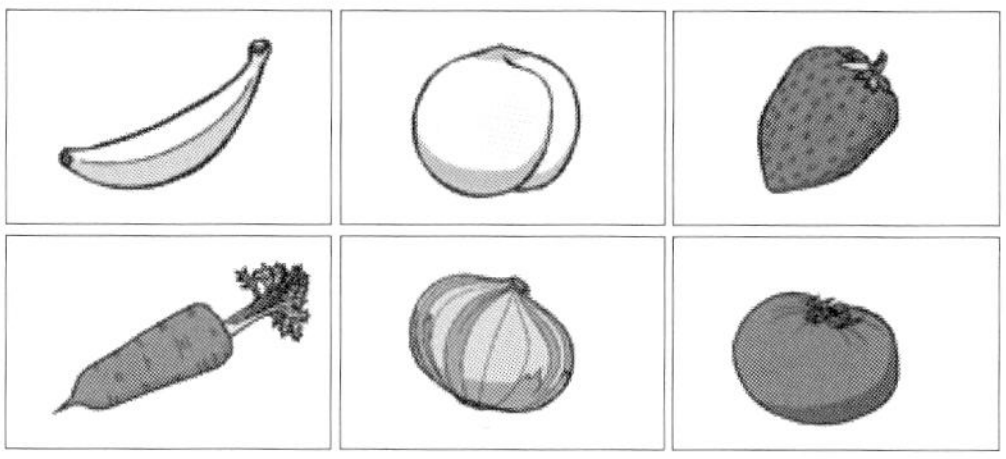

前月の復習から入る。"What's this?" "It' s a banana." 復習用にシルエットカードを作っておくと、楽しい。果物や野菜の切り口を見せて、"What's this?" と尋ねると、クイズになってもっと楽しい。

子供同士、ペアなどで対話の復習をさせるとき、カードを引いて secret にして、当てるという方法もある。

新出は　文房具

"It's a pen / pencil / notebook / ruler / eraser."

５つの文房具を教える。５つの単語を、フラッシュカードで練習する時、身近に聞いたことのある単語は前半、聞き慣れない ruler / eraser は、後半で練習するようにする。

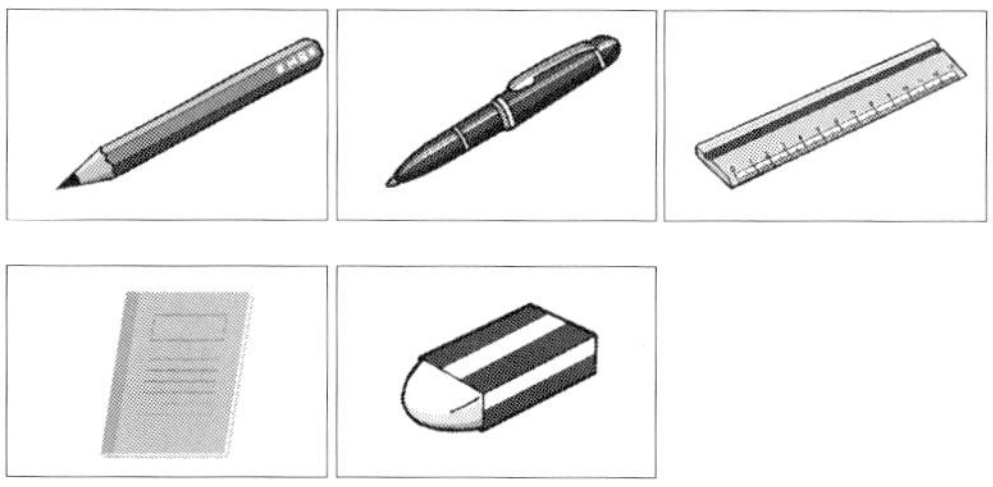

アクティビティ・ゲーム

ダイアローグを必ず１人でも言えるように、ペアで会話したり、歩いて話しかけて会話をしたりする活動を入れる。

（１）仲間集めアクティビティ

文房具のカードをジグゾーパズルにして、そのかけらを１人１つ持ち、ピースを持つ仲間を集めて完成させる。ピースの裏には、分かりやすいように元の絵を小さく入れる。仲間が集まったら、座って、ホワイトボードに並べる（マグネットを付けておくとい良い）。１グループずつ立ち、教師が "What's this?" と尋ね、"It's a pen." とグループで声を合わせて答えさせる。

（２）神経衰弱ゲーム

カードを裏向きにして、めくる時に "What's this?" とみんなでそのカードを指して尋ね、順番の子が、めくったカードを見て "It's a pen." と言う。同様にもう１枚めくり、同じ絵だったらもらえる。枚数が多かったら勝ち。

つなぐ　は　既習ダイアローグと組み合わせて

新出と既習ダイアローグで対話をする。例えば、"What's this?" と "I like（色）."

ペアで会話する。
文房具（または文房具の絵）を入れる場所を設定して、袋も準備しておく。
A：（袋に文房具をAが選んで入れて、Bに渡して）What's this?
B：（触って想像して）（絵なら想像して）
It's a pencil.
AB：Open!
B：（合っていたら）O.K!
（違っていたら）Oh! No!　It's a pen.
（その色が好きだったら）I like（色）.
（その色がきらいだったら）
I don't like（色）.

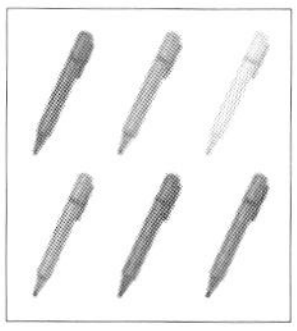

このように、既習と新出を組み合わせて、ダイアローグが定着するように組み立てていく。また、井戸氏が実践している、復習できる絵カードを作成すると、隙間時間にも復習ができるようになるだろう。（What's this?/How many?/ Do you like pink pen?）　（奥井利香）

7月

国語 「ミリーのすてきなぼうし」物語の文と挿絵の対応を指導する

教材解釈のポイントと指導計画

ミリーの想像した様々な帽子が登場する。教科書の挿絵にはそれに対応した帽子が描かれている。

この作品の元の絵本（BL出版）を入手する。絵本には教科書に掲載されていない様々なミリーの帽子が描かれている。

その絵本だけに掲載されているミリーの帽子の絵を子どもに示し、本文に登場するどの帽子の絵なのか考えさせる。

意見が分かれれば討論させる。

指導計画は以下の通りである。

第1・2時　範読・音読
第3時　どんな帽子が登場したか。
第4時　提示された帽子の絵は物語のどの帽子のことか。
第5時　ミリーのお話からクイズを作る。
第6・7時　クイズ大会をする。

授業の流れのアウトライン

第3時で物語に登場するミリーの帽子をすべて列挙させる。

物語に登場するミリーの帽子を全部ノートに書き出しなさい。

以下の帽子である。

ケーキのぼうし
クジャクのぼうし
花でいっぱいのぼうし
ふんすいのぼうし
鳥や魚が飛び出すぼうし
うたをうたうぼうし
大きくなりすぎたぼうし

右のぼうしのうち、教科書に絵が出てくるのが「クジャクのぼうし」と「鳥や魚が飛び出すぼうし」である。

他のぼうしは絵本に登場する。

第4時では絵本に登場する帽子の絵を次の順番で子どもに提示していく。

1　ケーキのぼうし
2　花でいっぱいのぼうし
3　ふんすいのぼうし

この絵はどの帽子の絵でしょうか。

この3つは比較的簡単に答えられる。

次に「うたをうたうぼうし」と「大きくなりすぎたぼうし」の2つの絵を同時に提示して問う。

2つの絵、どちらが「うたうぼうし」でどちらが「大きくなりすぎたぼうし」でしょうか。

自分の意見を決めさせ、ノートにその根拠を書かせる。そして、討論させる。

学習困難状況への対応と予防の布石

自分の意見を相手に伝わりやすく書けるように日頃から鍛えておく必要がある。

そのためには、次のようなアウトラインを示し、意見を書かせるようにする。

わたしは～と考えます。（結論）
なぜなら～だからです。（理由）

慣れてきたら「なぜなら」を「第1に」「第2に」のようにして、複数の理由を列挙できるように鍛えていく。2年生でも使いこなす！

（村野聡）

7月

算数 「時計」時刻と時間は積み重ねで攻略

時刻と時間の学習は、２～３時間の授業で習得させることは難しい。４月から基礎的な知識・技能を養っていくことが必要である。低学年段階においては特に、「声を出す活動」は、基礎技能を養うために必要な対話的活動である。

授業の導入で基礎を養う対話的活動

（１）時刻を聞く

普段から定期的に「今は何時ですか？」と問うことが重要である。慣れてきたら「10 分後は？」「30 分後は何時ですか？」と少しずつ発展させる。

（２）百玉そろばん

算数的感覚を養える優れた教具である。４月から授業の導入では使いたい。

【たし算やひき算の基礎を養える活動】	【時計やかけ算の基礎を養える活動】
①順唱（数唱）、逆唱 ②十の階段、合成と分解（繰り上がり、繰り下がりのある計算の基礎となる感覚を養う）	①２とび ②５とび（時計の単元では特に重要）など これがスラスラ言えないと厳しい

（２）フラッシュカード

次々と問うことができ、時刻を読む感覚を養っていくことができる。

【使い方】

①４～５枚ほどのカードを次々と提示し、子どもに読ませていく。

②はじめは「追い読み」から。次第に子どもだけで読ませていく（おい読み『２回→１回→０回』）。

③慣れてきたら男対女、列対抗戦、１人ずつ読ませる、など、ゲーム要素を入れた活動を行う。

④スラスラ言えるようになってきたら、「30 分後は？」「１時間後は？」といった形で言わせる。

授業では「時計の模型」を持たせ、操作活動と対話的活動を

時刻と時間の学習は、生活経験の少ない子どもにとって短時間で習得するのが難しい。だからこそ、授業中、そしてテストの時にも、「全ての子どもが時計の模型」をもち、操作することができるように配慮する必要がある。

その上で、①「３時を作りなさい」→「お隣さんと確認」、②「30 分後は何時ですか」→「お隣さんに説明」といった時計の操作と対話的活動を取り入れ、習熟を図っていくことが大切である。

（和智博之）

7月

生活　生き物を育てよう

「先生、中庭で○○を見つけたよ！」

休み時間の度にいろいろな生き物を手に持って教室へ帰ってくる。2年生にとって生き物を育てることは大事な学習である。

主体的、対話的で深い学び

子どもたちは、生活の中でいろいろな生き物に出会ってきている。導入では子どもの生活体験を生かして、主体的な学びとしたい。

どんな生き物が、どんなところにいましたか？

・ザリガニを池で見たよ。
・石の下にダンゴムシがいたよ。

子ども達は、自分が今まで出会ってきた生き物を次々と発表するだろう。

生き物を育てよう

育てたい生き物を自分で決める。

校内で生き物を捕まえる。

「捕まえる時は、生き物と一緒に土や草があったら、生き物も喜ぶね」と助言しておくと、子ども達は土や草なども一緒に取ってくる。

↓

生き物の世話をする。

子ども達は生き物に名前をつけたり、すみかを作ってあげたりと熱心に世話をする。

「かくれる場所があった方がいいね」などと子ども達は世話の仕方をあれこれと話し合い、対話的に学ぶ。

↓

観察カードを書く。

成長や変化に気づいた児童を取り上げて、他の児童もそれらを意識しながら世話ができるようにしたい。

生きもの発表会をしよう

自分が大切に育ててきた生き物についての発表会をすることで、これまでの学びがさらに深まる。

発表の方法は、生き物を見せるだけでなく、紙芝居、クイズ、ペープサートなどを取り入れると相手によく伝わることを助言することで、グループでの話し合いもしやすくなり、対話がより深まる。

（土師宏文）

7月

音楽　『かえるのがっしょう』で音の高さの違いを感じ取る

『かえるのがっしょう』ドイツ民謡

歌おう　第１時

（ＣＤを流す。）

Ｔ：歌います。

まずは、曲に合わせて歌う。この曲は、ほとんどの子どもが知っているので、１回ですぐに歌える。

Ｔ：追いかけっこで歌います。

Ｔ：先生が先。みんなが後。
　かえるのうたが。はい。

Ｃ：かえるのうたが。

輪唱をして歌う。教師対子どもができたら、教室を２つに分けて歌う。

階名唱をしよう　第２時

Ｔ：階名唱で歌います。まねして。

Ｔ：ドレミファ　ミレド（ウン）

Ｃ：ドレミファ　ミレド（ウン）

階名唱で歌う。教科書は見せず、手で音の高低を示しながら歌わせる。（音が高くなったら上へ、音が低くなったら下へ動かす。）

Ｔ：階名唱で遊びます。

教室に、養生テープで、５本線を引く。

Ｔ：スタートはここです。ここがド。次の線と線の間はレ。次はミ……です。
　階名唱をしながら、その音の場所へ行きましょう。

最初は、個人で跳ばせる。次にグループで手をつないで跳ばせる。教室は、子どもたちの熱気に包まれる。

３年生以降であれば、大型五線譜として使える。

鍵盤ハーモニカを演奏しよう　第３～４時

階名唱をたっぷり行った後は、鍵盤ハーモニカで演奏する。

Ｔ：歌います。ドレミファ　ミレド。

Ｃ：ドレミファ　ミレド。

Ｔ：吹きます。ドレミファ　ミレド。

Ｃ：ドレミファ　ミレド。

Ｔ：男子。　Ｔ：女子。　Ｔ：１人ずつ。

２小節ずつ取り組み、個別評定を行う。指遣いよりも、まずは１本指でも、演奏できることを優先させ、達成感を感じさせる。

２小節ずつのスモールステップで取り組むことで、どの子も無理なく取り組むことができる。

「まねぶき遊びをしよう」ふしづくり27step

鍵盤ハーモニカを使った３音のまねぶき遊びを行う。ふし→ハミング→まねぶきの順で行う。

Ｔ：ふし（ドレミＶと吹く）
Ｔ：ハミング　　皆：ドレミをハミングで
Ｔ：まねぶき（ドレミと吹く）皆：ドミレＶ

年間を通して継続して行うことで、音の高さの違いを感じる「聴く力」が育つ。（吉川たえ）

7月

図画・工作

カラーペンとクレヨンのコラボで描くひまわりと小人たち

7月になると、子どもたちが種まきから育ててきたひまわりの花が咲き始める。創作童話「ひまわりと小人たち」を読み聞かせ、お話の絵に取り組む。仲良く咲くひまわりの家族、ひまわりと遊ぶ小人たちのお話を対話で膨らませながら描く（原実践：酒井臣吾氏）。

カラーペンとクレヨンでひまわりを描く

ひまわりの輪郭をクレヨンで描き、花びらをクレヨンで彩色すると、どうしても混色部分ができてしまう。しかし、カラーペンとのコラボだと色が濁らないので美しく仕上げることができる。

①カラーペンの色を決め、花芯の輪郭を描く

②クレヨンで花芯を描く

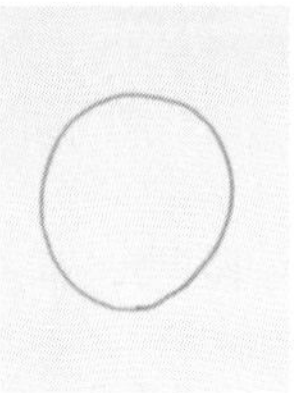

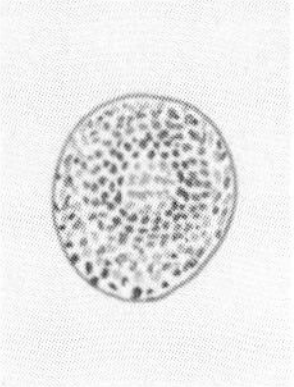

③カラーペンで花びらの輪郭を描く

④2色のクレヨンで彩色

内側から彩色

⑤茎、葉を描き彩色する

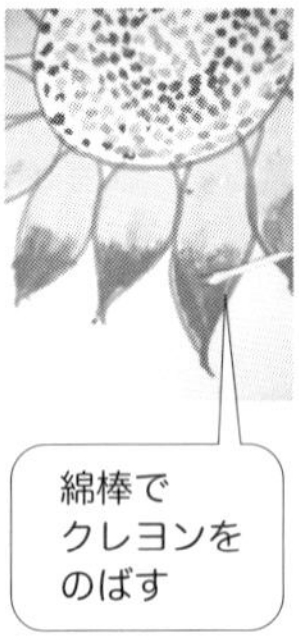
綿棒でクレヨンをのばす

大きさや向きを変えて描く

お父さんひまわりを描いた後、ミニ鑑賞会をし、友達の良いところを見つける。お母さん、子どものヒマワリを描く時の参考にする。

カラーペンを効果的に使い小人たちを描く

①ひまわりの花を見た時の小人の話をし、小人がどんな遊びをしたかを話し合う。○○をしている小人さんと主語を決め、黒のサインペンで1人描き、彩色する。細かい所や服の模様はカラーペンで彩色すると小さな小人でもはっきりする。

②いろんな動きの小人を描き足す。

③鑑賞会をする

教室の前に集めて、8枚ぐらいずつ作品を黒板に貼ったり、床に並べたりして友だちの絵の好きなところ、いいなと思うところを発表する。どのお子もいいところを見つけてもらって大満足だ。

発表が少ない子の作品には教師の一言を加える。あっという間の鑑賞の時間は言葉の学習でもある。

（田村ちず子）

7月

体育　水中ジャンケンからもぐる・浮く運動遊び

もぐる・浮く運動遊びでは、水中で楽しみながらもぐることで、沈もうとしても逆に浮いてしまう活動を行う。

体が浮いてくる実感を取得することが大切である。

「水中じゃんけん」の場合を例に挙げる。

> 友達と水中じゃんけんをします。「じゃんけん」と言ったら、顔を水に入れて水中で「ぽん」をします。

初めは、水中に顔を入れる時間を短くする。「ぽんの時間だけなら入れてみよう」と思わせる。それもできない子は、教師がついたり顔を口まで入れるなど個別目標を設定して対応する。

最初は、1回ごとに水から顔をあげてじゃんけんをする子が多い。しかし、慣れてくると、水中で連続じゃんけんができるようになる。

そして、できるペアは、潜るタイミングを早めていかせる。「ぽん」→「けんぽん」→「じゃんけんぽん」とする。水中にいる時間が長くなる。これにより、体が浮いてくることが生じる。じゃんけんに夢中になるあまり、「浮く怖さ」が薄れてくる。こうして、自然に浮くことができるようになっていく。

さらにレベルアップして、「体を浮かせた状態からジャンケンポン」をする。子どもは、「伏し浮きに近づける」か「だるま浮きに近づける」姿勢を取る。

また「ゆっくり水中ジャンケン」も面白い。言葉のスピードをゆっくりとすることで、水中の時間が長くなる。

水に浮くことができない子には、浮き方を教える。浮き方には3段階ある。

> ①水に慣れる
> ②浮く
> ③息継ぎ

まずは、水に慣れるところから始まる。向山洋一氏の実践で、子どもを抱っこしてプールの中を歩くという実践がある。歩きながら、わざと転んで「ごめんね」と言う方法である。浮かせる指導は難しく、顔が水につけられるようになった段階で遊びをたくさんやるとよい。

水中にいる時間が長くなると、「体が浮いてくる」ことを体感できるようになる。ほとんどの子は、浮くことができるようになる。

もし浮かない子がいれば、その時は、両手をにぎって、一緒に浮いてあげるとよい。ほめながら、両手→片手→手のひら→指先と接触部分を減らしていくことで、自然にできるようになっていく。

（桑原和彦）

7月

道徳　１学期をまとめ、２学期の準備を

7月の道徳のポイント

7月の道徳のポイントは、1学期をまとめ、2学期の準備を行うことだ。この時期は、子ども達も夏休みのことが気にかかり、気もそぞろである。問題行動も顕著に出やすい。しかも教師もバタバタしている。学習がまとめに入り、通知表を付ける。校務分掌の整理、学級会計、夏休みの研修計画と様々に仕事が増えてくる。隙が出やすい。

夏休みが近いため、道徳では、命を扱った教材を選定しておきたい。水の事故や交通事故など、安全に配慮したものを扱っておきたいところである。

また、指名なし討論への挑戦を行う時期でもある。初めは、教師がガイドしながら行っていく。手放しにできるのは、10月以降となるだろう。

指名なし討論は、どんな授業の中でも行える。全ての授業は、指名なし討論へと集約される。新学習指導要領の目指す「主体的な学び」は、正に指名なし討論を究極的な指導としている。

夏休みを前にして、子ども達と高き峰に挑むことがポイントである。

7月のオススメ資料

7月は、「ドレーズテスト」という資料が有効である。河田孝文氏の作った授業である。このコンテンツで、指名なし討論への道のりが開ける教材である。

内容は、首に枷をはめられたウサギが画像で出る。そこで、子ども達は、絶句する。ウサギの目を使って、シャンプーなどの商品が人に被害を及ぼさないかを実験するテストである。ドレーズテストは、未だに存在する実験である。その是非を問うという話である。

ここで、河田氏は、「この会社を許せますか、許せませんか」と発問する。これは、他の教材へも転用できる。二者択一で問うことで、意見が割れるからだ。

道徳教科書では、「三べんかんがえて」という教材がある。お母さんのプレゼントを選ぶ時に、兄弟が日頃から言われている「買う時は三べん考えて買いなさい」ということを思い出して、プレゼントを選ぶ話である。発問は、「三べん考える必要があるか、ないか」で討論になる。有名実践家の発問や授業の構成を取り入れることをおススメする。

対話指導のポイント

7月は、指名なし討論へとシステムを移行させる。初めは、アシストを入れる。「発言した人に対して、意見を言いなさい」「空白がないようにしなさい」「2人だけになっているから、周りにも意見を聞きなさい」とアシストをこれでもかと入れていきたい。対話指導は、全てはお手本を教師が示し、回数を重ねていき、子ども達だけでできる状態へとしていく。初めから、子どもだけでできることはない。緻密に組み立てられた指導があってこそである。

指名なし討論へ向かうまでに、意見をノートに書いたり、友だちの意見をノートに書くことも忘れずしておきたい。学習したことが残らなくなるからだ。この7月の状態を受けて、2学期への方策を考えることができる。できなかったと、あきらめがちになりやすい。だが、1年間を点で考えるのではなく、線で考えると大事なポイントが見えてくる。

7月は、1学期のシステムを再点検し、改善の方向性を打ち出したい。討論への微細技術も集めておきたい。（下窪理政）

7月

英語　What color? (色), please.で七夕の短冊の飾り付け

復習は　指差し確認

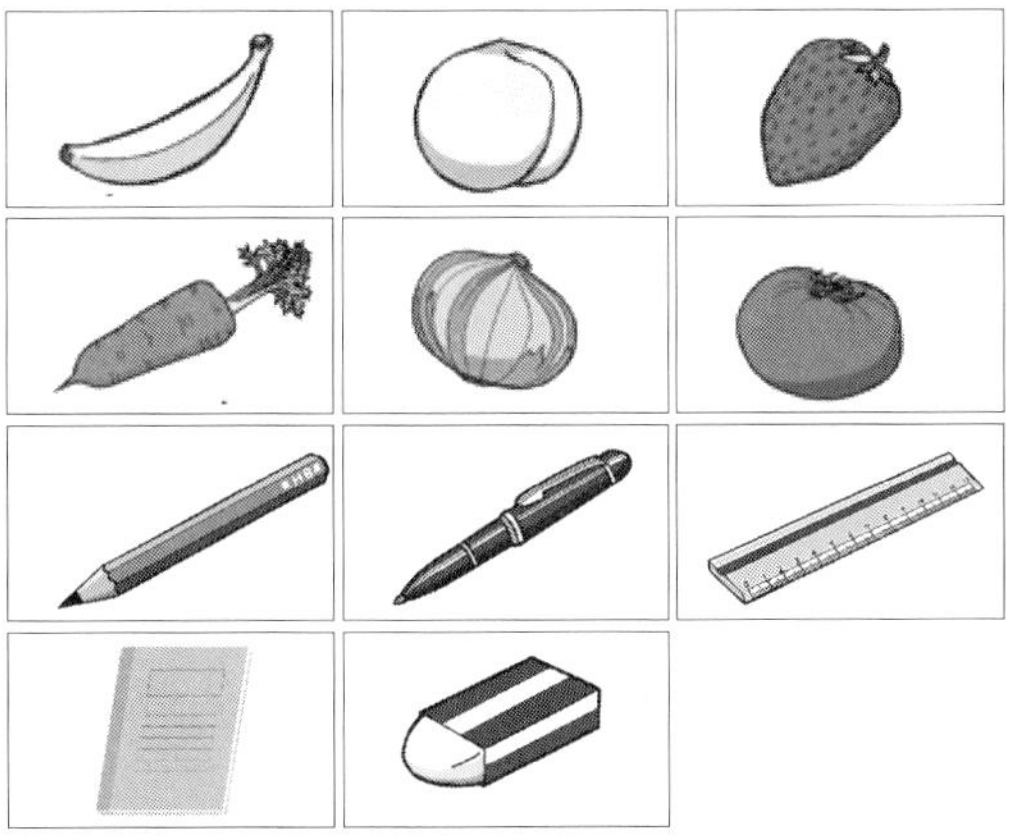

前月の復習。"What's this?" 果物・野菜・文房具の絵カード提示して、教師が言ったものを指差していく。

C：What's this ?　　T：It's a peach.
C：It's a peach.（と言って peach を指す）

新出は　What color ? 〜, please.

まず、A：What color?
B：Yellow, please. だけの口頭練習を1時間目に行う。慣れたら、2時間目に、七夕の短冊の飾り付けをする。短冊には、予め願い事は書いておき、飾りを貼るだけにする。

状況設定は、教師が、今日は7月7日であることを示し、短冊の飾り付けを一緒にしようと誘う。シールとリボンをもらいに行って、色を選んで飾りを付ける。

状況設定　　A・B：子供　T：先生
AがBに何色が欲しいか尋ねる。
A：What color?　　　B：Yellow, please.
Aは、Bの分までもらいに行く。
A：Sticker, please.　T：What color?
A：Yellow and red, please.（red は自分の分）
T：Here you are.
A：Thank you.　　　T：You're welcome.
もらってきたら、AはBに渡して
A：Here you are.　B：Thank you.
A：You're welcome.　飾り付けをする。
同様に今度は、Bがリボンをもらいに行く

友達の分ももらってくる設定にすると、ダイアローグを網羅できる。新出は、"What color? ~, please." 本当は do you like?　が付くが、ここでは、簡単に尋ねるようにする。

口頭練習をした後に、短冊の飾り付けをするアクティビティをする。実際にシールとリボンを用意して本当に作ると、楽しい活動になる。

最後には、用意した笹に結び付ける。

つなぐ　は　お絵描きクイズ

「つなぐ」活動は、"What color?" "Yellow." を使ってお絵描きクイズにする。

絵カードをめくり、お題を見る。
A：What's this?（と言って、お題の絵を鉛筆で描き始める）
B：（予想して）It's a tomato?
A：No!　　　　　B：What color?
（簡単なフレーズなので、教える）
A：Red!　　　　　B：It's a strawberry.
A：Ok!

紙と鉛筆があれば実践できる。絵カードは、果物・野菜。

ヒントとして、色を示せるからだ。さらに、動物の絵カードなら、パンダ（白と黒）や猿（茶色）、豚（ピンク色）、カエル（緑色）などを選ぶと良い。

（奥井利香）

9月

国語　「どうぶつ園のじゅうい」対話的な授業の基礎を指導する

教材解釈のポイントと指導計画

動物園の獣医の1日の仕事を時系列で2～8段落まで説明した文章である。

指導計画は以下の通りである。

第1・2時　範読・音読
第3時　獣医は1日の中でどんな仕事をしているのか。
第4・5時　7段落の「日記に書く」のは獣医の仕事か。
第6・7時　8段落の「おふろに入る」のは獣医の仕事か。

対話的な学びを組織するために、討論的な発問を第4時と第6時で行う。

授業の流れのアウトライン

第6・7時の授業展開例を示す。

8段落の「おふろに入る」のは獣医の仕事ですか。

9段落を読ませ、どちらか決めさせる。挙手で人数を把握する。

それぞれの根拠を考えさせる。その際、できるだけ教科書の文を証拠にするように話す。

理由が1つ書けたら持ってこさせる。ここでいかに子どもの意見を褒めて自信をもたせるかが、その後の討論の盛り上がりを決定づける。

「すごい！　6年生みたいだ！」

その後、ノートに書いた意見を黒板に短く書かせ、端から発表させていく。

《仕事である派の意見》

「体をあらわなければいけない」とあるので仕事です。

動物園にいる間は全部仕事なので仕事です。

9段落で「これで、ようやく　長い1日がおわります」と書いてあるので、この前の8段落までが仕事です。

びょうきがうつらないようにするのも大切な仕事です。

《仕事ではない派の意見》

第1段落に「わたしのしごとは、どうぶつたちが　元気にくらせるようにすることです」と書いてあります。おふろに入るのは、動物のためではないので獣医の仕事ではありません。

このように、2年生でも「文を根拠に」考えさせると、様々な箇所から証拠を見つけてくる。

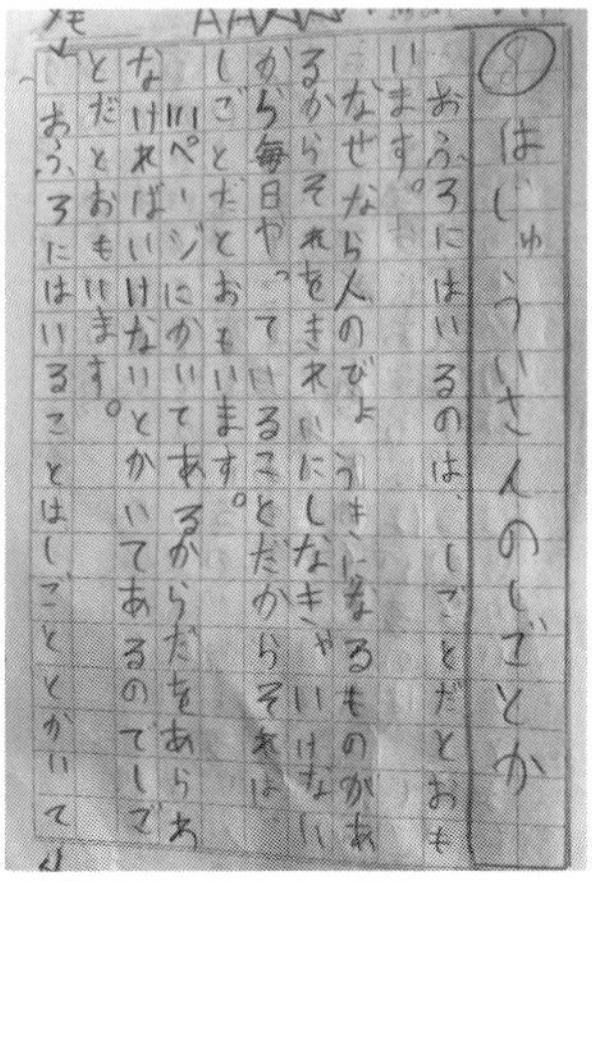

学習困難状況への対応と予防の布石

なかには、うまく自分の意見が伝えられない子がいる。その場合は教師が、

「なるほど、～ということだね！　すごいなあ！」

と感心したように褒めながら進めるとよい。実はその子の意見の真意を全体に伝えているのである。

その上で反対意見を言わせて討論させていく。

2年生なので最初は小グループで話し合わせてから、全体で意見を言わせるとよい。

（村野聡）

9月

算数　「ひき算のひっ算②」「十の位に空位があるひき算」攻略法

十の位に空位がある繰り下がりのあるひき算のひっ算は、非常に難しい。

指導のポイントを向山洋一氏は以下のように述べている。

> 絶対に抑えるべきポイントは２つある。第１は、最初の部分を「分かりやすく限定する」こと。第２は、「十の位がゼロ」ということだ。　（向山型算数に挑戦 No.50）

以上を踏まえ、１．指導ポイントを限定する、２．アルゴリズムを唱える、という２点で教える。この中の「２．アルゴリズムを唱える活動」を本時における対話的活動とする。

指導ポイントを限定する

「一時一事の原則」にあるように、扱う情報を限定する。

> 【基本型】㋐ 102−74、最初に計算するのは□、○、△、どれですか？□(挙手)、○(挙手)、△(挙手)、△、一の位から計算します。㋑一の位、２−４はできません（ジェスチャー）。（十の位）０、借りれません　（ジェスチャー）。１を（斜線）０に変えて 10 借りる。㋒ 10 を（斜線）９に変えて 10 借りる。㋓ブリッジ（と言いながら 10 と４をつなげる）。10−４は６。㋔２＋６は８。㋕９−７は２。答え 28 です。

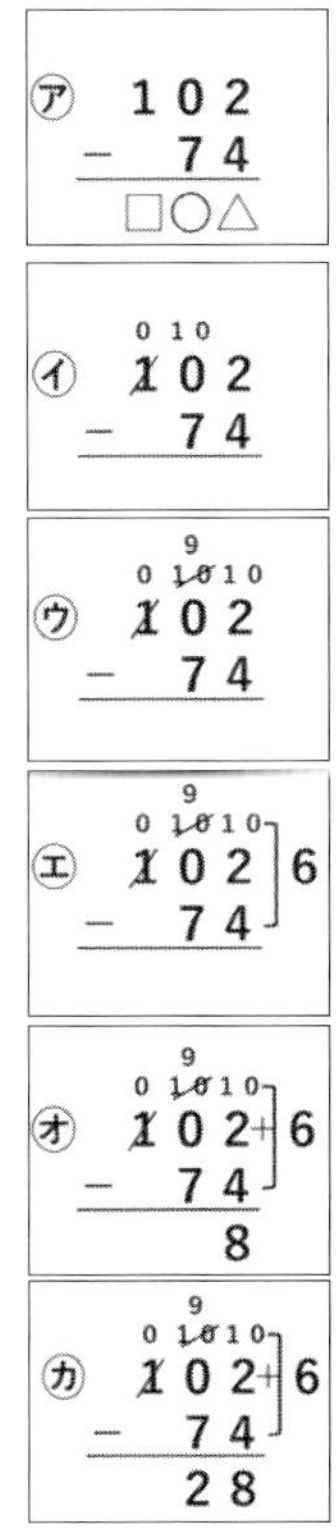

アルゴリズムを唱える（対話的活動）

「例題→類題→練習問題」の順序で取り扱う。その際、実際に声に出し、動作を入れて取り組むことが重要になる。唱えさせる活動には、次のような活動がある。

> 【活動例】①範読、②追い読み、③全員読み、④男（女）のみ、⑤列、⑥川、⑦指名、⑧お隣さんと確認、など

板書を読ませる際、唱える場所を指さしながらアルゴリズムの手順を示すことが重要なポイントになる。

対話的活動を取り入れ、口に出し、目と耳を使って行うことで難関教材を攻略する。

参考文献：木村重夫『続・成功する向山型算数の授業』
『向山型算数教え方教室』No.54 向山洋一氏論文、「ブリッジ」河田孝文氏実践（和智博之）

生活　おもちゃを作ろう

家ではゲームばかりしている子ども達でも、身近なものでおもちゃを作ったり、遊んだりすることに夢中で取り組む。

「おもちゃ作り」は、やんちゃくんもおとなしい子も、みんな大好きな単元である。

主体的、対話的で深い学び

主体的な学びとするために、子ども達のこれまでの経験を生かしたい。子ども達は、1年生の時に空き箱のおもちゃを作ったり、上級生が作ったおもちゃで遊ばせてもらったりしている。

> 今までに、どんなおもちゃ遊びをしたことがありますか。

・わなげで遊んだことがある。
・魚つり遊びをしたことがある。

→

> 1年生を招待しておもちゃ大会を開くことを伝える。

子ども達は俄然やる気になるだろう。

おもちゃ作り

> 作ってみたいおもちゃを話し合う。

教科書や教師が用意したおもちゃを参考にするとよい。

→

> 必要な材料や遊び方を考える。

材料集めには、できるだけ家庭に負担がかからないようにしたい。前もって学年だよりなどでペットボトルや牛乳パックなどの廃材を集めておいてもらうとよい。

子どもの活動を盛り上げるためにも、材料集めは大切にしたい。

おもちゃをもっとよくする

> できあがったおもちゃで、遊んでみる。

・思うようにいかない。
・もっと良くしたい。

→

> 「おもちゃをもっとよくする」ために、どうしたらいいか話し合う。

→

> おもちゃをパワーアップさせる。

友だちと話し合いながら作ることで、おもちゃへの思い入れは強くなり、深い学びとなる。

（土師宏文）

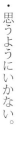

9月

音楽 『いるかはざんぶらこ』拍子を感じてリズムを打つ

『いるかはざんぶらこ』東龍男作詞／若松正司作曲

歌詞を覚える　第１時

（ＣＤを流す）

Ｔ：お手合わせをします。

まずは、曲に合わせてお手合わせをする。お手合わせの活動を通し、３拍子の感じをつかませる。

Ｔ：歌います。

お手合わせをしながら、曲を聴いているので、すぐに歌えるようになる。

Ｔ：歌を歌いながら、お手合わせをします。

歌が歌えるようになってきたら、歌いながらお手合わせをする。

３拍子の曲に合わせて遊ぼう　第２時

いろいろな曲で、お手合わせを楽しむ。

３拍子の曲（例）

いるかはざんぶらこ、たぬきのたいこ、かっこう、うみ、メヌエット、スケーターワルツ、たべすぎごりら、エーデルワイス

（１）３拍子のお手合わせ

①ひざ→手拍子→両手お手合わせ

「いるかはざんぶらこ」だけでなく、様々な曲で３拍子を感じながら、お手合わせを行う。

Ｔ：お隣と。ペアを変えて。

ここがポイント。できない子も、多くの友だちとペアを組み、お手合わせをやるうちに、自然にできるようになる。

上手い子の動きを見て、まねする。

手拍子→両手お手合わせ　×２のお手合わせも楽しい。

（２）３拍子のステップ

３拍子のステップを教える。右下図のステップを踏み、違う３拍子の型を知る。

バンブーダンスにも応用できる。

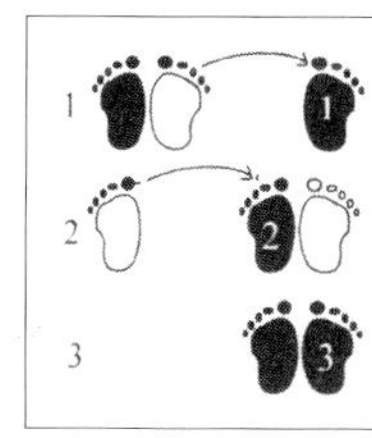

右左右左と動き続ける　→

（３）その他の３拍子の身体活動

①手をつないで左右にゆれる、②前後にゆれる、などを取り入れる。

教室に竹を持ち込み、「いるかはざんぶらこ」に合わせてバンブーダンスを楽しむこともできる。

３拍子に乗って楽器演奏を楽しむもう
第４・５時間目

お手合わせやダンスで、たくさん３拍子を感じ取った後は、教科書にのっている楽器演奏を楽しむ。

お手合わせができている子どもは、教科書に書かれているリズムはすぐに叩ける。

ここでも、楽譜を見せるのではなく、耳からリズムを感じ取り演奏させたい。

Ｔ：先生のまねします（ウンタンタン　ウンタンタン）。手拍子カスタネットのリズムをまねする。

Ｔ：１号車カスタネット準備　叩きます。

１号車だけ、カスタネットを演奏する。他のグループは、座って手拍子を打つ。

Ｔ：交代

カスタネットを２号車→３号車→４号車　と代えていく。

タンバリンも同様に練習する。（吉川たえ）

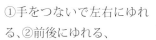

9月

図画・工作　夏の思い出「プールで遊んだよ」

子どもたちはプールが大好きだ。陸上ではできないような動きも自由自在だし、何より水の感触が心地よい。この、プールで楽しく遊んだ経験を絵に表そう。

この絵では、たらしこみという技法でプールの水を表現する方法を学ぶ。また、人間の動きをつける方法も学ぶことができる。

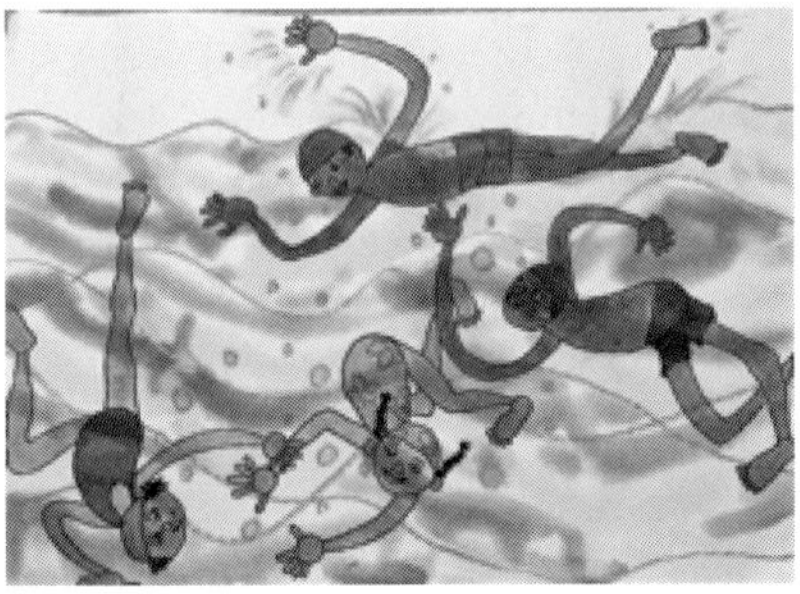

準備物

・白画用紙（4つ切り、または8つ切り）・クレヨン（パス）・絵の具セット・油性ペン（黒）・綿棒・刷毛・新聞紙

指導計画（全4時間）

プールの水を塗る（1時間）

①クレヨン（黄、水、黄緑など明るい色）で線を引く。8つ切り画用紙なら5本程度。4つ切り画用紙でも7本から8本程度にする（上の部分は5cmほど開けておく）。

②刷毛に水をたっぷりふくませ、水にする部分だけ水を塗る。

③水が乾かないうちに、あらかじめ作っておいたうす黄色を部分的にさっとたらし込む。黄色がにじんでいる間に、うす青を空いているところにたらし込む。うす赤をアクセントのように空いているところに少したらし込んでもよい。

人間を描く（2時間）

画用紙が乾くまで、人物の練習を行う。

「わくわく絵のれん習ちょう（正進社）」を使うとどの子も動きのある人物が描けるようになる。

顔→胴体→手→肩と手をつなぐ→足→足とおしりをつなぐ。この順で描く。基本のポーズが描けたら、いろいろなポーズに挑戦する。

①画用紙が乾いたら、黒油性ペンで直接描く。まず、自分を描く。次に一緒に遊んでいる友達を描く。

②1人描けたら、クレヨンで彩色する。水面から出ている色は明るい色で、水の中の部分は濃い色で肌を塗ると雰囲気がでる。

③クレヨンで塗ったら、綿棒でくるくると色を伸ばす。すると、クレヨンのぶつぶつした感じがなくなり、絵の具で塗ったような滑らかな質感になる。

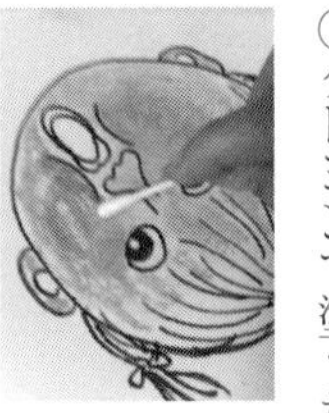

2年生なら、線描もクレヨンで描かせてもよい。

波《なみ》→頭《あたま》→どう→手《て》を かく→つなぐ→足《あし》を かく→つなぐ→水着《みずぎ》を かく

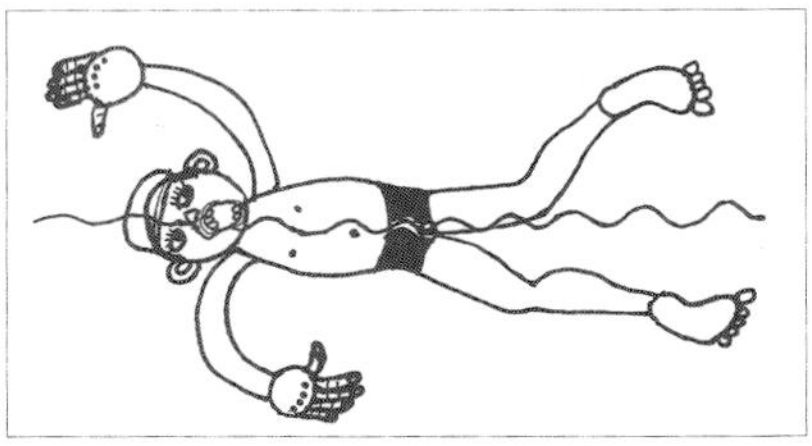

作品鑑賞会を行う（1時間）

何をして遊んでいるところかをお話しながら鑑賞会を行う。互いの作品の良いところをたくさん出しあう。

（筒井隆代）

9月

体育　鉄棒の特性を生かした運動遊び

鉄棒遊びでは、逆さ姿勢や支持など日常生活では経験できない動きや感覚を身に付けることができる。

①ブタのまるやき

鉄棒に掛けている両手足の４本のうち、どれか１つ離すなど変化をつけることで楽しく盛り上がりながら練習ができる。

②ふとんほし

「風が吹いてきました」と場を設定することで、体を振る動きを加えることもできる。

③こうもり

これができれば逆さになることに怖さを感じることはない。

④じゃんけんゲームを取り入れる

①～③の運動にじゃんけんを加えることで楽しく実施することができる。

１チーム４～６人。じゃんけんをして負けたら交代。２人に続けて勝ったら１点とし、チームで合計点を競うようにする。

こうすることで順番が回ってこないで飽きてしまうということがなくなり、楽しく活動することができる。

⑤足抜き回り

鉄棒にぶら下がるように腰を低くする。足を持ち上げ、足の裏を鉄棒にかけて両腕の間に通し後ろに回る。

慣れてくると鉄棒に足が触れなくても回ることができるようになる。

⑥くるりんベルト

逆上がりの補助ベルトである「くるりんベルト」で逆上がりをすることによって、回転感覚を身につけることができる。

⑦だんご虫で筋力アップ

だんご虫は体を鉄棒に近づけ、肘と膝を90度に保つ姿勢が大切である。

このような「技術」と「器具」を駆使して逆上がりに挑戦させる。（桑原和彦）

道徳　シルバーの３日間を念頭に入れて

9月の道徳のポイント

2学期最初の9月の道徳は、ロケットスタートするとスムーズになる。

シルバーの3日間では、すぐに授業に入る。システムで忘れているところは、授業を進めながら、修正する。遅い子は待たない。慣れてくるまで待っていては、全体が進まなくなるからだ。

1学期が上手くいっていない時は、この時期に再度システムの構築を意識する。

道徳の授業の展開は、週に1度なので、忘れていて当然だ。だが、進めていけばすぐに思い出す。

特に、ノートの書き方は、点検をしないとぐちゃぐちゃになってしまう。最初の1時間目を大切にして、ノートのフォーマットと書く分量をノートを持ってこさせて確認したい。

なお、夏休みの間に道徳の評価について、研修が盛んになるので積極的に参加していきたい。

また、指名なし討論も十分に行える時期である。初めは、ぎこちなくても、すぐに子どもたちは感覚を戻す。指名なし音読から始め、アクセル全開でいきたい。

9月のオススメ資料

「あいさつ」という教材がある。河田孝文氏の作った授業である。この教材のコンテンツを、あいさつの仕方を考え直すきっかけにできる。

内容は、動物同士があいさつをする場面から始まる。次に、自分たちの学校のあいさつについて見直すという話である。自分の学校生活を見直せる教材になっている。

普段の生活の見直しを中心にして、教材選択を行っていきたい。

道徳教科書では、「ピーマンマンと夜ふかし大まおう」という教材がある。よふかし大まおうが、よふかしは楽しいと誘ってくる。野菜のともだちと話して、よふかしをやめるという話である。夏休みで崩れた生活リズムを改善し見直すことができるのでおススメである。

勤務校では、保健室と連携して、生活習慣チェックカードが発行されている。これで、家庭との連携が取れる。

学習システムと生活リズムの崩れを直すことを中心に指導をしていきたい。

対話指導のポイント

9月は、夏休みの話題から入りたい。夏休みの思い出を指名なしで発表させる。子どもたちは、夏休みにあった楽しい思い出を話す。発表への抵抗感より、話したい気持ちでいっぱいである。

その中で、何時に寝ていたか、何時に起きていたかを指名して発表させる。生活リズムの診断をするためである。2学期はじめをスムーズにするためには、実態を把握しておきたい。

そして、発表するための反応速度を上げることが、まず第1歩である。それから、意図的にお隣同士で相談させたり、グループで相談させたりさせて、対話を入れていく。

そして、指名なし討論を再開したい。2学期はじめの1週間に、たくさん対話する活動、発表する活動を仕組んでいきたい。授業で活動を保障したい。

9月は、夏休みモードからの脱却を念頭においての指導が大切である。それから、システムを進行しながら、再構築をしていきたい。学級に息吹を吹き込む1か月である。心して臨む。（下窪理政）

9月

英語 I like ～. 果物・野菜

復習は guess ゲーム

T 教師	C 子供
T：banana	C：banana
T：banana	C：banana
フラッシュカードを裏返して	
T：bananas	C：bananas
T：bananas	C：bananas

果物・野菜の絵カードを使う。教師が、カードを子供に見せないように1枚選んで伏せる。それを指して“What's this? Guess! (頭を人差し指で指し、想像するというジェスチャーをする)”と尋ねる。子供達に“What color?”と尋ねさせる。“Red”と教師のヒントを聞いて、子供達がどの野菜・果物か当てっこする。慣れてきたら、子供に問題を出させる。

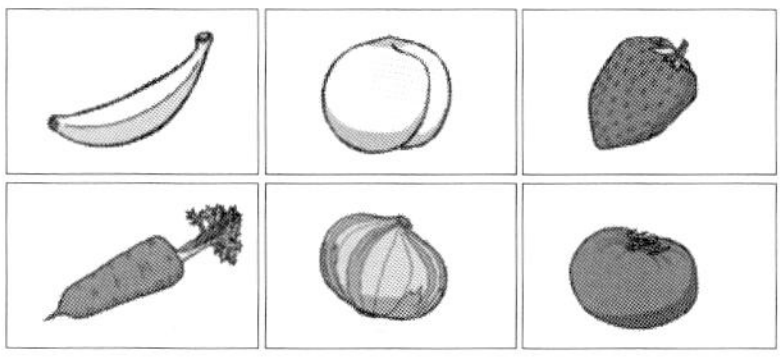

A：What's this ?　B：What color?
A：Red!　B：考えて
It's a tomato.
A：That's right.

正解したときに、“That's right.”と教師が言って褒めるが、子供みんなで言うようにすると、楽しくなる。“That's right.”をリピートさせて、この場で覚えさせても、言えるようになる。

新出は I like（果物・野菜）.

1年生のときに、I like（飲食物）.Do you like ～？を学習している。これは、複数形でない単語を扱った。2年生は、もう学習している果物・野菜で like を指導する。複数形の練習を入れる。果物は、バナナ・桃・いちご、野菜は、トマト・ニンジン・玉ねぎを練習する。Do you like ～？は既習だが、2年生では初めてなので、1年生の復習として状況設定を再び行う。

（表） 1本

（裏） 2本

状況設定
A：ALT　B：担任（ALTがいない時は、1人2役）
C：子供達
A：（モンキーの絵に向かって）
Monkey, do you like bananas?

B：Yes, I do.（バナナと猿の真ん中に♥を付ける）
A：（うさぎの絵に向かって）
Rabbit, do you like carrots?

B：Yes, I do.（ニンジンとうさぎの真ん中に♥を付ける）
A：（ドラえもんの絵に向かって）
Doraemon, do you like…?
（敢えて好きなものを言わずにいると、子どもたちが答える）

C：Dorayaki!
A：That's right! Do you like Dorayaki?
B：Yes, I do.（どら焼きとドラえもんの真ん中に♥を付ける）
（Yes, I do. のリピート）
A：（ドラえもんの絵に向かって）
Doraemon, do you like mice?
B：No, I don't.
（ネズミとドラえもんの真ん中に💔を付ける）
（No, I don't. のリピート）

○は Yes,I do.
×は No、I don't. として、口頭練習。アクティビティは、おもちゃのかごに入った果物・野菜カードを使う。好きか尋ね、2人とも好きな時は、share。一方が好きな時はその人に、2人とも嫌いならかごへ戻す。

(参考：2006年井戸砂織氏のサマーセミナー指導案)（奥井利香）

国語　「お手紙」主役の条件を指導する

教材解釈のポイントと指導計画

「がまくん」と「かえるくん」の会話文を中心に書かれた物語である。したがってどの会話文をどちらが言っているのか理解させておく必要がある。

その上で主役は「がまくん」なのか「かえるくん」なのかそれともどちらもなのか。主役がどちらか考えさせると対話的な授業になる。

「主役の3条件」がある。

①物語の最初から最後まで登場している。

②一番多くの気持ちが書かれている。

③気持ちや行動がガラッと変化している。

この3つの条件で検討すると、

①最初から最後まで登場しているのは「かえるくん」である。

②どちらが「一番多くの気持ちが書かれている」のかについてはどちらとも言えない。会話文が中心の物語だからである。会話の数だけで見るとかえるくんが16回、がまくんが17回である。

③の「気持ちがガラッと変化している」のは「がまくん」である。どちらが主役か確定しにくい。そこをあえて考えさせることで対話的な授業を組み立てる。指導計画は以下の通り。

> 第1・2時　範読・音読
> 第3時　登場人物を確定し会話文を検討する。
> 第4時　主役を検討する①
> 第5時　主役を検討する②
> 第6・7時　音読劇をする

授業の流れのアウトライン

第4時の「主役」を検討する授業である。3つ中2つの主役の条件を扱う。

> 「お手紙」の主役はかえるくんですか、がまくんですか。

まず主役の定義を示さず考えさせる。

「最初にがまくんが出てくるからガマ君だと考えます」

「かえるくんが題名のお手紙を出すからかえるくんだと考えます」

いろいろな意見を発表させたところで、

> 主役を見分ける方法が2つあります。物語の最初から最後まで登場しているということです。主役が物語の途中ででなくなったらへんだよね。

場面ごとに調べさせる。

かえるくんは最初から最後までどの場面にも登場するのに対してがまくんはかたつむりくんのくだりでは登場しない。

> 主役を見分ける2つ目の方法は気持ちや行動がガラッと変わるかどうかということです。かえるくんとがまくんとではどちらが大きく気持ちが変わりますか。

かえるくんもがまくんも最初は「かなしい気分」であったのが最後は「とてもしあわせな気もち」に変化している。その度合いを考えさせるのである。

学習困難状況への対応と予防の布石

主役の定義を常に黒板に文章表記し、そこに立ち返って考えられるようにする。

（村野聡）

10月

算数 「四角形と三角形」間違えた理由は定義に戻る

図形単元の第１時は、十分に子どもに操作活動を行い、内部情報の蓄積を図る。その上で定義を教えていく。この単元では、定義を理解させるための「練習問題の確認場面」を対話的活動とする。

定義の読ませ方

第１時で操作活動を行い、三角形と四角形の２つに分類させる。その上でまず三角形を取り扱う。
①「図形の周りを指でなぞります」（操作活動を入れる）
②「最後ピタッと繋がっているよね、これを、『かこむ』といいます」（他の三角形もなぞる）
③このように、３本の直線でかこまれた形を何と言いますか？→三角形です
※向山型算数に挑戦 64　長野県、末廣真弓氏の実践追試
④教科書の定義を読む（範読→おい読み→全員読み）
ここから、「定義の往復」を行う。
⑤「３本の直線で囲まれた形を何と言いますか？」（指名）→三角形です
⑥「三角形とは、何ですか？」（指名）→３本の直線で囲まれた形のことです
その後、四角形も同じように取り扱う。

【定義】
３本の直線で
かこまれた形を
三角形といいます。

練習問題は楽しく対話で組み立てる（対話的活動）

練習問題は、次々と図を出して子どもに形の説明をさせる。活動で重要なこと、上記の「定義を根拠に」説明させることである。このやりとりこそ、対話的活動となる。

【本時の対話的活動】

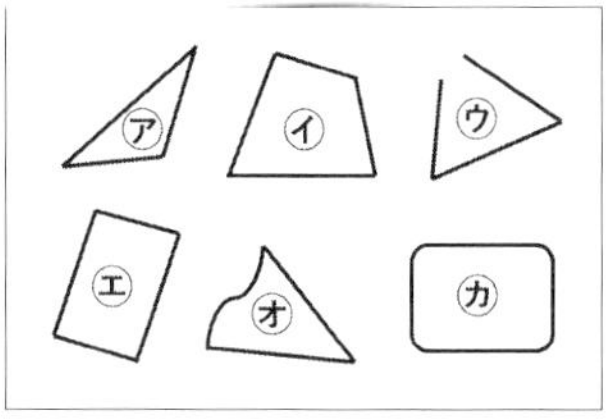

「㋐の形はなんですか？」→三角形です。

「なぜですか？」→３本の直線で囲まれた形だからです。

「㋒も三角形だよね？」→違います。

「なぜですか？」→囲まれていないからです。

「㋔は囲まれてるから三角形ですね」→違います。

「なぜですか？」→直線ではないからです。

「なるほど、このように曲がっている線のことを何と言いますか？」→曲線です。

ポイントは、㋒、㋔、㋕の時、教師が「これぐらいだめなの？」といって、うっかり間違えてあげることだ。子どもは一生懸命説明してくれる。この様に、対話的活動によって定義を定着させる。

参考文献：『向山型算数教え方教室』No.69,88,113、向山洋一氏、末廣真弓氏の論文

（和智博之）

生活　学区たんけん①

学区のどこに何が売っているか、何があるのか、子どもたちは興味津々である。「学区たんけん」は、子どもは教師の手を少し離れ、大活躍する単元である。

主体的、対話的で深い学び

「なじみのある場所」だけでなく「よく知らない場所」へ行くことは、子ども達にとって魅力的な活動であり、主体的な学びとなる。子ども達は自宅の周りや、よく遊びに行く場所について知っているつもりになっている。

しかし、分かっているようで分かっていないのが2年生である。いつも通っている場所であっても意外と気がついていないことがよくある。

全員で学校の周辺を歩く。

→ 何が見えましたか。

「コンビニがありました」
「遠くにデパートが見えました」

近くにある店や施設だけでなく、遠くの方まで眺めて見えるもの、見えないけれどあるものにいろいろと気づかせたい。

学区探検の準備

訪問する店や施設を確認する。

昨年度、訪問した店や施設を確認し、予定している期日で今年度も訪問することができるかどうかを確認する。

寺や消防団などは普段訪れることが少ないので、候補に入れておくと子ども達は驚くだろう。

話し合いのポイントを伝える。

・訪問できる店や施設の数
・訪問する順番と道順

→ 探検コースを相談する。

学区探検の時間が2時間であれば、訪問できるのは5、6箇所ぐらいになる。

→ 教師がアドバイスをする。

「歩いてどれぐらい時間がかかるか」「無駄ができないような道順のヒント」を教師がアドバイスする。

→ 探検コースを修正する。

教師のアドバイスを参考に修正するので、子ども達の話し合いがより具体的になり、深い学びとなるだろう。

（土師宏文）

10月

音楽　『かぼちゃ』いろいろな音を重ねて楽しむ

『かぼちゃ』栗原ほなみ作詞／黒澤吉徳作曲

歌詞を覚える　第１時

Ｔ：（ＣＤを流す）歌います。

　動きをつけて歌う。動作化することで、歌詞の様子がイメージでき、すぐに歌えるようになる。

Ｔ：グループに分かれ、手拍子を叩きます。

　子どもを７グループに分け（列など）、１グループずつ順番に入ることを教える。

いろいろな音を重ねよう①　第２時

　教科書記載の楽器を使い、リズムを叩く。

　前時と同様に教室を７つに分ける。

打楽器をグループごとに取りに来させる。

Ｔ：ＣＤに合わせて叩きます。

　前時で、手拍子でリズムを叩いているので、楽器を渡しても、すぐに演奏できる。

Ｔ：隣の列に楽器を渡します。

　２回目は、違う楽器を演奏する。リズムを叩くタイミングは、教師が入るタイミングを示せばよい。

　３回目以降も、同様に行う。

いろいろな音を重ねよう②　第３時

　音楽室で活動ができない場合は、打楽器をできるだけ用意しておく。

Ｔ：グループで演奏を工夫します。

Ｔ：どの打楽器を、どの順番で演奏すればよいか相談します。決まったら、練習します。

　７人グループができない場合は、１人２パートあるいは１パート２人で対応する。

　演奏の工夫を考える。

いろいろな音を重ねよう③　第４時

　前時で行ったグループ活動の発表を行う。

Ｔ：グループで発表します。どこを工夫したのかを言ってから発表します。

Ｃ：１班は、〜を工夫しました。（演奏）

Ｔ：１班のどこが良かったですか。

　グループの良かったところを発表させ、良さを全体で共有する。

音楽作り〜楽器でお話をしよう〜　第５時

　子どもの数だけ、打楽器を用意しておく。

Ｔ：まねします。（手拍子で）タン　タン　タン　ウン。

Ｃ：タン　タン　タン　ウン。

　リズムを変えて何度か行う。

Ｔ：今度は、先生と違うリズムを叩きます。

　友だちと手拍子で。お話します。

　タン　タタ　タン　ウン。

Ｃ：（それぞれのリズムで叩く）

Ｔ：１人ずつ（教師と違うリズムを叩けているかを確認）。

　教師対子どもで行う。できたら、ペアを組ませ、リズム打ちをさせる。

Ｔ：打楽器を取りに来ます。

Ｖ．今度は、楽器を使って、お話します。

Ｔ：先生とお話。

Ｔ：ペアを組みます。ペアとお話します。

　強弱を付けているペアやリズムに工夫がされているペアなどを紹介し、全体で良さを共有する。

（吉川たえ）

10月

図画・工作　わたしの町のポスター「自転車に乗って」

10月は、生活科と関連させ、地域の公園や町並みと自転車をコラボレーションしたポスターを描かせたい。

わたしの町
ぼくの町

準備物

・白画用紙（8つ切り）・油性ペン（黒）
・カラー水性ペン・クレヨン（パス）・綿棒（絵の具で彩色してもよい）

指導計画（全3時間）

自転車・人を描く

自転車はカラー水性ペン、人は黒の油性ペンを使う。

①後輪→真ん中の軸→前輪を描く。

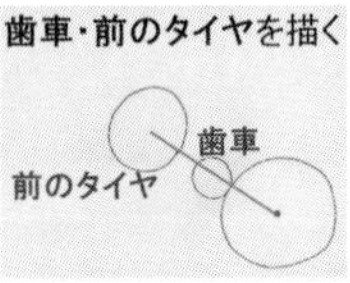
歯車・前のタイヤを描く
歯車
前のタイヤ

②サドルとハンドルを描く。ハンドルは少しサドルの方へ傾けるとよい。

ハンドル
少し、サドルの方へかたむける！

③人の頭と体を描く。頭と体がまっすぐにならないようにする。

④手・足を描き、体とつなげる。

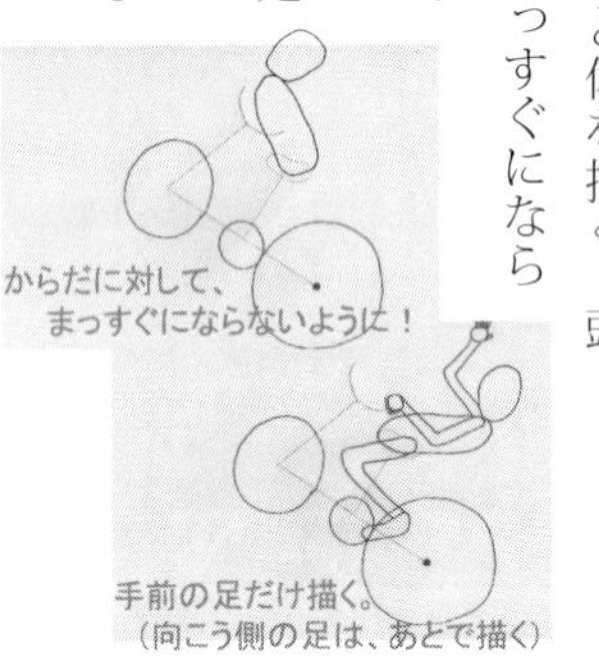
からだに対して、まっすぐにならないように！
手前の足だけ描く。（向こう側の足は、あとで描く）

⑤顔・髪の毛を描く。

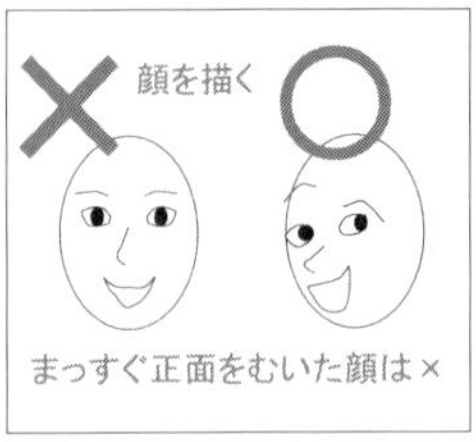
顔を描く
まっすぐ正面をむいた顔は×

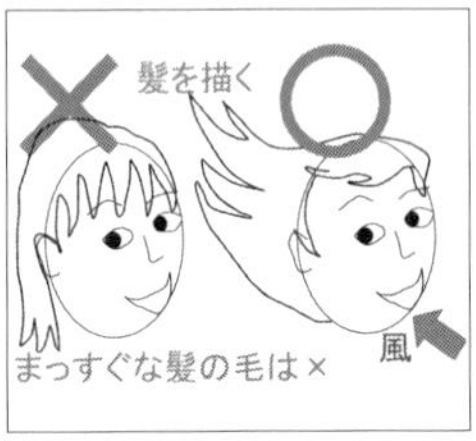
髪を描く
風
まっすぐな髪の毛は×

⑥服を描き、自転車を仕上げる。

服を描く

クレパスで彩色する（上から綿棒でなじませるときれいに仕上がる）。

⑦もう片方の足を付け足す。自転車の向こう側の足を描く。

自転車をごちゃごちゃさせる！
タイヤ回りをイガイガに！
タイヤを三重の円に！
スポークを細かく！

地域の写真の上に貼る。

生活科の「町たんけん」の際、たくさん写真を撮っておく。好きな写真を選んで切り取った自転車を貼る。（石橋浩美）

10月

体育　動物をイメージした動きのマット遊び

マットを使った運動遊びでは、いろいろな方向への転がり、手で支えて体の保持や回転をすることを内容としている。

「次から次」とテンポよく沢山体験させたい。運動1つを長くやらせると運動量が落ちるので気をつけたい。

①４つ足で歩き抜ける
②４つ足で腰を上げて抜ける
③２つ足で歩き抜ける
④２つ足でスキップ抜け
⑤蛙跳びで抜ける
⑥横になって転がる
⑦横になって転がる（逆向き）
⑧２人で横になって転がる
⑨アザラシ歩き（両手支持）
⑩でんぐり返し
⑪ぐにゃり前転
⑫後ろ回り
⑬前転
⑭マットから外へジャンプ
⑮体を揺らす～ゆりかご
⑯大きく体を揺らす～ゆりかご

「変化のある繰り返し」を意識すると沢山考えられる。

２年生ならば、動物をイメージさせて動きづくりをすると抵抗が少なくなる。例えば次のように展開する。

動物の動きをまねします。まず、「犬」。両手両足をマットについて歩きます（膝をついている子を見つけ指摘する）。次は「馬」。犬よりお尻を高く上げて歩きます（ぱっかぱっかと声を出してリズムを取ってもよい。肘・ひざを伸ばす）。

次は「カエル」。前に両手をついてから両足をつく（手→足、手→足のリズム）。次は「アザラシ」。体をそり、足を使わずに手だけで進む。次は「ワニ」。うつぶせになって肘だけ使って進む。次は「クモ」。あおむけで両手両足を着いて進む。頭を前にするパターンと後ろにするパターンができる。最後に「ミノムシ」。横向きに寝そべり両手両足を伸ばし丸太のようになってゴロゴロと転がる。反対

マットはあるだけ全部出すとよい。１枚あたりの人数が少ない方が運動量が増える。「１人目がマットの半分を越したら次の人が進む」のような指示を出しておくとよい。マット遊びなので、多少できていない動きであっても経験を優先して取り組ませる。ポイントは、テンポよく進めることである。

（桑原和彦）

10月

道徳　学校行事との関連付けを意識して

10月の道徳のポイント

10月の道徳のポイントは、学校行事との関連を行うことだ。

秋の学校行事は運動会、学習発表会がある。練習に長い時間をかけ、発表した後の子ども達は達成感いっぱいである。

運動会では、炎天下の中、練習が続き、指導が入る。運動会まではいいが、その後は、学級で指示が通らなくなる。しかし、叱るだけでなく、子ども達の様子を見て対応をしていかないと、「魔の11月」の乗り切り方が大きく変わってくると言えるだろう。

道徳では、行事に向かって、一致団結を考えたり、友情の単元を扱ったりして、関連を深めていきたい。2年生なので、「努力のつぼ」のお話も有効である。子ども達が、連日の練習で疲れている時などは、絵本の読み聞かせをする。開発されたコンテンツなどを使って、リズムよく展開することも授業を荒らさないためには必要な工夫である。日々の教師の緩急によって、子ども達も安定して学習できる。

行事との関連を考えながら、単元の設定を行っていきたい。

10月のオススメ資料

「のこぎり山の大ぶつ」という教材がある。

内容は、のこぎり山に2年生が遠足で登山をする。そこで、あかりさんが遅れてしまう。ぼくをはじめ、班の友だちは、「早く歩いてよ」と急かす。あかりさんは、追いつくために、一生懸命歩く。しかし、息が切れて、苦しくなってしまう。その時、ぼくは、はっとする。あかりさんに対して、申し訳ない気持ちになる。あかりさんの荷物を持ってあげて、大ぶつのところまでたどり着く。あかりさんは、「みんなのおかげで、ここまで来ることができました。こうだいさんのおかげだよ」と言い、またはっとするという話である。

運動会では、学年種目がある。リレー形式のため、勝敗が決する。負けた時ほど、誰かのせいにすることが見られる。また、学習発表会の劇で、1人だけ声が小さい子どもを責める場面も見られる。

みんなで協力して、1つのことを作り上げることの大切さを実感するには、おススメの教材と言える。

対話指導のポイント

10月は、学習指導が疎かになりやすい時期である。学校行事に追われることで、システムが崩れることもある。これが、「魔の11月」への前兆となりかねない。

「のこぎり山の大ぶつ」では、みんなで行動する時に、友だちにひどいことを言ったことがないかを問う。様々な意見が飛び交う。多くは、「早くしてよ」ということを言っているだろう。さらに、突っ込んで、「どんな時に言ったの？」と聞くと、運動会や昼休みなどの一場面を話す。できるだけ話をさせることで、今まであったことが分かり、これからの行事指導の中で使える話も多く出てくるだろう。この単元では、終わりに「こうだいさんからどんなことを学びましたか」という場面がある。1人1人の学んだことをノートに書かせて、発表させる。全員に言わせる回数も10月になると増えてきているので、数分で終わる。この時期にはシステムが熟成しているので、ダイナミックな授業展開ができる。対話の間もあかず、スピード感のある討論が展開される。

（下窪理政）

10月

英語 What fruit do you like?

９月の like の学習の続き。

復習は　カードを使って

果物・野菜（カード２枚ずつ６種類）を選んで好きか尋ね、好きだったら、Here you are. と渡し、Thank you. と言ってもらう。好きじゃないなら Oh! No! と言って持っている。

A：Do you like bananas ?　B：Yes, I do.
A：Here you are.　B：Thank you.
A：You are welcome.

新出は　What fruit do you like?.

果物でパフェ作りを状況設定にする。新出単語練習は、cherry/melon/pineapple/ kiwi。

状況設定　A：担任　B・C：子供
A：Let's make a parfait each other.
B：OK!
A：（果物の載っているパフェの材料メニューを見せて）
What fruit do you like?
Any challenger?
B：I like melons .
A：Very good!（メロンをパフェの器シートに付ける）メロンパフェを貼る。
（他のチャレンジャーに当てて）
What fruit do you like?
C：I like kiwis, pineapples.
A：Very good!（キウイとパイナップルをパフェの器シートに付ける）キウイパインパフェを貼る。

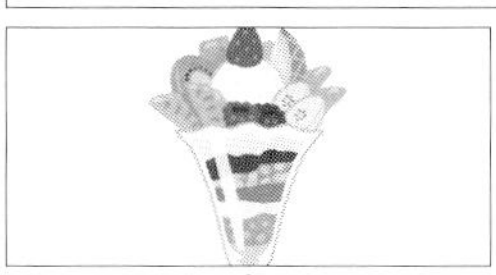
表

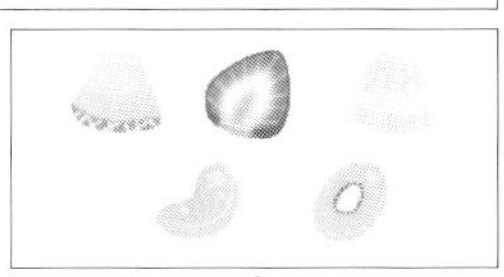
裏

〈トレー表にパフェシート、裏に果物カードを貼り付ける〉＊パフェシートに果物カードを置く方法でもできる。

"What fruit do you like?" "I like pineapples" の口頭ダイアローグ練習をする。答え方→尋ね方の練習をする。"What fruit do you like? " は、新出なので、しっかり練習する。

T：担任　C：子供
T：What　C：What
T：What　C：What
T：fruit　C：fruit
T：fruit　C：fruit
T：What fruit do you like?
C：What fruit do you like?
T：What fruit do you like?
C：What fruit do you like?
男子だけ　女子だけ
みんなで尋ねさせる
T：I like kiwis.

アクティビティは、"What fruit do you like?" "I like kiwis." で会話する。初めは、教師と子供の例を見せる。次に子供だけで会話をする。

つなぐ　は　パフェ作りに組み込む

デモンストレーションA：担任　B：子供
A：Let's make a parfait each other.
B：OK!
A：（果物の載っているパフェの材料メニューを見せて）What fruit do you like?
B：I like melons .
A：Oh! Nice!（メロンをパフェの器シートに付ける）メロンパフェを作って渡す。
Here you are.
B：Thank you.
A：You're welcome.
子供に尋ねさせて、お互いに作り合うところを見せる。

パフェシート、果物カードを使い、ペアでお互いにパフェ作り。パフェの発表会もできそう。"I like melons, peaches, strawberries. Good parfait!" Any challenger で手を挙げた子供は大いに褒めて育てたい。

（奥井利香）

11月

国語　「しかけカードの作り方・おもちゃの作り方」説明文の書き方を指導する

教材解釈のポイントと指導計画

「しかけカードの作り方」の説明文の型を使って「おもちゃの作り方」の作文を書いていく連続単元である。

「しかけカードの作り方」は次の構成で写真と対応しながら説明を展開している。

①前書き（話題提示）　②材料と道具
③作り方　④使い方

この型を使った「おもちゃの作り方」の例文として「けん玉の作り方」が載っている。指導計画を次のように設定した。

【しかけカードの作り方】（読むこと）
第1時　範読・音読
第2～3時　文章の型を知る
第4～5時　文章に沿って「しかけカード」を作る
【おもちゃの作り方】（書くこと）
第1時　「けん玉の作り方」を視写して型を覚える。
第2時　型に合わせて作文を書く
第3時　友だちの「おもちゃの作り方」を読み合う

授業の流れのアウトライン

「けん玉の作り方」をさらにリライトし、原稿用紙に書き写したものを教材として準備する。

教科書に出ている図も教材に貼り付けるといい。この例文の構成を教えた後で、全文視写させる。

けん玉の作り方

まつぼっくりをつかったけん玉の作り方をせつめいします。

〈ざいりょうとどうぐ〉（省略）

〈作り方〉

まず、毛糸のはしをまつぼっくりにまきつけ、とれないようにむすびます。

つぎに、毛糸のはしを紙コップのそこにガムテープでとめます。

それから、もう一つの紙コップのそこと毛糸のついた紙コップのそこを合わせてガムテープでとめます。

さいごに、紙コップに、カラーペンでもようをつけてできあがりです。

〈あそび方〉

2つの紙コップに、じゅんばんにまつぼっくりを入れてあそびます。何回つづけてできるか数えると楽しいですよ。

次にこの型を使って他の題材で書かせていく。

生活科教科書の「おもちゃをつくろう」の単元に様々なおもちゃの作り方が載っている。

このページを使って書かせるとよい。図もコピーして作文に貼り付けるようにする。次の型で書かせていく。

（　）の作り方

（　）をつかった（　）の作り方をせつめいします。

〈ざいりょうとどうぐ〉（種類と数）

〈作り方〉

まず、～。

つぎに、～。

それから、～。

さいごに、～できあがりです。

〈あそび方〉

～あそびます。～と楽しいですよ。

学習困難状況への対応と予防の布石

作文の学習は丸投げで始めると書けない子が続出する。必ず型を与えること、例文を示すことが重要である。そして誰にでもできる例文視写から導入するのが鉄則である。

（村野聡）

11月

算数　「新しい計算を考えよう」活動を保証する導入指導

単元指導で重要なことは「基本型」を見抜くことである。基本型の多くは、教科書に繰り返し出てくる基本となる考え方である。基本型を子どもが理解し、使えるようにする過程で行う「基本型を使って説明する活動」を本時における対話的活動とする。

例題は発問指示で組み立て、基本型を復唱させよ

導入場面では、かけ算の基になる絵が描かれている。その絵を通して基本型を理解させる。

【導入】①「遊園地に遊びに来ました。どんな乗り物がありますか」（場面の確認）

②「指で押さえます。飛行機、自転車……」（呼び方の確定や設定の確認）

【例題】①「自転車は何台ありますか。丸で囲んで数えます」（確認後、台数を書かせる）

②「１台に何人乗っていますか。数字を書きなさい」（「何人ずつ」という概念を教える）

③「全部で何人乗っていますか。下に書きなさい」（答えを確定する）

④「これはこう読みます」（基本型を抑える）

> 基本型「１台に○人ずつ、○台分で○人です」（範読→おい読み→全員読み）

その後、類題、練習問題を出し、子どもに基本型を使って説明させながら活動を行う。

なぜできないかを説明させよ（本時の対話的活動）

基本型を使って、類題、練習問題を解かせた後、発展問題を取り扱う。

①「同じようにコーヒーカップで考えます。みんなで何人いますか？」

②「８人ですね。では、さっきと同じように説明してください」→できない

③「同じように説明することができませんね。それはなぜですか？　お隣さんに理由を言いなさい」→何人ずつではないから

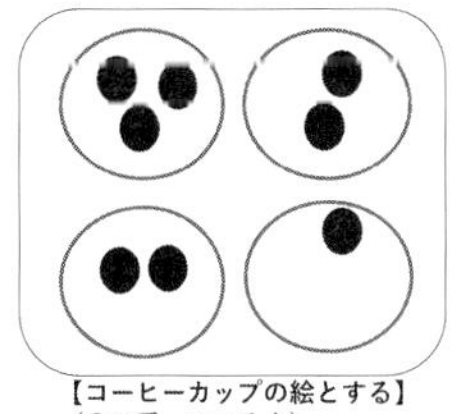

【コーヒーカップの絵とする】
（●は乗っている人）

> 【本時の対話的活動】
> ④「同じように説明するには、どうすればよいでしょうか。一目でわかるように書けたらもってらっしゃい」→書けた子から板書させ、説明させる。
> （説明の例）「１台に３人乗っているコーヒーカップから、１人しか乗っていないところに１人移動させて、２人ずつのっている形を作ります」

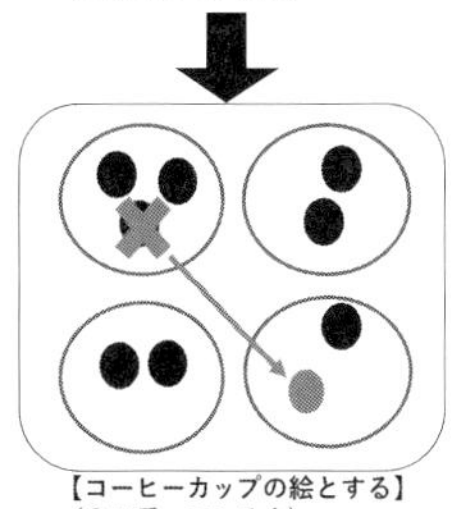

【コーヒーカップの絵とする】
（●は乗っている人）

このように、基本型を確定し、教えることで子どもは自分の考えを説明することができるようになる。

（和智博之）

生活 学区たんけん②

「先生、学区探検はいつ行くの？」

学区探検の準備をするうちに、子ども達の意欲が増してくる。学区探検は訪問先、保護者などとの連携が必要である。早め早めに準備を進めておくことが肝心である。

質問を準備する

質問したいことを考える。

↓

誰が質問するかを決める。

場所ごとに4つ質問を用意しておいて、1人1つずつ質問を言うようにするとよい。質問の数を限定することで、「どの質問を優先させるか」「自分はこれを質問したい」など話し合いがさらに深まる。

↓

考えた質問を店や施設に伝える。

子ども達が考えた質問を教師がまとめて、店や施設に事前に提出しておく。事前に答えを準備しておいてくれるだろう。

↓

質問の仕方を練習する。

・相手の方を向いて質問する。
・あいさつやお礼をきちんとする。

当日失礼がないように、教師の前で実際に質問をさせ、合格するまで繰り返し練習させておきたい。

学区探検に行こう

ボランティアを依頼しておく。

当日はグループで学区内を歩き回ることになる。教師が全てのグループに付いて歩くことは難しい。保護者や地域の方にボランティアとして協力依頼しておくとよい。

学区のことを発表しよう

発表したい店や施設を1つ選ぶ。

↓

発表グループを作る。

↓

発表の仕方を話し合う。

クイズ、紙しばい、ペープサートなど子ども達に自由に相談させたい。子ども達は主体的、対話的に考え、自分が調べたことをまとめ、発表することで深い学びとなる。

（土師宏文）

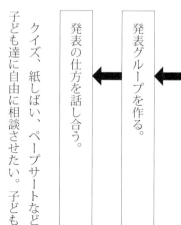

11月

音楽　『虫の声』虫が鳴いている様子を思い浮かべながら歌う

『虫の声』文部省唱歌

歌詞を覚える　第１時

T：聴きます（教師の範唱）。
T：歌います（追い歌いをする）。
　あれまつむしが　ないている
C：あれまつむしが　ないている
T：交代で歌います（役者分け歌い）。
　あれまつむしが　ないている
C：チンチロチンチロチンチロリン
T：１・２号車始め。３・４号車後。

交互歌いをする。１回目は、教師と子ども。２回目は、子どもを２グループに分けて行う。

T：聴いて。

教師は、歌詞に出てくる虫の鳴き声が入った音声を流す。

T：みんなで歌います。

鳴き声を聴いた直後なので、それをまねして歌おうとする子どもも出てくる。

虫に変身　第２時

歌を覚えたら、人間役と虫役に分かれて遊ぶ。

T：先生は人間。みなさんは、虫です。
　虫は、椅子に隠れています。歌う時に、顔を見せてね。
T：あれまつむしが　ないている
C：チンチロチンチロ　チンチロリン
　子ども達は、椅子の横から、顔を出しながら鳴く。
T：C：あきのよながを〜

ここは、全員で立って歌う。

T：今度は、１・２号車が人間。３・４号車は虫になります。

１・２号車と３・４号車で、向かい合って歌わせる。

歌い方を工夫しよう①　第３時

最後は、今までの学習を生かし、歌い方を子ども達に考えさせる。

T：グループを作ります。
T：どの様に歌いたいですか。グループで考えなさい。
C：虫がたくさん鳴いている感じを表現したいです。いろんなところにいます。
C：１番の虫は、２〜３匹で鳴いている感じがする。２番の虫は、たくさんで鳴いている感じがする。
C：「あああもしろい」の部分は、楽しそうに歌いたい。

歌詞に書かれている情景を想像させ、それを歌で表現させる。そのためには、練習させる前に、どの様に歌いたいのかを、グループでしっかりと話し合わせることがポイントだ。

T：歌い方を工夫しよう②　第４時

グループごとに発表させる。歌う人数を変える、強弱を変化させるなど、さまざまな工夫が考えられる。

最後は、友だちの良さを全体で共有した上で、自分の好きな歌い方で歌う。

昔は「こおろぎ」のことを「きりぎりす」と言ったので、２番の本来の歌詞は「きりきりきりきりきりぎりす」であった。こちらの方も歌って楽しみたい。

（吉川たえ）

11月

図画・工作 ちぎり絵「こぶとりじいさん」

11月は色画用紙を指でちぎり、画用紙に貼り合わせて作品を作る。紙をちぎることで、指先を器用に使うことになり脳のトレーニングにもなる。作品は自然な風合いが出て、味わい深い。

こぶとりじいさんは日本の昔話であり、子ども達にもなじみ深いお話である。

この作品を通して、紙をちぎることや繰り返し置いてみて「構成」すること、また、糊をきれいに使うことを身につけさせたい。

製作中にはこの時には、何をしているときか、おじいさんが何と言っているかなど、大いに話し合わせながら、作品作りを進めていきたい。

準備物

・黄土色または薄橙画用紙（4つ切り）・色画用紙（4つ切りの4分の1大）・色々な柄の千代紙・のり・糊紙・はさみ

指導計画（全6時間）

顔をつくる（1時間）

①黄土色の8つ切り画用紙を下のように切り分ける。

顔	
足	手

②顔の輪郭を鉛筆でかき、手でちぎる。

下書きの線の両サイドに、右手と左手の親指を並べ、人差し指と親指の先で、指を少しずつひねるように、数ミリずつ、丁寧にちぎっていく。

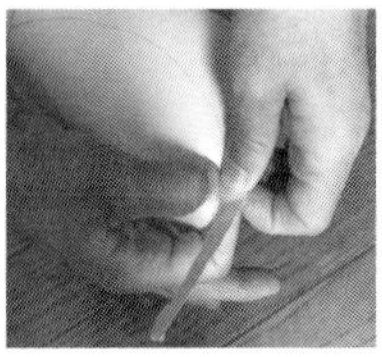

③顔の部品を作り、顔に置いて、いろいろ動かして、いい表情を決める（小さな部品ははさみで切ってもよい）。

④決まったら、貼り合わせる。

のりは紙の上で、はしから少しはみだすようにつける。

からだの部品を作る（2時間）

①胴体・手・足をちぎって作る。

②ズボンをちぎって作る。

③千代紙でちゃんちゃんこを作る。

④ぞうりをちぎって作る。

顔、胴体、ズボン、手足を色々動かして、ポーズを決める。

踊る鬼を作る。（1時間）

①赤・青・黄色・緑・紫等好きな色の画用紙を選ぶ。（4つ切り画用紙8分の1）

②おじいさんのときと同じように色々部品を動かしてみてから貼り合わせる。

おじいさんと鬼を台紙に貼る。

①じいさんや鬼が引き立つ色画用紙を選ぶ。

②いろいろ動かして置いてみてから、それぞれの配置を決める。

③配置が決まったら、貼り付ける。

作品鑑賞会を行う

作品の登場人物の状況やお話を語り合いながら、鑑賞会を行う。互いの作品の良いところを発表しあう。

（辻野裕美）

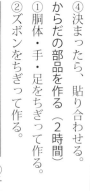

11月

体育 スモールステップで投力アップ

体力テストの項目にある「ボールスロー」。日常、遊びで小さいボールを投げる機会は希薄になっている。投げ方をスモールステップで指導する。ある年の2年生、33名の記録だ。

指導前→平均８・５ｍ
（最高18ｍ、最低２ｍ）
指導後（45分）→平均13・５ｍ
（最高23ｍ、最低５ｍ）

指導内容

①正面を向いて、両手で投げる。
②ガオーのポーズ（片手）で投げる。
③ゼロポジション（肘の位置）を教える。

①では、ほとんど玉が飛ばない。しかし、両手から片手にすることで玉が遠くに飛ぶことが実感できる。ガオーのポーズとは、ライオンがガオーとするとき爪を立てるしぐさを意味する。これを肩より高い位置から始動すると動きが大きくなり遠くへ投げられる。さらに「ゼロポジション（利き手を頭の天辺に置いた状態でのひじの位置）」を教えることで、肩に負担のかからないフォームを身につける。

④横を向いて足を肩幅に開いて、ひねって投げる。（踏み込みはなし）
⑤後ろ足を離す。
⑥前足を上げる。

ひねりが加わることで、玉はさらに飛ぶ。初めの段階では両足をまだ地面につけたままだ。体のひねりを身につけたところで、後ろ足の指導を入れる。

「身体も一緒に投げる感じ」の指示で、後ろ足が浮く。とび箱指導Ａ式での「とび箱を後ろにどかしちゃおう」と似ている。体重移動を習得させている。

そして、さらに体重移動をスムーズにさせるための前足の指導である。「顔を前に向けたまま、前にいる人にお尻を向ける」。初めは、いきなりお尻を向けられない子もいるので、足を上げるところから練習する。

体が十分ひねられ、前足が浮いているので、玉はとても飛ぶ。しかし、この方法では、片足バランスの取れない子も出てくる。そこで、お尻が向けられない子のために、

⑦玉を体の後ろ（手の届くところ）に置き、拾って投げる。

拾って投げることで、自然と体にひねりが加わる。また、落ちているものを取ってから投げるので、体重移動がスムーズにされていく。

球を投げるという中に、スモールステップによる指導とイメージしやすい言葉を入れる。さらに「玉を拾って投げる」ことで、自然と体がボールスローの形になっている。「自分で投げた玉は、自分で取りに行く」。玉を自分で取りに行くこと、お手玉を使うことで、運動量の確保となっている。

（桑原和彦）

11月

道徳　感謝の気持ちを伝えよう

11月の道徳のポイント

11月の道徳のポイントは、「魔の11月」に対応することだ。

行事の中で、変則的になっている時間割や、怒鳴られることを繰り返し、子どもも安定した状況になっていない。また、教師も行事に多くの準備の時間を割き、心理的にも肉体的にも疲労のピークとなる。

まずは、授業を安定したシステムに戻すことから始める。

道徳の中で、行事を見に来てくれた保護者や地域の方に感謝する場面を設定したい。

保護者や地域の方々に御礼の手紙を書くことだけでなく、授業として、感謝する気持ちの大切さを学ばせていきたい。

家族は、普段から接しているため、なかなか感謝の気持ちを伝えることが恥ずかしかったり、当たり前と思ったりする。

教材と合わせて、感謝の気持ちを伝えることを子ども達と考えることで、10月の学校行事をより昇華した形で子どもたちに残すことができる。

11月のオススメ資料

「はたけの先生」という教材がある。

内容は、学校でさつまいも作りをすることになった。そこで、学校の近くで畑をしている川上さんに先生になっていただいて、さつまいも作りに取り組む。畝作り、つる植え、草取り、収穫となる。川上さんへの御礼を兼ねて、招待状を作るという話である。招待状の書き方も書いてある。

生活科で、野菜を育てようという単元がある。それぞれの学校でゲストティーチャーにお願いして、地域の特色に合った野菜作りが行われる。収穫した野菜を使っての調理をして、ゲストティーチャーをお招きすることになる。

感謝の気持ちを伝える方法は、様々にあるが、子ども達と考えるとダイナミックな活動が展開される。招待状を作ったり、会場の設営を工夫したりとアイディアを出させていきたい。当日の司会や運営までできると、自主性を育むこともできる。1つの教材で、多くのことを狙うことができるのでおススメである。

対話指導のポイント

「はたけの先生」では、感謝の伝え方について対話できるようにしたい。

> 感謝の気持ちを伝えるには、どんなことをすればよいですか。グループで話してごらん。

子ども達からは、多くは「手紙」を書くことが予想される。ここから、更に子ども達の意見を引き出すようにしたい。

> 手紙という方法もあります。今から「はたけの先生」という学習をしますよ。
> 感謝の気持ちを伝えるには、どんなことをすればよいですか。グループで話してごらん。

子ども達からは、「お世話になった方と食事会をしたい」という声が上がってきたりする。子ども達に役割分担を考えさせたり、必要な係を出させたりすることで、一大イベントとなる。

（下窪理政）

11月

英語　shape

9月の like の応用。形を学習する。どのような形が好きなのか、尋ねる会話を学習する。

復習は　ぴったんこゲーム

教師が、果物の中で何が好きか尋ねる。子供達は、一緒に答えるゲーム。

T：What fruit do you like?
ペアで背中合わせ。
I like と言った後、１・２で同時に好きな果物を言う。
A：I like　1・2　melons .
B：I like　1・2　melons.
同じだったら、Yeah! と言ってハイタッチ
違っていたら２人で Oh! No!

新出　は　形

circle　triangle　square　star　heart
○　△　□　☆　♡

新出単語練習をする。Shape の単語も教える。
I like（形）

状況設定　　A：担任　B・C：子供
A：Let's make a thank you card each other.
B：Ok!
A：What shape do you like?
Any challengers?
B：I like circle.
A：Very good!（並んでいる色々な色の○の形をみせて）
What color do you like?
B：I like red.
A：How many?　B：2, please.
（赤の○を２つサンキューカードに貼る）
A：Here you are.　B：Thank you.
A：You're welcome.

Thank you!
● ●

Any challengers に答えさせて、答え方の練習をする。その後、尋ね方の練習をする。手を挙げた子供達を思い切りほめる。

アクティビティは、形カードでまず簡単に会話の練習をする。歩いてペアをつくり、２人と話したら席に戻る。

つなぐ　は　サンキューカード作りに組み込む

10 月と同じパターンで進んでいるので、子供達も理解しやすい。

デモンストレーションA：担任　B：子供
または、担任２役
A：Let's make a thank you card each other.　　B：OK!
A：What shape do you like?
B：I like triangle.
A：Me, too!（並んでいる色々な色の△の形をみせて）
What color do you like?
B：I like blue.
A：How many?　B：3, please.
（青の△を３つサンキューカードに貼る）
A：Here you are.　B：Thank you.
A：You're welcome.
子供に尋ねさせて、お互いに作り合うところを見せる。

Thank you!
▲ ▼ ▲

形のシールまたは紙を準備しておき、ペアでお互いに日頃のサンキューの言葉を添えて、飾りつけをし、カード作りをする。シールや紙でなくても、色鉛筆で書いてあげる方法もいい（時間がかかり、形の準備が大変なので、数を３つまでなど、決めておくと良い）。完成したら、相手に感謝の気持ちを込めて渡す。英語のときに限らず、席替えの前に行うと温かい雰囲気で席の交代ができる。

（奥井利香）

12月

国語　「わたしはおねえさん」言葉を根拠とした読み取り方を指導する

教材解釈のポイントと指導計画

主役のすみれちゃんは「えらいおねえさん」に憧れ、葛藤しながらもいくつかの「りっぱなこと」を展開する。この「りっぱなこと」の読解を中心に据えた。

指導計画は以下の通りである。

> 第1・2時　範読・音読
> 第3時　すみれちゃんはどんな子どもか読み取る。
> 第4時　すみれちゃんがした「りっぱなこと」を本文からさがす。
> 第5時　どれが一番「りっぱなこと」だったか検討する。
> 第6時　自分とすみれちゃんを比べて作文を書く。

授業の流れのアウトライン

第3時では、すみれちゃんが「歌を作るのがすき」な「2年生」の女の子であり、2さいの妹がいること、「えらいおねえさん」に憧れていることを読み取らせる。

その上で第4時にて、次の発問をする。

> すみれちゃんは「えらいおねえさんになって、りっぱなことをしたくなりました」と書いてあります。すみれちゃんが実際にした「りっぱなこと」を教科書からさがして、線を引きましょう。

子ども達からは次の「りっぱなこと」が指摘される。

①それから心の中で、「えらいおねえさんは、朝のうちにしゅくだいをするんだわ」と言いました。
②すみれちゃんは、つくえの上に、教科書を広げました。ノートも広げました。
③そして、にわに出て、じょうろで水やりをしました。
④「じゃあ、かりん。こんどは　ねえねがおべんきょうするから、ちょっとどいてね」
⑤けしかけて、でも　けすのをやめて、すみれちゃんは、つぎのページをひらきました。

他にも子どもから出てくるかもしれない。そこで、次の発問をする。

> この中ですみれちゃんが実際にはしていない「りっぱなこと」はありませんか。

①の朝のうちの宿題は、実際には開始していない。

「りっぱなこと」を確定して第4時を終える。

第5時は、次の発問をする。

> すみれちゃんがした「りっぱなこと」の中で一番「りっぱなこと」はどれでしょう。

学習困難状況への対応と予防の布石

なかなか考えられない子には例示が絶対必要になる。

「りっぱなこと」を1つでも見つけた子がいたら、例示として発表させる。または黒板に書かせる。

常に例示をしていくという教師の心構えが必要だ。

（村野聡）

12月

算数　「九九をつくろう」一目でわかる図で説明させる

説明単元での指導ポイントは、自分の考えを端的に説明する力をつけることである。そのための手立てとして、「図・式・答え」の３点セットの書き方の型を説明させる。本時における対話的活動は、「自分の考えを端的に説明する活動」とする。

【問題】箱の中のクッキーは、全部で何個ありますか。いろいろな求め方を考えましょう。

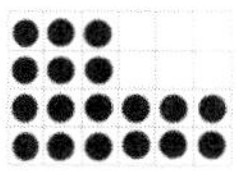

一目でわかるように（向山洋一氏の追試）

問題の図と同じものをコピーしておき、１人３枚ほど配り、ノートに貼らせ、その下に（自分の考え）と書かせる。その上で、以下の発問を行う。

（趣意説明）この問題は答えだけならば簡単に出せます。ですから、答えを知りたいのではありません。先生が知りたいのは、どういうふうに考えてその答えを出したか、頭の中が知りたいのです。
（発問指示）自分の考えが一目でわかるように書けたら持ってらっしゃい。

子どもはそれぞれ自分の考えを書いて持ってくる。それに対して教師が行うことは「個別評定」だ。持ってきたノートを素早く見て点数を伝えていく。

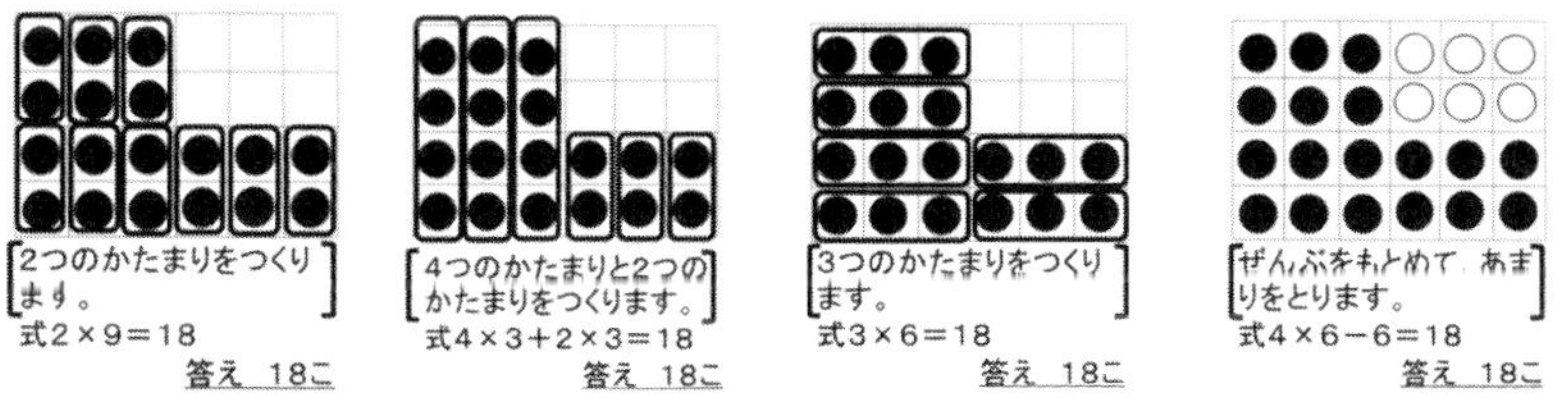

※（　）内は説明の型（対話的活動）

評定基準は、①図が囲んである、②式がある（かけ算）、③答えがある。それぞれ 30 点満点。全て書かれていたらプラス 10 点など（ポイントは、明確であるかどうか）。

指導の流れは、①点数のみ→②キーワードと点数→③手本となるものを板書→④説明させ、解説する、という順序で評定を行う。※ここまでの指導の流れが追試

【児童に説明させる際、以下のことを伝える】（本時の対話的活動）
①「どのように考えたか、一言で言ってごらんさない」
②「例えば次のように説明します。『２つのまとまりを９つ作ります。式２×９。答え 18 こです』」

個別に評定されること、友達の評定を聞くことで、必要な要素に気付き、自ら学んでいく。

参考文献：『向山洋一の算数授業 CDⅡ』向山洋一氏の授業

（和智博之）

生活　おいしい冬野菜を観察したり、調理したりしよう

最初に夏野菜を1学期に育ててきたことを思い出させる。9月から10月の種まきの時期に合わせてどんな野菜を育てるか相談したり、少しずつ大きくなっていく様子を友達同士で話し合わせたりすることで対話が生まれ、自分たちで育てている実感がもてる。

何の野菜を育てるか（9月から10月）

子どもたちに投げかける。例えば、今日何の野菜を食べたか聞き、そこからどんな野菜を育てるのか対話させ、育てられそうな野菜を列挙していく。出てきた野菜がこれから育てることができるかどうか図鑑で調べ、みんなが納得して決める。冬野菜は、カブ・ホウレンソウ・コマツナ・ルッコラ・ジャガイモ・ダイコン・カリフラワー・ゴボウ・ハクサイなどがある。

観察（10月から12月）

生活科でもノートを使用し、観察記録をノートに書かせる。分かったこと・気づいたこと・思ったことを書かせる。絵を描かせたり、絵が苦手な子どもには写真を撮って貼らせたりする。観察したことを発表させ、隣同士や班で見つけた良いところに注目させ、同じところに気づいていたことも認める。いろいろな意見の中で、これから自分もやってみようと思うことを発表させ、対話の中で、お互いに認め合うことができるようにする。

観察カードの書き方は、視覚（色、形、葉の枚数、長さなど）、触感（さわった感じなど）、嗅覚（におい）、聴覚（聞こえた音など）、感想（分かったこと、気づいたこと、思ったことや、育てている対象やメッセージ）がある。天気、温度、時刻、場所なども来年の理科を見据えて教えることも可能だ。

観察カード（夏）

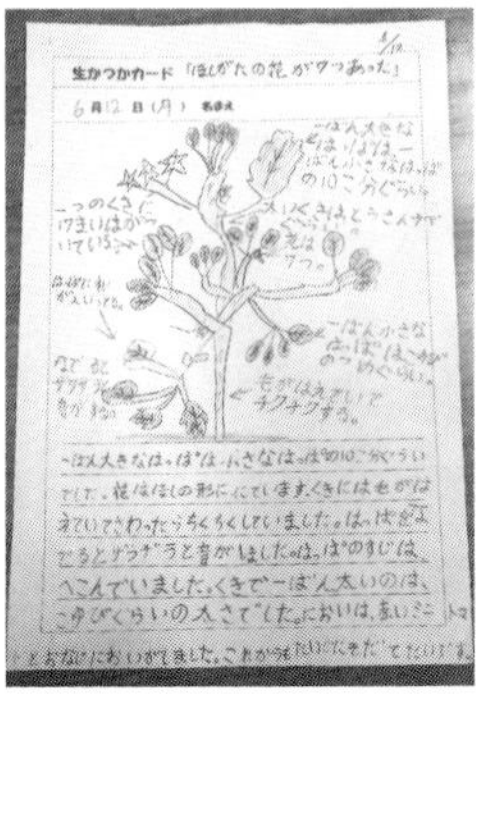

調理（11月から12月）

収穫したら、どうやって食べたいか、話し合わせる。塩ゆで、おでんなどで調理した野菜を食べる。学校によっては、調理ができないこともあるかもしれない。その場合は、野菜を持ち帰り、家で食べたことを日記に書く。そして、書いてきたことを学校で伝えあう。友達の意見について対話を重ねるうちに、「もっといろんな野菜を育てたい」「クラスの友達はこんな調理をして食べた」と野菜に対する学びが深まっていく。（岡本理）

12月

音楽　『小ぎつね』「コーナー学習」で主体的に学習を進める

「コーナー学習」とは、力のつく活動を複数用意し、子どもに選択させ、主体的に学習を進めることである。この学習方法は、学習方法を選択し、学習を進めることができることから、プログラミング学習にも当てはまる。

『小ぎつね』ドイツ民謡

歌詞を覚える　第１時

Ｔ：聴きます（教師の範唱）。

Ｔ：歌います。

　　こぎつねこんこん　やまのなか

Ｃ：こぎつねこんこん　やまのなか

追い歌いをする。その後、交代歌い・列歌いなどを行い、繰り返し歌う。

「コーナー学習」①　第２時

歌を覚えたら、子どもは自分の好きなコーナーを選択し、学習する。

Ｔ：「コーナー学習」をしましょう。

　１　指揮をしたい人はここ。

　２　リズム唱をしたい人はここ。

　３　お手合わせをしたい人はここ。

　４　行進をしたい人はここ。

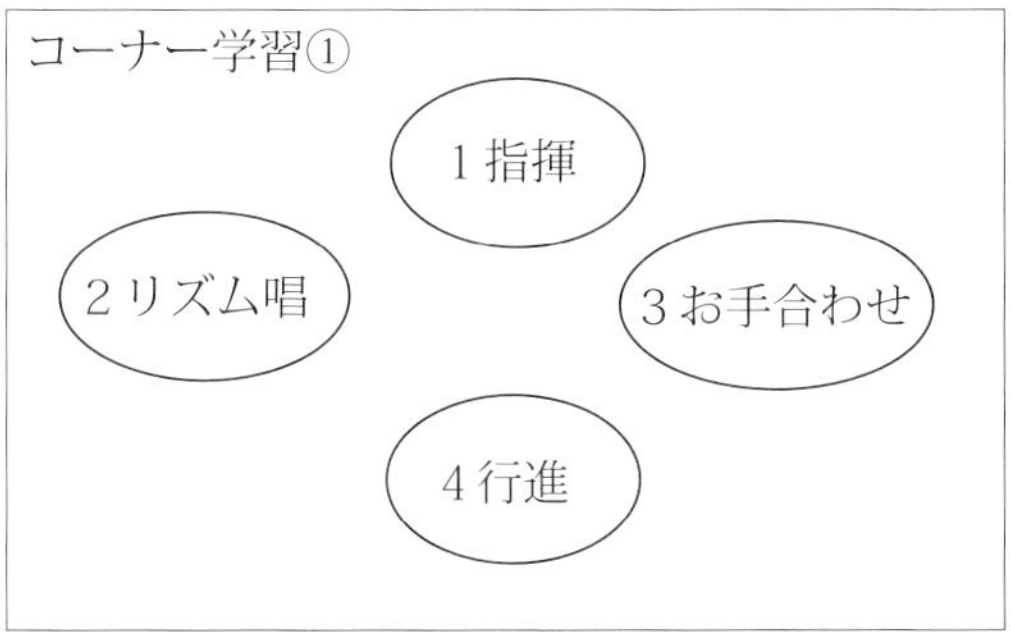

Ｔ：１つのコーナーができるようになったら、他のコーナーへ行きます。

「コーナー学習」では、10～ 15 分と繰り返し流し続け、その間、子どもは様々なパートを回る。子ども同士の教え合いにより、どのパートの活動も習熟できるようになる。

「コーナー学習」②　第３時

次の時間は、コーナーの数を増やす。今までの授業での学習を生かし、主体的に学ぶ。

Ｔ：「コーナー学習」をしましょう。今日は、新しいコーナーが増えました。

　１　階名唱をしたい人はここ。

　２　鍵盤ハーモニカを演奏したい人はここ。

　３　合う音探し（伴奏）をしたい人はここ。

　４　振り付けをしたい人はここ。

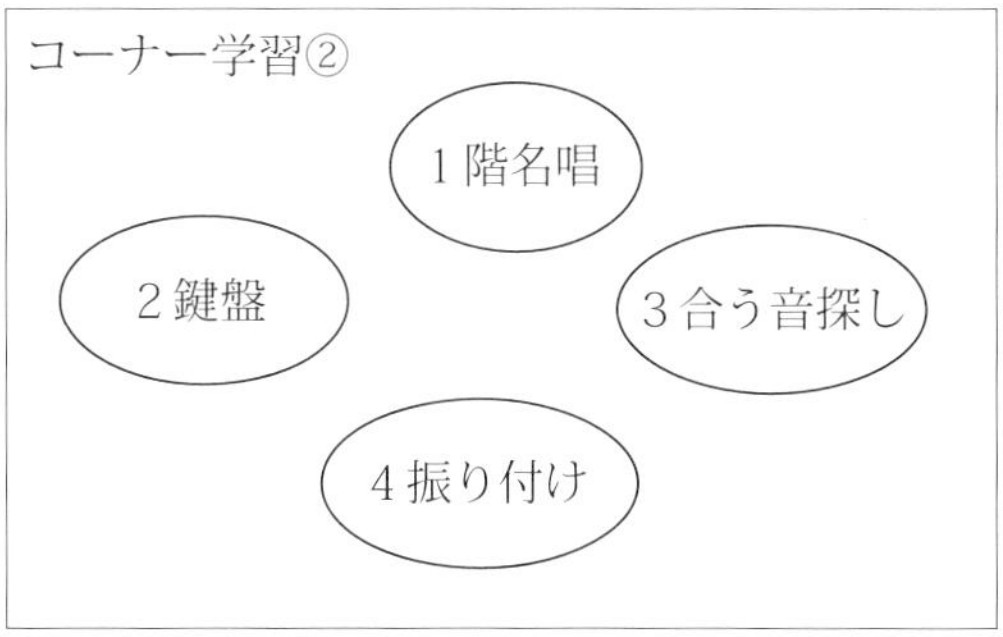

子どもの実態に応じて、「コーナー学習」を設定する。

前時の活動を続けたい子どもがいれば、再度コーナーを設定する。

演奏を工夫しよう　第４・５時

最後は、今までの学習を生かし、演奏の仕方を子ども達に考えさせる。

Ｔ：どの様に歌いたいですか。グループで考えなさい。

各コーナーの演奏ができれば、合奏のバリエーションを楽しむことができる。（吉川たえ）

12月

図画・工作　カード「メリークリスマス」

トナカイのクリスマスカードでメリークリスマス！　簡単な仕掛けで、開くと角が飛び出すカードが制作できる。

準備物

・茶系色画用紙2色（8つ切りの半分程度のものと8つ切りの4分の1程度のもの）・色紙（目・鼻・上部の飾りつけ用）・はさみ・のり・ラメのり・鉛筆・（あれば、星型などのクラフトパンチ）

指導計画（全2時間）

トナカイの顔に動きの仕掛けを作る

①大きい方の色画用紙を半分に折る。

②①の折り目側にさらに斜めに折り目を入れる（左右対称になるように）。

③②を開き、折り目の谷折りと山折りを入れ換え、中割り折りにする。

④折り目のない側に鉛筆で弧を描き、はさみで切る。

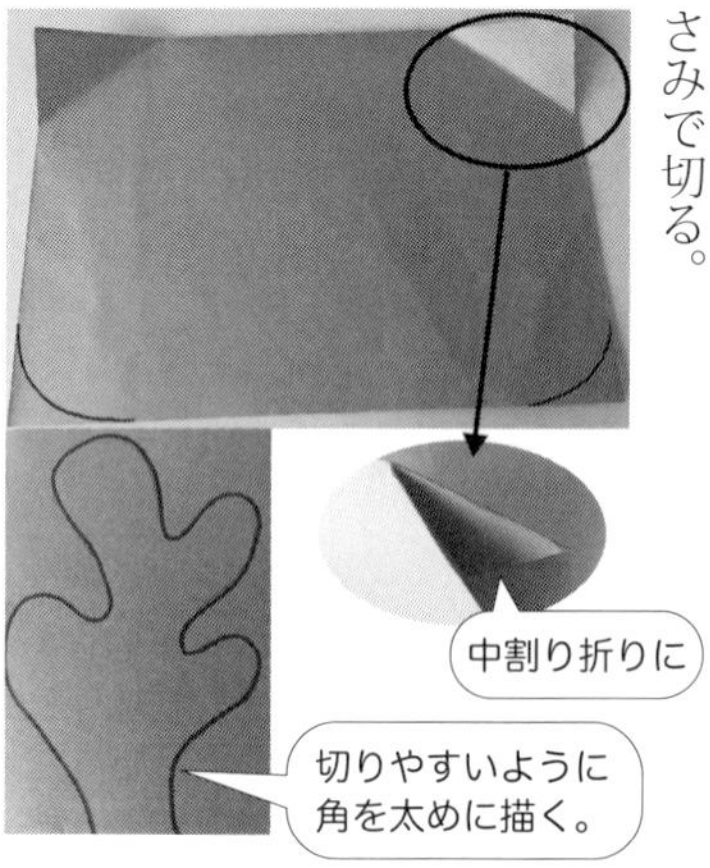
中割り折りに
切りやすいように角を太めに描く。

トナカイの顔の部品を作る

①小さい方の色画用紙を半分に折り、角の形を鉛筆で描く。

②半分に折ったまま、鉛筆で描いた線通りにはさみで切ると角が2枚できる。

③同様に色紙で白目・黒目を2枚ずつ、鼻を1枚作る（眉毛などの部品は自由）。

④角を●部分にのりで貼り付ける。カード上部に付けてしまうと角が動かない。

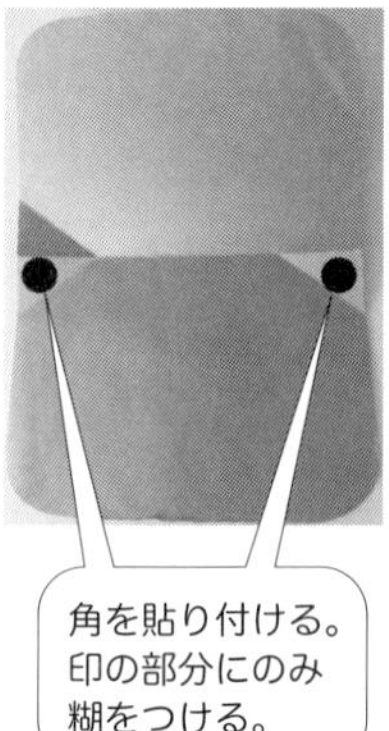
角を貼り付ける。印の部分にのみ糊をつける。

⑤カードを折りたたんでみて、角がはみ出さないか確認する。

⑥できあがった部品を色画用紙の下半分に置いてみる。どんな表情にするか、動かしながら配置を決める。

⑦配置が決まったら、のりで貼り付ける。

黒目は正面を向いている真ん中にはおかず、少し右や上におくなど動きをつけたほうが表情に変化があっておもしろい。

子どもたちは、福笑いをしているかのようにいろんな表情を作っては友達に見せ、お互いに感想を言い合っていた。

カードの上部に飾り付けをする

カードの上部にメッセージや飾り付けをする。「メリークリスマス」の言葉をラメのりで入れることは条件として、後は色紙で雪だるまやツリー、プレゼント、サンタクロースなどクリスマスらしいものを自由に飾り付ける。　（阿部美奈子）

12月

体育　優れた教材と教え方で上達する縄跳び運動

「縄を回すこと」と「縄を跳ぶこと」の2つの動作を行うこと。これが、運動の苦手な子には難しい。頭で考えても体のイメージが無いために跳ぶことができず、嫌になり投げ出す子を見てきた。

このようなことを解消する片々の技術は多く存在する。

例えば、縄を半分に切って、縄回しの練習をする方法。跳躍のリズムをつけるために踏切板などを使って跳ぶ方法。縄を持たずに、拍手しながら跳ぶ方法などである。

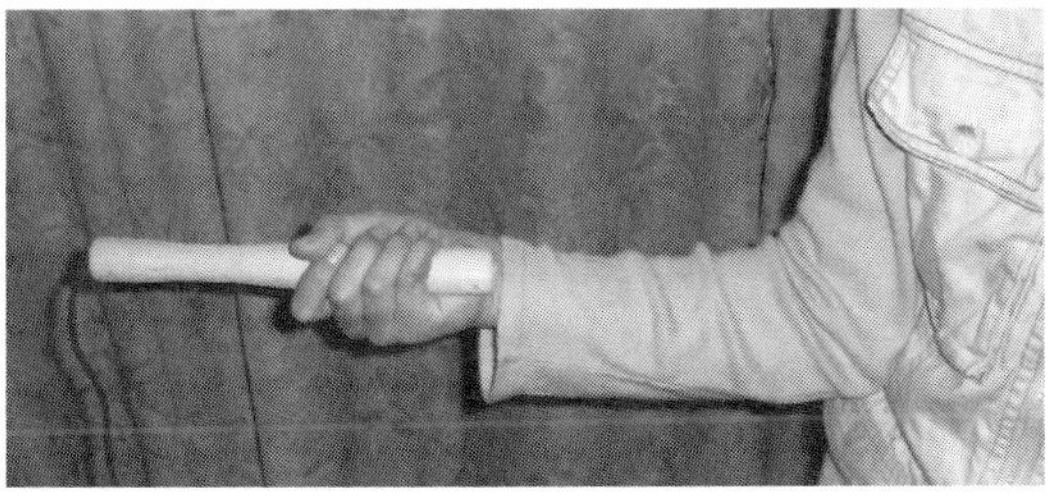

そして、これらの方法の成功率は、道具に左右される。優れたとび縄でなければ、技は向上するのに時間がかかる。そこで「スーパーとびなわ（なわとびキング）」の出番である。

持ち手の長さが長く手になじみやすい。中がつまった厚さ4ミリのビニールロープになっており、子どもは手首の動きだけで、楽にロープを回せる。技のステップを考え抜いた級表も同封されている。

運動が苦手な子（特に発達障がいの子）には、「触覚」は運動を継続する上で大切な感覚の1つである。

手になじむことで、その道具への興味や関心が高まり、跳ぼうと練習をする意欲につなげる。「先生、これいいね！」と笑顔になること間違いなしだ。

2年生の場合、「前の両足跳び（1回旋1跳躍）が続けて3回できない」という子どもと出会うことがある。教師ならば「何とかしたい」と思う。以下に指導法を紹介する。

まず、前両足跳びがうまく跳べない子どもの特徴は次のことが原因だと捉えた。

足だけを使って「ピョン、ピョン、ピョン……」と連続してジャンプできなければ、手に持った縄を回しながら、連続したジャンプができない。そこで、「手つなぎジャンプ～子どもと手をつなぎ一緒にジャンプをする」を行う。

始めは手をつないだまま、膝の屈伸をするだけでもよい。「1、2、3、4……」と数を数えながら行う。次にジャンプを教える。「（師範しながら）こういうふうに、つま先だけで跳んでごらん」と助言しながら一緒に跳ぶ。始めは「ゆっくり」行う。急いだテンポでさせると、子どもはついてこれない。

その子にとって連続10回ができるくらいのテンポを教師が把握し、そのスピードでジャンプさせる。慣れてくれば、次第にテンポを速くしていく。

（桑原和彦）

道徳　日本の伝統文化を尊重する心を育む

12月の道徳のポイント

12月の道徳のポイントは、日本の伝統文化を尊重することだ。

12月に入り、冬休みまで間もなくとなり、子ども達の話題は、年末年始の話題になる。年末年始に、おじいちゃん、おばあちゃんと過ごすことを嬉しげに話してくれる。県外に、おじいちゃん、おばあちゃんがいる家庭では、その地域ならではの過ごし方をする。地域が大事にしてきた行事を体験できる貴重な機会である。『小学校学習指導要領　特別の教科道徳編』に次のように書いてある。

> 我が国や郷土の文化と生活に親しみ、愛着をもつこと。

一般的には、大みそかの年越しそばや新年の挨拶、年賀状、初詣と過ごしていくことになる。日本が長年大切にしてきた伝統文化を尊重できるような教材を用意しておきたい。さらに、この時期に年賀状の指導をしておきたい。「手紙テキスト」（TOSS開発教材）を使えば、簡単に年賀状が作成できる。

12月のオススメ資料

「かいらんばん」という教材がある。

内容は、ひろこさんの家にいつもの回覧板が届く。回覧板には、「ベビーカーを譲ってください」とのお知らせが書いてあった。お母さんは、「お譲りしようかしら」と考える。ひろこさんは、複雑な気持ちになる。なぜなら、この前まで妹が使っていて、ひろこさんも乗っていた思い出のベビーカーだからだ。

お母さんは、ベビーカーは元々、山田さんから譲り受けたものであることを言う。それを聞いて、ひろこさんは、ベビーカーに次に乗るのが誰なのか楽しみになるというお話である。

日本には、伝統文化が多くある。回覧板も伝統文化である。地域同士のつながりを強めるためのツールである。

回覧板にどんなことが書いてあるのかから始めたい。回覧板には、地域の行事や学校だより、ゴミの出し方、クリーン作戦など情報がたくさん入っている。この機会に行事に参加できるよう、促すことができるのでおススメである。

対話指導のポイント

「かいらんばん」の授業では、日本の伝統文化について対話できるようにしたい。

> 回覧板には、どんなことが書いてありますか。お隣同士で話してごらんなさい。

回覧板を見たことない子どももいるため、実物を用意しておき、さらに意見を発表させる。そして、子ども達に問う。

> 回覧板に載せたら、役に立つことがあります。みなさんなら、どんなことをお知らせしますか。できるだけ、たくさんノートに書いてごらんなさい。

掲載する理由を語らせる。自分ならではの視点で、地域に貢献することを学ぶことができる。友達の意見を聞きながら、地域での子ども会の様子も語られるだろう。地域の活動へ目を向けることができる教材となっている。終末には、日本の伝統文化について触れて、年末年始に期待感を持たせたい。

（下窪理政）

12月

英語　クリスマスカードを送ろう

11月の応用。クリスマスカードを送ろうとして、既習のダイアローグを使って会話できるようにする。

復習は　ぴったんこゲーム

circle　triangle　square　star　heart
○　△　□　☆　♡

形のカードをかるたのように使う。４～５人のグループでかるたを囲む。“What shape do you like?” と子供達が教師に尋ねる。教師が “I like star.” と言うと、“I like star.” と言って、そのかるたを取る。必ず言って取るルールにしておくと、復習になる。

メインは　クリスマスカード作り

12 月は、新しいダイアローグを学習せずに、既習のダイアローグを使って話すようにする。

状況設定　　A：担任　B・C：子供
A：Let’s make a X’mas card each other.
B：Ok!
A：What color do you like?
　Any challenger? What color do you like?
B：I like red.
A：Very good!　(赤色のカードを取る)
　What shape do you like?
B：I like star.
A：OK! (Merry X’mas を囲んで大きく星の形をかく)
A：What do you like? (いろいろなキャラクターのミニカードを見せて)
B：I like jibanyan.
A：How many?
B：3, please.
A：(カードに３枚貼って) Merry X’mas!
　Here you are.
B：Thank you.　　A：You’re welcome.

このダイアローグを２回→１回の流れで練習する。次に、Aパート（教師）対Bパート（子供達）で練習。その後、Bパート（教師）対Aパート（子供達）で会話。その後、1対1でもう一度練習する。

そして、メインのアクティビティ、クリスマスカード作りの会話をペアでする。

この時間は、クリスマスの音楽（We wish a Merry X’mas. / Jingle Bell など）をかけて、少し時間を取って、カードを作る活動をすると、楽しくなる。ペアで２人ともお互いにカードを渡した後、もう１枚ずつクリスマスカードを作らせてもいい。

活動全体がつなぐ

クリスマスカード作りで、既習ダイアローグを使って会話をするので、さらに、違う仲間に話しかけてカードを作ると楽しい。席の前後、または、斜め同士など。

または、クリスマスケーキカードを作る。

A：Let’s make a X’mas cake card each other.
B：Ok!
A：What fruit do you like?
B：I like strawberries.
A：Me, too!
　How many?　　　B：5, please.
A：OK! (cake の絵にイチゴを５個かく)
A：What do you like? (いろいろなお菓子を見せて)
B：I like chocolates.
A：Wow. (チョコをケーキに描いて)
B：Merry X’mas!　　Here you are.
B：Thank you.　　A：You’re welcome.

この活動は、好きな果物を尋ねるダイアローグが入って、楽しい。　　　　（奥井利香）

1月

国語　「詩を作ろう　見たこと、感じたこと」パロディの書き方を指導する

教材解釈のポイントと指導計画

教科書に例示されている詩には次のレトリックが使用されている。

ペンペン草→繰り返し（リフレイン）
もやし→擬人法
きゅうり→倒置法・擬人法
バスケットゴール→オノマトペ

このレトリックを使った詩を書かせるために、教科書の詩のパロディを書かせる。こうすることで詩の書き方を習得させることができる。

授業の流れのアウトライン

「きゅうり」のパロディを例に述べる。

まずは詩を音読させる。

この詩は「きゅうり」がまるで人間であるかのように書いていますね。
こういう書き方を擬人法と言います。
また、普通は「とげ出して　おこっているの」と書くところを「おこっているの　とげ出して」と順序を入れかえています。これを倒置法と言います。

このように説明してから詩を視写させる。

視写はそのスピードに差があるので、早く終えた子には暗唱に挑戦させておく。

次に、教材の（　）の部分を以下のように抜いて提示する。

（きゅうり）　　（自分の名前）
（きゅうり）さん
（おこっている）の
（とげ出し）て

提示したら（　）に言葉を入れて例示する。これもまた視写させる。

トマト　　（自分の名前）
トマトさん
おこっているの
赤い顔して

ここまでの二度の視写で子ども達は詩の型をある程度理解できているはずである。と同時に「擬人法」「倒置法」についても理解できている。

ここで子どもにオリジナルのパロディを作らせる。

「だいこん」「ほうれんそう」などタイトル例を示しておくと、すぐに思いつかない子のヒントになる。

だいこん　　むらの　さとし
だいこんさん
具合が悪いの
白い顔して

別の詩「バスケットボール」なら次のようなアウトラインで書かせる。（　）内は例示である。

（ハーモニカ）　　（自分の名前）
はじめて、（ハーモニカを）
（ふいた）とき
（ギャギュギョ）
といい音
しちゃったね。

学習困難状況への対応と予防の布石

なかなか書けない子にはとにかくたくさんの例示が必要である。

ここに示した例示だけではなく、はやくできた子のパロディを黒板に書かせるなどして、大量の例示をしていくことが重要である。

（村野聡）

1月

算数　「1000より大きい数を調べよう」教えず対話で組み立てる

単元指導のポイントは、「教師が教えないからわかる」という原則で授業を行うことだ。本時の対話的活動は、「自由に作業させ、数え方を発表する活動」とする。

自由に作業させ、数え方を発表させる（対話的活動）

教室の黒板に、教科書の挿絵と同じものを拡大して貼っておく。その上で指示を出す。

> 説明①「１円玉募金をしました。１円玉は何枚あるのかな。数えるためにきれいに並べてみました」
> 発問指示「１円玉は、全部で何枚ありますか。数えたら教科書に数字を書いて持ってらっしゃい」

子どもは、それぞれの方法で調べてくる。どのやり方でも褒めて丸を付ける。その後、数え方を発表させる。

例えば、次のような数え方がでる。①指で押さえて数える、②100 ずつ丸で囲む、③数えたものを斜線で消す、などだ。どの数え方も褒め、十分に活動させる。その上で基本型を教える。

基本型を教える（向山実践の追試）

子どもは作業を通して理解する。発問指示で授業を組み立て、基本型を唱える活動を通して習熟を図る。

> 【説明の定義】
> 千を２こ集めた数を二千といいます。
> 二千と四百五十三をあわせた数を
> 二千四百五十三といいます。

> ①二千四百五十三を数字で書きなさい。→ 教師が答えを板書し、丸を付けさせる。
> ②念のため下に矢印を書いて、漢数字で書きなさい。→ 教師が答えを板書し丸を付けさせる。
> ③この問題、とっても簡単です。簡単な理由が言える人？（教科書に書いてある）
> 下のような板書１を黒板に書き（※原実践では教科書にあるのを写す）、
> ④「黒板と全く同じにノートに書きなさい。出来たらもってらっしゃい」
> ⑤例示で「1000を２こ→2000のみを示し、「同じように下をやりなさい。但し、位取りを正しくするんだよ」という。
>
> 【板書１】
> ２４５３は
> １０００を２こ
> １００を４こ
> １０を５こ
> １を３こ
> あわせた数
>
> 【板書２】
> ２４５３は
> １０００を２こ→２０００
> １００を４こ→　４００
> １０を５こ→　　５０
> １を３こ→　　　３
> あわせた数→２４５３
>
> ⑥答えを板書し、基本型を復唱（範読→追い読み→全員読み）させる。
> ⑦先生問題として、「2546」と書き、同じように出来たら説明させる（対話的活動）。

このように「教師が教えないからわかる」原則を踏まえて組み立て、対話を通して習熟を図る。

参考文献：『向山型算数教え方教室 No.4』『向山型算数教え方教室 No.63』向山洋一氏論文審査

（和智博之）

1月

生活　お正月あそび グニャグニャだこを作ろう

正月遊びは「たこあげ」の学習がお勧めだ。友達や保護者、高齢者との対話の場面をたくさん作ることができる教材である。1月だと、正月遊びに関連してできる。また、北風が強くなる時期なので、たこも飛ばしやすくなる。

グニャグニャだこを作ろう

冬休み明けに、正月した遊びを聞く。

お正月はどんな遊びをしましたか。グループで話し合いましょう。

「すごろく」「たこあげ」「羽根つき」「福笑い」「かるた」「テレビゲーム」など様々出るだろう。

たこを作り、冬の風で遊びましょう。

グニャグニャだこを作ることを伝える。

準備物（左）で、1時間で作れる。

・ビニル袋・竹ひご・つまようじ・細い紙（あし）・たこ糸

教材会社でたこのキットを買うこともできる。作り方は、次のサイトに詳しい。

グニャグニャだこの作り方
http://jblog.takoaki.com/?cid=28502

ビニル袋に骨になる竹ひごを取り付ける場面が少し難しい。竹ひごが滑るからである。2人1組で協力して作るとよい。竹ひごは、まっすぐつけること、左右対称につけることがポイントである。

グニャグニャだこを飛ばそう

広い場所で、2人1組で飛ばす。

たこを見て、前を見ずにぶつかる子が出るかもしれない。前も見て走ること、友達とのスペースを確保することを指示し、安全面へ配慮する。2人1組にしたのは、1人よりもたこを飛ばしやすくなるからである。「もっと速く走って」「次は、こっちの向きに走ろう」とたこを飛ばすための対話が自然と生まれる。

次第に、たこを飛ばすことができたペア、高く飛ばすことができたペアが出てくる。「どうやったらいいの？」と対話が出るだろう。

遊んだ後は、教室で振り返りをする。

どうすればたこをあげることができましたか。

グループで話した後で、全体で発表し合う。次のようなことがコツである。

たこの持ち手は、両手を上げ、たこを水平に持って支える。支える時は、風下にいる。たこのあげ手は、糸を5mほど出して糸を持つ。準備ができたら二人で走りだし、たこが風に乗るタイミングを見計らい、少し上へ押し上げるような感じでたこから手を放す。たこのあげ手は、糸巻きから糸を伸ばしながら、たこが安定して風に乗る高さになるまで走る。

（参考：凧揚げのコツ
http://chiteki-blog.com/371.html）

コツを確認した後で、もう一度、たこあげに挑戦する。たこあげの時、ペアでの対話は具体的になり、深い学びになる。

発展的な学習として、高齢者の方にゲストティーチャーで来ていただき、教えてもらうこともできる。また、参観日に保護者と一緒に作ったり、たこあげしたりもできる。どうすれば上手に高く飛ばせるか、高齢者や保護者と自然と対話が生まれる。たこがあがることで、成功体験となる。

（西村純一）

1月

音楽　『どこかで』で重なりを聞き合おう

歌詞を覚える

教師が範唱する。次に追い歌いをする。

T：歌います。

T：どこかでブーンブーン　どこかでブーン

C：どこかでブーンブーン　どこかでブーン〜

おいかけっこで歌う

子どもを２つに分ける。

T：２つに分かれて追いかけっこをします。

教室の右半分と左半分に手を挙げさせ、確認する。入る場所を教える。

T：先発隊の「どこかでブーンブーン」の後に入ります。

後発隊が入る所で教師が合図を出す。交代してどちらもできるようにする。

友達に引き込まれないようにするために怒鳴るくらい大きな声で歌おうとする子がいる。

T：友達の声を聞き合いながら歌いましょう。

このような指示を出すことでちょうどよいくらいの大きさに調整できる。

T：友達の声が聞こえた人？

確認もする。

好きな歌詞を選び、振付をする（第２時）

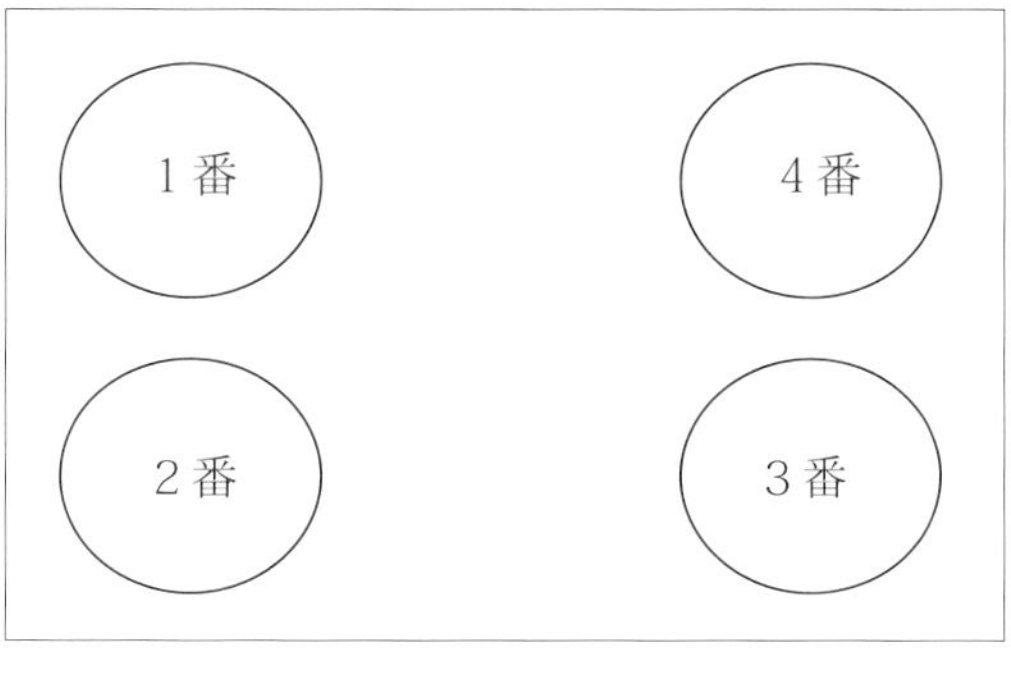

４番まであるので、好きな歌詞を選ばせ、グループに分かれて活動する。歌詞に合わせて振付を考えさせる。できたグループから発表させる。

全員で振付を共有する。最後、振りを付けて追いかけっこで歌う。

続くふしと終わるふし（ステップ36）

「どこかで」の最後は終わるふしで終わっている。音を聴いて「続く」「終わる」を判断し、自分でも続くふしや終わるふしをつくることができるようにする。

T：「続くふし」「終わるふし」の勉強をしましょう。

鍵盤ハーモニカを教師が吹き、子どもが答える。

T：「レミファＶ」　　C：続くふし

T：「ソミドＶ」　　C：終わるふし

T：今から先生がふしを吹きます。終わるふしのときに手をあげましょう。

○○○Ｖの拍に乗って、短いふしを５、６個吹き、子どもに答えさせる。

T：終わるふしをつくりましょう。

先生が続くふしをつくります。みなさんは、終わるふしを吹きましょう。

T：ソラソＶ（ウン）

C：（終わるふしを吹く）

これを何度か繰り返す。

T：先生、Ａさん、先生、Ｂさん、先生、Ｃさんの順に吹いてみましょう。

次は、子どもたちだけで４人組をつくり、先生の代わりにリーダーを作って活動させる。

いくつかのグループを演奏させ、感想を言い合う。　　　　（溝端久輝子）

1月

図画・工作 ラミネートシートを使って「光のプレゼント！」

新年を迎え心機一転の1月、めでたい節目に家族や友達へのプレゼント用の作品として、干支を光を通すラミネートシートという新しい素材で表現した作品を提案する。

準備物

・ラミネートシート（B6）・上質紙（B6のラミネートシートに入るサイズ）・油性ペン（黒）・油性ペン（太字　黒・その他様々な色）・不透明インクのペン（白）か修正用のペン（白）どちらか

指導計画（全2時間）

犬をラミネートシートに描く

①油性ペンで上質紙に犬を描く。

（犬の描き方はTOSSランドNo.4326261　酒井式動物描画レッスンシート4いぬ　神谷祐子氏　を事前に練習しておくとよい）

②上質紙をラミネートシートにはさみ、太字で写す。

犬を着色する

①ラミネートシートの内側からカラーの油性ペンで着色する。

②白目など白くしたいところは白の不透明インクペンで描く。

裏から色を重ねることで表の線がくっきりと浮かび上がる。

③模様などは、ラミネートシートの表から書き加えてもよい。

④メッセージを書き加える。

ラミネート機でシートを接着する

①ラミネート機でラミネートシートを接着する。

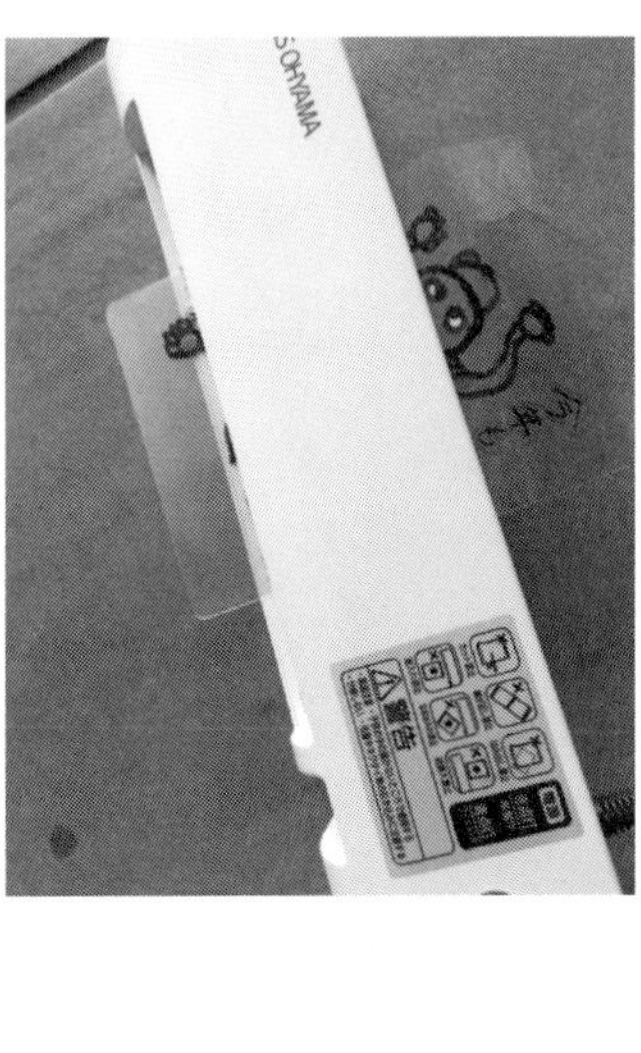

（発展）できたシートをプレゼント用に加工する

①そのままでプレゼントにしてもよいが切ってしおりを作ったり、周りに色画用紙を貼って額縁のようにしてもいいことを伝える。

作品鑑賞会を行う

作った光のプレゼントを、だれにどんな思いであげるのか発表し合う。

（谷岡聡美）

1月

体育　低学年で有効な手立て～連続長縄跳び

連続長縄跳びというと、子どもたちの元気な「はい、はい……」という声で跳んでいる姿がイメージできる。しかし、2年生の場合、跳ぶことが難しい子が多い場合がある。そこで、「(縄が)過ぎたら入る。ぴょん」という跳び方を言語化して行うことで初めての子も跳べるようになる。効果のある指導を示す。

①2・1・0の法則

英会話のフラッシュカードによる単語練習と同じ手法。「2回縄を見送ってから跳ぶ」。次が「1回縄を見送ってから跳ぶ」。最後は「前の人に続いて(見送り0回)で跳ぶ」。このようにスモールステップを踏むことで、入るタイミングが明確になる。

②子どもたちによる声出し

これまで、子どもたちには跳んでいる時に「はい、はい、はい……」と声を出させていた。これは、リズム感が取れて心地よく跳ぶことができて効果的であった。しかし、この導入のタイミングを間違うと、声ばかりが先行して実際に跳ぶ行為にはリズムが合わないことが生じた。まだゆっくりと跳ぶ習熟の段階においては、「はい、はい……」は効果的でなかったのだ。そこで、思案した結果、跳び方を言語化することにした。

「過ぎたら　入る　ぴょん」である。

これは2回縄を見送る時に縄のスピードとマッチングして効果的であった。このようになる。

> 過ぎたら(1回見送り)　入る(2回見送り)　ぴょん(跳ぶ)

1回見送りは、このようになる。

> 過ぎたら(1回見送り)　ぴょん(跳ぶ)

連続(0回見送り)は、このようになる。

> ぴょん(跳ぶ)

③出口に人を活用する

縄を跳んだあとに、2年生は早く抜けたいと思うあまり、真横から出ようとする。すると、跳んだあとの縄に自分からぶつかっていってしまうことにつながる。

出口の指導が必要である。従来は、カラーコーンを置いていた場所に、「人」を配置した。見学者や、TTの先生である。「こっちだよ」「こっちにおいで!」と声かけることで、その方向へ行こうとする意識が強まっていった。

④入り口に信号機(カラーコーン)

入り口に近づかないで並ぶ子がいる。直前に飛び込んでくると次の子が縄に入れなくなる。そこで、信号機のイメージで3つのカラーコーンを置く。赤が止まれ。黄は注意。青がGO。

(桑原和彦)

1月

道徳　掃除を大切にする心を育む

1月の道徳のポイント

1月の道徳のポイントは、掃除を大切にする心を育むことだ。

新しい年になり、3学期がスタートする。始業式、全校での大掃除、学級活動という初日を過ごす。提出物等もあり、掃除もばたばた行うことになる。

3学期の2日目から、授業になる。新しい年になり、掃除場所を新たに決めることになる。その時に、掃除の大切さについて語っておきたい。

『小学校学習指導要領　特別の教科道徳編』に次のように書いてある。

> 働くことのよさを知り、みんなのために働くこと。

3年生になり、学級のために働くことで、よりよい学級になることも伝えたい。

また、掃除は日本人が古来から大切にしてきた文化である。日本は、あらゆるところに神様がいて、神様がいるところはきれいにしようという考えが根付いた国であることも語りたい。掃除は、日本人のＤＮＡに組み込まれた文化なのだ。

1月のオススメ資料

「きれいになった　ずこうしつ」という教材がある。

内容は、ちぎり絵の学習を図工室で行っていた。早く済んだ子ども達は、作品を提出して、席に戻って、おしゃべりをしている。すると、作品を仕上げた北村さんが、ほうきを持って、掃除を始める。それを見ていた友だちも掃除を始める。「みんなが使う図工室だから、きれいにしておかないとね」と口々に言う。そして、きれいになった教室を見て、いい気持ちがし、次のクラスにもきれいな教室を使ってもらえて、嬉しいなというお話である。

このお話には、教科書に「みんなのことを考えて、どんなことをしていますか」という欄がある。そこに、自分がしていることを書きこむようになっている。

普段の掃除や係活動のことを振り返らせて、ノートに書きこませていきたい。

また、高学年のお兄さん・お姉さんが、委員会活動をしていることにも触れておきたい。学校は、全員がみんなのために働いていることに気づかせたい。

対話指導のポイント

「きれいになった　ずこうしつ」では、勤労・公共の精神について対話できるようにしたい。

> 自分が、クラスのためにしている仕事は、どんなことがありますか。ノートに書いてごらん。

自分がクラスのために、掃除や係活動をしていると思っていない子どももいるので、掃除、係、給食当番活動もよいと補足する。意見を発表させる。そして、子ども達に問う。

> 5・6年のお兄さんお姉さんたちはもっとたくさん活動をしています。どんなことをしていますか。お隣同士で相談。

朝登校する時に、挨拶運動をしたり、お昼の放送をしていることの例示から始めると、委員会活動へと目が向く。さらに、6年生は、1年生の教室で、掃除や配膳の手伝いをしていることを思い出す子もいるだろう。

（下窪理政）

1月

英語　福笑いをしよう

新年のあいさつ

（1）復習であいさつ

12 月にカードを作って、既習のダイアローグのまとめをする。３学期始めは、新年のあいさつからしたい。　Happy new year! zouni / kakizome / otoshidama / omairi

お正月に関係する５つのことを単語練習する。

日本語は簡単に練習する。そのあと、例示。

A：Happy new year !	B：Happy new year !
A：How are you?	B：I'm happy, and you?
A：I'm good.	
I like omochi.	B：I like otoshidama!
A：Me,too! Bye.	B：Bye.

I like ～ . は既習なので、すぐに言える。

（2）歌 "Head shoulders knees and toes"

ジェスチャーで動くことができる曲。歌えなくても、動いて楽しい。また、新出になる体パーツや顔パーツの単語を耳で聞き、慣れることができる。短学習として、５分だけ歌うのも良い。耳慣れしていることが、話すためのステップになる。

新出は　福笑い

冬の遊びに「福笑い」がある。生活科での学習内容に入っているので、身近な教材として扱える。新出単語 eyes / ears / nose / mouth を始めに練習する。

状況設定

A：Let's play "Fukuwarai" .

B：Yes.

A：（目隠しをする）Eyes, please.

B：Here you are.

A：Thank you.

（以下耳・鼻・口とパーツをもらってホワイトボードに貼った顔に貼り付ける）

Eyes, please. / Ears, please. / Nose, please. /Mouth, please. を口頭練習する。

アクティビティとして、「福笑い」をペアで行う。パーツを渡す、もらって顔を作ることを交代で行う。パーツをもらって、貼るだけの活動にする。eye と eyes、ear と ears の違いも指導する。

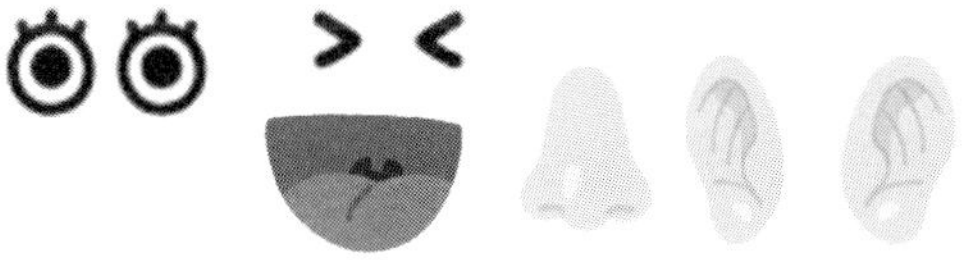

福笑いに工夫を

人の顔や、昔からあるおかめの顔に、パーツを貼っても面白いが、キャラクター（ドラえもん、ピカチュー、ジバニャン）などを使っても楽しい。その時には、"What do you like?" とどの顔が好きか尋ねてから始める。「変わり福笑い」となり、既習ダイアローグの復習にもなる。

また、顔ができあがった時 "Nice!" や "Good!" "Very good!" など、感想を言い合うようにすると、コミュニケーション力が鍛えられていくだろう。

（奥井利香）

国語　「おにごっこ」説明文の型を指導する

教材解釈のポイントと指導計画

この時期までに説明文には型があることを教えておくと知的に授業が展開できる。

説明文の型を教えるにはリライト教材を使う。例えば次のような1段落1文にリライトした説明文である。

ありは小さい虫です（話題提示）。

小さいありは何を食べているのでしょうか（問題提起）。

ありはさとうを食べます（具体例①）。

ありはケーキのくずも食べます（具体例②）。

ありはアメが落ちていたらあつまって食べます（具体例③）。

このように、ありはあまいものを食べるのです（まとめ）。

この型で作文を書かせる実践をしておくとさらに理解が深まる。

「おにごっこ」の各段落のトピックセンテンスをみつける授業を構想した。

授業の流れのアウトライン

まずは問題提起文をさがさせる。

> 問いかけ文をさがしなさい。

第1段落に2つの問いかけ文が登場する説明文である。

「どんなあそび方があるのでしょう」

「なぜ、そのようなあそび方をするのでしょう」

> ということはその前の2文が「入口の文」（話題提示の文）となりますが、どちらかを残すとしたらどちらがいいでしょうか。

「おにごっこは、どうぐがなくても、みんなでできるあそびです」……①

「おにごっこには、さまざまなあそび方があります」……②

①と②の文、どちらが重要かということになる。ここは討論させたい。

2年生でも「まとめ」の中にある「このように、おにごっこには、さまざまなあそび方があります」の1文を根拠に②を支持する子がいるはずである。

次に問いかけ文である。2つあるのでまずは1つ目の問いかけ文を扱う。

> 1つ目の問いかけ文の答えの1文を2〜4段落からさがして線を引きなさい。

「おにごっこ」は各段落の先頭にトピックセンテンスを置いているので、子ども達も理解しやすいだろう。

ただし、5段落だけは4段落の補足なので問いかけの直接の答えはない。

最後に、

> 1つ目の問いかけ文のまとめになっている1文を6段落からさがして線を引きなさい。

「このように、〜」の1文である。

その後、2つ目の問いかけ文の答えやまとめの1文を各段落から指摘させる。

学習困難状況への対応と予防の布石

リライトした簡単な説明文を使用して型を教えておく。

最初から長文の説明文で理解させるのは難しい。

（村野聡）

２月

算数 「図を使って考えよう」３点セットで説明させる

説明する活動を行う上で重要な指導ポイントを、向山洋一氏は以下のように述べている。

> ①説明させる指導には明確な手順がある。②手順通りならどの説明もほぼ同じになる。③教師は説明の仕方をきちんと教えよ。 ※2011 年８月向山型算数セミナー 向山洋一氏

以上を踏まえて、対話的活動を通して子どもに指導していく。

説明の型を示す

説明の型は以下になる。

> たし算「○＋△になるわけは、赤い紙が○まいで、青い紙が△まいで、合わせた数を求めるからです」
> ひき算「○－△になるわけは、全部の数から青い紙の数を引いて、のこり（ちがい）を求めるからです」
> ※『向山型算数教え方教室 No.146』向山型算数に挑戦、向山洋一氏のコメントを参考

説明の型を【導入問題】を通して教える。手順は①文章を読む、②テープ図に数字を入れる、③式を書く、④説明の型をノートに写させる、⑤読む、という流れだ。その上で、本時の問題を取り扱う。

式・図・答えの３点セットで説明させる（本間尚子氏実践追試）

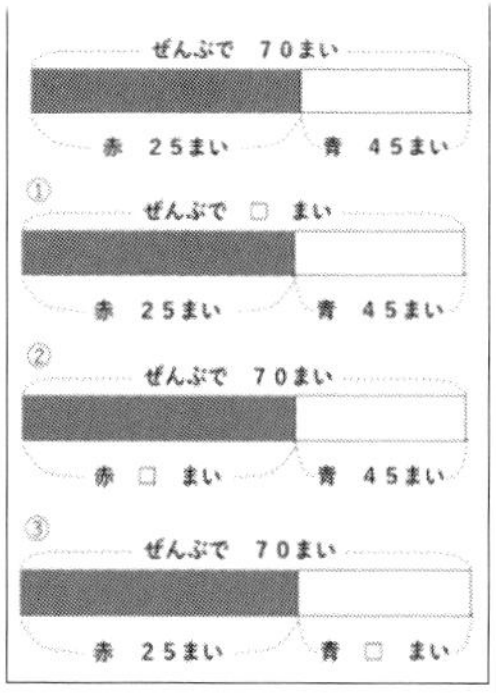

> ①問題文を説明した後、①～③の問題がたし算、ひき算、どちらの式になるかを確定する（①はたし算、ひき算、どちらですか？ ②は……？等）。その上で以下の活動を行う。
> ②「どの問題から解いてもいいです。式・図・答えの３点セットで書きます。２問できたらもってらっしゃい」
> ③黒板を８等分し、できた子から板書させ説明させる（対話的活動）。
> たし算「25＋45 になるわけは、赤い紙が 25 まいで、青い紙が 45 まいで、合わせた数を求めるからです」
> ひき算「70－45 になるわけは、全部の数から青い紙の数を引いて、のこりを求めるからです」

このように型を示した上で説明する活動を行うからこそ、説明する力を養うことができる。

参考文献：『向山型算数教え方教室』No.79.146,149,152 向山洋一氏、木村重夫氏、本間尚子氏論文

（和智博之）

生活　わたしものがたり

この時期は、自分を振り返る機会にするとよい。友達との対話によって、自分と共通することや、異なることをお互いに伝え合う。主体的かつ対話的な学習となる。

幼い頃から現在までの成長を調べる

子どもたちに、大きくなったことを気づかせたい。それは、体だけでなく、心も成長しているということである。そこで、次のように進めていく。

①自分の幼い頃の写真を探す。
②写真をもとに、自分の小さい頃の様子を調べる。
③現在までの成長の軌跡をおうちの人に教えてもらう。
④教えてもらったことをまとめる。
⑤友達と伝え合う。

幼い頃の様子を調べるために、まずは写真を探す。当然、保護者の協力が必要となる。そこで、あらかじめ学年通信などで、学習内容と協力依頼を行っておくとよい。

同時に、子どもには、保護者に幼い時から現在までどのように大きくなったのかを、インタビューさせるとよい。この子どもと保護者の対話は、次の学習につながっていく。

そして、自分の成長の軌跡を友達に伝える。聞いている子どもは、友達の発表のよいところを発表者に伝える。対話が生まれる。

親への感謝を親守詩で行う

成長したのは保護者が育ててくれたからである。そのことに気づかせる。その時、次のようにするとよい。

親守詩《おやもりうた》でお礼の気持ちを伝える

子どもが親に向けての想いを、五・七・五のリズムに合わせて詠む。そして親が子に対する返事を、7・7のリズムに合わせて詠む。親子の合作でできるのが特徴である。

次のような例示をする。

①おかあさん　ずっとずうっと　だいすきだよ
②これからも　まいあさギューッて　うれしいな
（第1回親守詩全国大会入賞作品より）

子どもの詩に対して、保護者が七・七で返歌する。

子　おかあさん　ずっとずうっと　だいすきだよ
親　わたしもずっと　だいすきだよ
子　これからも　まいあさギューッて　うれしいな
親　わたしもとても　うれしいんだよ

参観日に行うことで、子どもは感謝の気持ちを直接伝えることができる。親子同士の対話を生み、親子の絆を深めることにもつながる。

（梶田俊彦）

2月

音楽　『こぐまの二月』で歌と楽器の重なりを聞き合おう

歌詞を覚える（第１時）

T：（ＣＤを流す）歌います。

歌詞のイメージが膨らむように、こぐまの様子について子どもたちにたずねる。

T：季節はいつですか。

C：冬

T：山は何色でしょう。

C：白（雪）

T：こぐまはどんなかっこうで寝ているでしょう。やってみてごらん。

T：夢の中でこぐまは何をしていますか。

C：走り回っている。

C：花ばたけで散歩している。など。

T：雪は降っていますか？

T：お母さんくまは何をしていますか？

こぐまの様子をたずねることで、歌詞が表す情景やこぐまの気持ちとの関わりを感じさせたい。

階名唱をしよう（第2時）

ド
シ
ラ
ソ
ファ
ミ
レ
ド

T：先生のまねをしましょう。

T：ソソソソラ　ソファミ

C：ソソソソラ　ソファミ

T：ファファファファファソ　ファミレ

C：ファファファファファソ　ファミレ

手で音の高低を示しながら歌わせる。主旋律を階名唱で歌えるようにする。

壁にこのように掲示しておき、基準にするとよい。

男女交代、列ごと等変化をつけて練習する。

階名唱を覚えたら、鍵盤ハーモニカで吹き、歌と主旋律の鍵盤の２つに分かれて演奏する。

旋律１（第３時）

主旋律と同じく、最初に階名唱で歌えるようにする。

歌えるようになったら鍵盤ハーモニカで吹く。

歌、主旋律の鍵盤、旋律１の鍵盤の３つに分かれて演奏する。

どの子も一通り練習する。

演奏して、前時との違いで気づいたことや思ったことを発表する。

旋律２（第４時）

階名唱で歌う。次に鍵盤ハーモニカで吹く。

歌、主旋律の鍵盤、旋律１の鍵盤、旋律２の鍵盤の４つに分かれて演奏する。

前時と比べて気づいたことや思ったことを発表する。

合う音さがし（ふしづくりステップ64、65）

旋律に合う音をつけていく。ドまたはソをつけるのだが、簡単な伴奏になる。

T：Ａさんはメロディー、Ｂさんは鍵盤１（旋律１）を吹きます。

２人の児童が吹くのを聴く。

T：濁った音があったら手をあげます。

無理に押し付けず、何度も聞かせる。説明はしない。

「ソ」と「ファ」が同時になる箇所があり、濁ったと感じる子どもがいるだろう。

T：この音に合う音に替えてみましょう。メロディーはそのままで旋律１を合う音に替える。２人組で１人がメロディーを吹き、もう１人が合う音を探す。交代しながら何度も確認してよい。

（溝端久輝子）

図画・工作　紙版画「あやとりをしたよ」

あやとりは、毛糸1本でできる遊びで、低学年の子どもたちは大好きだ。いっぱい遊ばせた後、紙版画の制作に取り組ませたい。

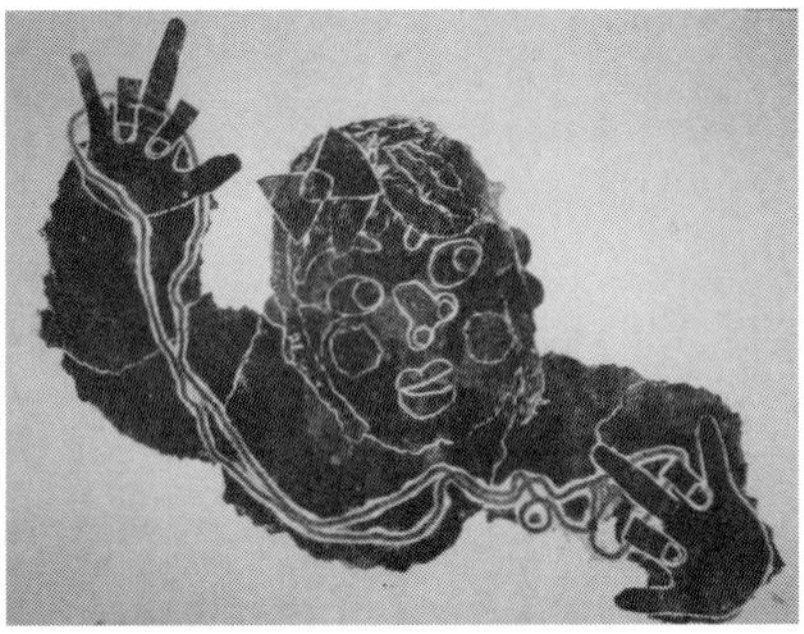

準備物

・白画用紙（8つ切り）・色画用紙（赤、黒、茶色、うすだいだい、黄色などを適当な大きさに切る）・のり・はさみ・毛糸・奉書紙・新聞紙・インク・バレン・ボンド・ローラー

指導計画（全6時間）

顔を作る　（2時間）

①8つ切りの半分の大きさのうすだいだいか、白画用紙に鉛筆で顔の形を描く。

②顔の形をちぎる。

③顔の部品を作る。目、耳、鼻、眉毛、唇、鼻の穴、目玉、ほっぺたなどを色画用紙に描き、切り抜く。

③顔に部品を貼る。部品をいろいろ動かして、一番いいところで糊付けする。

④髪の毛を作る。一塊になった髪でも髪の毛1本ずつちぎって貼ったものでもよい。

胴体と腕を作る　（1時間）

①8つ切り画用紙の半分で胴体をちぎる。顔と張り合わせる時は、まっすぐにならないようにする。

②8つ切り画用紙の半分で、腕を2つに分けて（肩から肘、肘から手首まで）ちぎる。

③左右両方腕を作ったら、いろいろなポーズに並べてみる。どこであやとりの糸を持ちたいかを考えてポーズを決め、のり付けする。

手を作り、糸をかける　（1時間）

①手を作る

手の作り方は、手の平に開いた指がくっついている作り方と、手の平と指を別々に作る作り方がある。難しい場合は、手の形をそのまま写すやり方でもよい。できた手を腕に貼る。

②糸をかける

アクリルの毛糸を使用。少し長めの糸を、指を折ってかける。折り曲げた指はのりで貼る。体の上を通る糸は、ボンドで体に貼るとよい。

刷る　（1時間）

インクは、よく練り、新聞紙の上で版に付ける。1方向にローラーを動かすこと、中から外に向かって薄く何度も付けること。インクを付けた版を、別の場所に用意した新聞紙の上に移動させ、その上に奉書紙をかぶせ、バレンでこする。細かい所は、指で押さえて刷る。

作品鑑賞会を行う　（1時間）

刷り上がった作品をみんなで見合って、鑑賞会を行う。友だちの作品の良いところをいっぱい出し合う。（冨築啓子）

2月

体育　肋木を使った多様な動きをつくる運動遊び

腕支持感覚、高さ感覚、逆さ感覚さらに飛び降りる体験を、肋木運動を通して身に付けさせる。

変化のある繰り返しで授業を展開する。

①肋木に登って、降りてきます。終わったら次の人にタッチ。

肋木の握り方を指導し、安全に運動できるよう気を付ける。正しい握り方は、親指をかける。鉄棒と同じで、手のひらがつるっと滑っても落ちないようにするためである。

②リレーです。一番上、高い棒に触って降りてきます。最後の人が終わったら「終わりました」といいます。

1回リレーをするごとに先頭を交代する。一番前だった人が一番後ろに並ぶ。

③低学年用バトン(ドーナッツ型)を持ってリレーします。

低学年用バトンはドーナッツ型なので、腕に通して持ち運びができる。

④バトンの代わりに、小さなボールを持ってリレーします。

「両手に持つ」「わきに抱える」「首に挟む」「片手で持つ」など、持ち方をレースごとに変化させても面白い。

⑤今度は肋木に登ったら、ボールを次の人に投げます。肋木から降りて、タッチをしたら交替です。

⑥ボールを大きくします。次の人は、先頭さんが上に登ったら、ボールを投げます。キャッチできたら、ボールを投げ返して交替します。できなかったらもう1回やります。3回挑戦してもできなかったら交替です。

ボールは柔らかくキャッチしやすい大きさのもの。2年生だと投げるのも、難しいが、片手を離せることが目的なので、「取れたらすごい!」「投げる人も上手!」と活動を楽しんでやることに焦点を当てる。

発展技として、ボールを足でキャッチをする。足(靴)でキャッチがAA、ふくらはぎキャッチがA、太ももで挟んでキャッチがBなど多様に取り組める。

単純なトレーニングにならないように自己の課題を見つけ、運動を工夫できるよう主体的・対話的で深い学びの実現を図りたい。

(桑原和彦)

2月

道徳　自分の特徴に気づかせる

2月の道徳のポイント

2月の道徳のポイントは、自分の特徴に気づくことだ。

低学年の自己中心性の時期から、集団へと思考が発達する。仲の良い友達もできてくる時期でもある。

『小学校学習指導要領　特別の教科　道徳編』に次のように書いてある。

> 自分の特徴を知るということは、その（長所と短所の）両面を見いだすことと言える。

生活科では、この時期に自分の成長についてまとめる単元が設定されている。生活科との関連も図っていきたい。

自分の短所は、分かりやすいが、長所と言われるとなかなか難しい。さらに、特徴をという言葉だけで指導をすると、自分にしかない能力のように捉えて、困る子どもが多数出ることが予想される。ここからは、友だちから見た長所を発表させたり、書かせたりする活動や教師から見た長所を話したい。普段からの子どもを見る目が物を言うところだ。

2月のオススメ資料

「わたしの力」という教材がある。

内容は、自分が作った力ともらった力という観点で、たけのこの絵に書きこんでいくというものである。

作った力とは、普段から自分が努力していることである。子どもたちは、習い事を多くしているので、水泳、英会話、習字、塾、そろばんなどが挙げられる。

そして、たけのこの根っこのところには、もらった力として、お父さん、お母さんが赤ちゃんの時にしてくれたことや、祖父母が得意だったことを記入するようになっている。

この教材は1時間で扱うのではなく、父母、祖父母へのインタビューまで含めた授業設計をしていきたい。

祖父母の得意だったことを知ると、自分が祖父母とつながっていることを実感することもできる。

このお話を元にして、生活科では、自分の成長を年齢別に、写真などを入れながら作っていくことになる。学級通信などでも、子ども達のインタビュー活動のお知らせをしておきたい。

対話指導のポイント

「わたしの力」では、生命の尊さについて対話できるようにしたい。

> 自分が、頑張っていることを教科書に書いてごらん。

意見を発表させる。そして、語りを入れ、指示を出す。

> みなさんが、頑張っていることの他にお父さん、お母さん、またはおじいちゃん、おばあちゃんからもらった力があるのです。インタビューして、教科書に書いてきなさい。

インタビューした結果を元にして、発表会を行う。インタビューしての感想も合わせて言わせるようにする。自分の命が、父母、祖父母と受け継がれてきたものと気づくことができる。

そのメモを元にして、生活科で自分の成長の記録をまとめる活動に入るようにする。

（下窪理政）

2月

英語　鬼の面をつくろう

はじめのあいさつは、いつもこれから。

A：Hello!　　B：Hello!
A：How are you?
B：I'm happy, and you?
A：I'm hungry.

毎回行い、１年で条件反射的に言えるようにする。

復習　"Head shoulders knees and toes"

前月に引き続き、歌を歌いながら、ジェスチャーを入れる。始めはゆっくり、だんだん速く、もっと速くというように、歌う。速度変換アプリなどで、曲の速さを変えて、遅い・普通・速いバージョンをつくっておくと、歌うのが楽しくなる。

新出は　鬼の面を作ろう

「福笑い」パート２。２月は節分がある。鬼の面を作り、節分の時にも使えるようにする。（時期が過ぎてしまっても、「心の鬼を追い出そう」という課題で、面をつくることができる。）

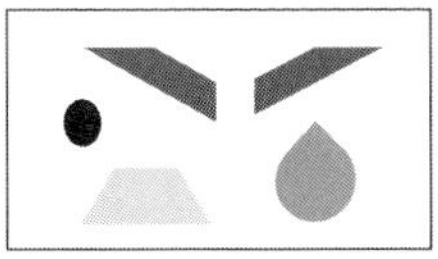

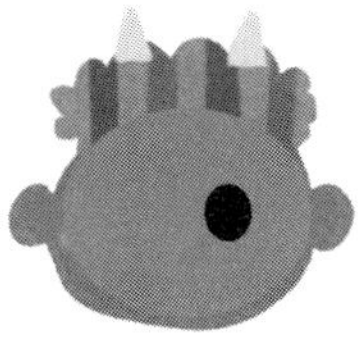

状況設定
A：Let's make　Oni face.
B：Yes.
A：（目隠しをする）Left eye, please.
B：Here you are.
A：Thank you.
B：Left, left, left … Stop!　OK!
A：Right eye, please.
B：Here you are.
A：Thank you.
B：Up, up, up.　Oh!　Down, down, stop! OK!
A：Nose, please.
（鼻・口・眉も同様に行う）
B：OK! Eyes, open!　一緒に見る。

eyebrow と、up/ down/ right/ left を新しく指導する。向きを指すジェスチャーを使って練習すると、定着しやすい。

アクティビティとして、「鬼の面づくり」をペアで行う。ホワイトボードに貼り付ける方法でも良いし、顔シートにパーツを置く方法でも良い。パーツを渡す、もらって顔を作ることを交代で行う。今回、目をもらう時は、左右指定してもらう。そして、目隠しをして作る相手に、もう１人の子供が、もっと上、もっと左など、アドバイスをするようにする。

お面を使って

できた鬼の面を見せ合い、感想を言い合う（顔シートに置く方法だった場合は、のりでその位置に貼っておく）。この活動が、文科省が提唱しているやりとり＆発表の「発表」になる。簡単な反応（形容詞）も教える。

A：（自分の鬼の顔を見せて）My oni face!
B：（よくできていたら）Good!
（かわいかったら）Cute!
（こわかったら）Scared!
A：Thank you very much!

ペアで行ってから、全員の前で発表すると、発表に慣れるだろう。　（奥井利香）

3月

国語　「スーホの白い馬」クライマックスを指導する

教材解釈のポイントと指導計画

指導計画は以下の通りである。

第1・2時　範読・音読
第3時　登場人物と主役の検討
第4~6時　各エピソードの検討
第7時　クライマックスの検討
第8時　白馬がもどってきたことをスーホはどう思ったかの検討
第9時　いろいろな国の昔ばなしの読み聞かせ

授業の流れのアウトライン

第4~6時の授業は次の発問で進める。

スーホがどんな人か説明しているのは何段落ですか（4~6段落）。

白馬との出会いが描かれているのは何段落ですか（7~12段落）。

おおかみと白馬が戦ったのは何段落ですか（13段落~15（16）段落）。

競馬に出場して白馬が奪われるのは何段落ですか（17段落~25段落）。

にげる白馬が描かれているのは何段落ですか（26段落~31段落）。

スーホが白馬と再会するのは何段落ですか（32段落~36段落）。

馬頭琴を作ったことが描かれているのは何段落ですか（37段落~40段落）。

馬頭琴が広まったことが書かれているのは何段落ですか（41段落）。

段落を問うことで内容を詳しく読み取ることになる。

その上で第7時には物語のクライマックスを検討する。

「クライマックスの場面」を次のように定義して伝える。

物語が最も盛り上がる場面。主役の気持ちや行動がガラッと変化する瞬間が描かれている場面。

次の発問をする。

この物語のクライマックスは何段落にありますか。

37段落の「白馬の夢」の場面、38段落の「馬頭琴を作り始める」場面などが検討の対象になってくる。

自分の意見を書かせ、それを短く板書させ、意見を交流させていく。

第8時では次の発問をする。

スーホにとって白馬がもどってきたことはよいことでしたか。
（平松孝治郎氏の追試）

「白馬に少しでも会えたからよかった」という意見と「白馬が死んでしまうことになったからよくなかった」という意見に分かれて討論していく。

学習困難状況への対応と予防の布石

第3時以降の読解指導はその前の時間の「音読指導」に支えられる。

特にこの物語は長文なのでなおさらである。

教科書に○を10個書かせ、1回音読したら赤鉛筆で塗りつぶすなどの方法で多読を推進する。

一斉読み、追い読み、1文交替読みなど様々な音読方法を駆使して飽きさせずに多読させる。

この2時間で何度教材文を読んだかが子ども達に大きく影響する。

（村野聡）

3月

算数　「分数」発問・指示と評定で攻略する

分数の学習は、説明しようとすればするほど、子どもは混乱する。だからこそ「発問と指示」で活動させ、対話させることで理解させる。本単元における対話的活動は「説明する活動」とする。

説明せずに作業させる（木村重夫氏の追試）

【発問・指示】

①「ノートに縦４マス、横４マスの正方形を書きなさい。ミニ定規で書くんですよ」

②「真ん中、横線を引きます。同じ大きさの２つに分けます。下を赤く塗りなさい。塗れたら持ってらっしゃい」

【個別評定】（１秒未満で評定する）

「塗り方を見ます。きれいに色を塗るのも算数の大切な力です。合格なら A。はみ出したら B、きたないのは書き直しの C。とってもきれいなら AA です」

【説明】

「赤いところは、同じ大きさに２つに分けた１つ分です。これを２分の１といいます。２行で書きます。横棒はミニ定規」

【変化のある繰り返し】

（手順）①正方形を書く、②分ける、③色塗り、④評定、⑤何分の１か書かせる（分け方の例：縦に２つ。斜めに２つ。４つ〔４分の１を抑える〕）、⑥説明させる。

【説明の型】「同じ大きさ○つに分けた□つ分だから○分の□です」

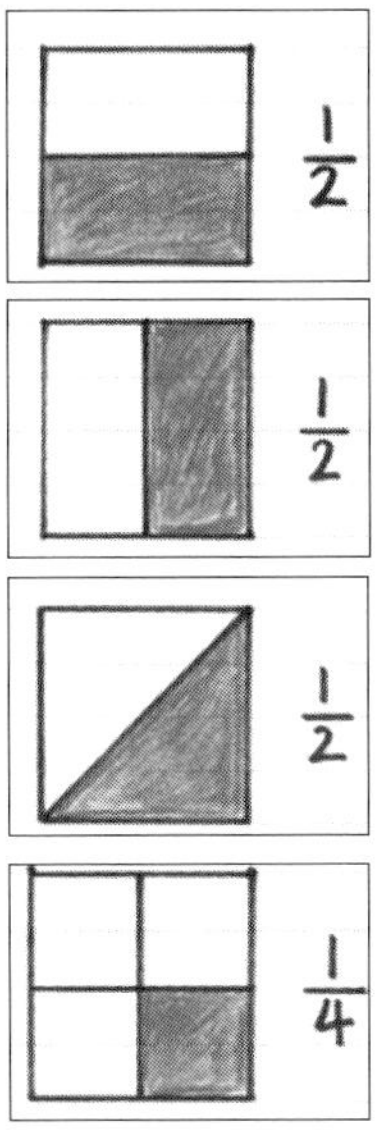

図形と分数が正しいか説明させる（対話的活動）

上記の「変化のある繰り返し」の際に説明の型を教えることで、正誤の判断ができるようになる。

発展課題として、教師が右の図を出し、次々と説明させる。

「（①）これは？」（４分の３です）、「それはなぜですか」（同じ大きさ４つに分けた３つ分だからです）。「なるほど！じゃあこれは？（②を出す）」……

「（③）これは３分の１だよね」（違います）、「なぜですか？」（同じ大きさに分けていないからです）、「ほんとだ、やるな～」

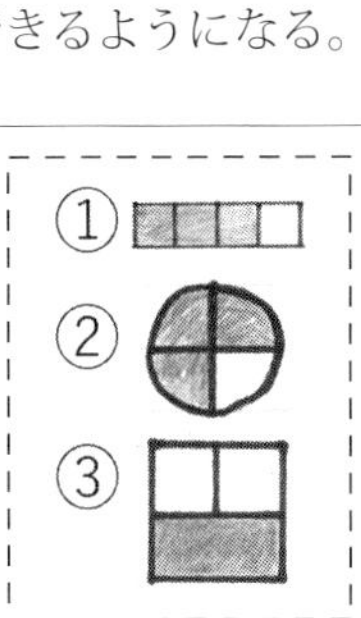

以上のように教師は説明せずに「発問・指示」で作業させ、評定し、対話する機会を与えることで、子どもは自分たちで原理原則を学び、習得していく。

参考文献：木村重夫『算数の教え方には法則がある』明治図書出版

（和智博之）

3月

生活　できるようになった発表会

2年生の学習も終わりが近づき、できるようになってきたことが増えてきている。「自分ができるようになったこと」を主体的にまとめ、友だちとの対話を通して発表する内容を深める。生活科のまとめ単元である。

自分の成長を振り返る

これまでのワークシート、絵や作文などです。みんなで見てみましょう。

↓

みんなが2年生で、できるようになったことを見つけましょう。自分ができるようになったことを、付箋1枚につき1つ書きましょう。

↓

・2年生の漢字が書けるようになった。
・かけ算ができるようになった。
・2重跳びができるようになった。

↓

グループ内で発表しましょう。

付箋をもとにして、グループでどんなことができるようになったのかを対話させる。友だちと互いの成長を対話することで、自分や友だちのよさや頑張りに気づくことができる。

↓

自分がたくさん成長するために、これまでお世話になった人に、自分が成長したことを発表しましょう。

子どもたちはやる気になり、主体的に準備に取り組むようになる。

発表会の準備をする

国語、算数、音楽、体育のように、教科ごとにグループを作りましょう。

↓

発表の仕方を話し合いましょう。

これまでの生活科の学習で、子ども達はクイズや紙しばい、ペープサートなど、発表の仕方をいろいろと習ってきている。何をどのように発表するのか、子ども達は積極的に対話できるだろう。

↓

グループ同士で互いに発表して、アドバイスをしましょう。

いいところやアドバイスを互いに伝えることで対話的な学びとなり、発表内容が深まっていく。

（土師宏文）

3月

音楽　「こうしんきょく」で主な旋律を鑑賞しよう

鑑賞曲『「くるみ割り人形」から「行進曲」』

曲の最初の部分を聴く。（第１時）

発問：使われている楽器は何ですか。

　様々な答えが返ってくる。

　トランペット、バイオリンがこの曲で使われている主な２つの楽器であることを確認する。

　行進曲では、最初に２回、トランペットとバイオリンで構成される「主なせんりつ」が繰り返される。その部分だけをまず聴かせる。

旋律を歌う

説明：まとまりのあるメロディーを「せんりつ」といいます。

　「せんりつ」は「メロディー」または「節（ふし）とも言う。

指示：主なせんりつが聞こえたら立ちましょう。

　旋律の部分だけではなく、後半まで聞かせる。

発問：トランペットはどんなせんりつでしたか。

　子ども：トゥ、トゥトゥトゥ、トゥ、トゥ、トゥ、トゥ、トゥー……

発問：バイオリンはどんなせんりつでしたか。

　子ども：ラーラ ラーラ ラーラ ラーラ…

指示：曲に合わせて歌いましょう。

　曲を聴きながら旋律の部分を一緒に歌う。

楽器を弾くまねをする

　旋律を聴きながらトランペットを吹くまねやバイオリンを弾くまねをしている子どもがいたら誉め、他の子どもにもまねさせる。

　教師が恰好をして「まねしてね」と言っても構わない。

指示：トランペット役、バイオリン役を決めてまねをします。

　挙手してやりたい方をやらせる。途中で交代する。

　途中の旋律はトランペットとバイオリンが交互にかけ合いのようになっている。聞き分けることができれば楽器を弾くまねをすればいい。

　ボディパーカッションを教師が示してもよい。

音楽に合う動き（第２時）

　ペアになる。トランペット役とバイオリン役を決める。

指示：音楽に合う動きを考えましょう。

　曲を流しておき、動きを考えさせる時間を作る。

友だちの動きを見合いっこする

　半分のペアを座らせる。

指示：真似をしたい動きはないか探しましょう。

　１曲全部流さなくてよい。

「主なせんりつ」とそれ以外のところで動きに変化があったり、曲の感じを表したりしていればよい。互いに真似したい動きを発表する。

相談してもう一度やってみる

　友だちの動きをとりいれ、ペアで相談してもう一度やらせる。体を動かすことで曲の感じをつかみやすくする。

　旋律部分を児童が思考・判断しながら、自分たちの動きを見つけ、判断し、表現することが大切だ。

役を交代する

　トランペット役、バイオリン役を交代する。数グループごとに前に出させて発表し、感じたことをお互いに知らせる。

（溝端久輝子）

3月

図画・工作　日本の神話を描こう!「因幡《いなば》の白うさぎ」

3月はまとめの時期、今まで学習したことを活用しての作品制作。国語の教科書にものっている「因幡の白うさぎ」のお話の絵で二年生の学習をふり返り、新年度への期待感を膨らませたい。

準備物

・白画用紙（4つ切り、または45㎝×33㎝程度のもの）とそれより小さいもの・クレヨン（パス）・絵の具セット・油性ペン（黒）・綿棒・刷毛・面相筆

指導計画（全6時間）

海をファンデーションする

①クレヨン（黄、水、黄緑　等）で10本程度線を引く（上の部分は少し空けておく）。

②刷毛で水をたっぷりふくませた絵の具（黄、青、緑、等）をかける（ぬり重ねず、透明感を出すようにする）。

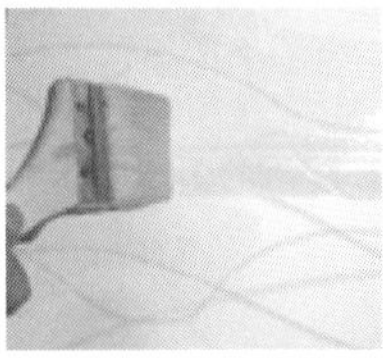

サメの下書き、着色（2時間）

クレヨンで別の画用紙にサメを描く。

尾びれ、つなぎの順番に1つ1つ丁寧に描かせる。線は丁寧に、動きはダイナミックに。

①頭と尾びれを描く。
②頭と尾びれをつなぐ。
③目や背びれ等を描く。
④口や腹をぬる（朱色）。
⑤サメの体をぬる。

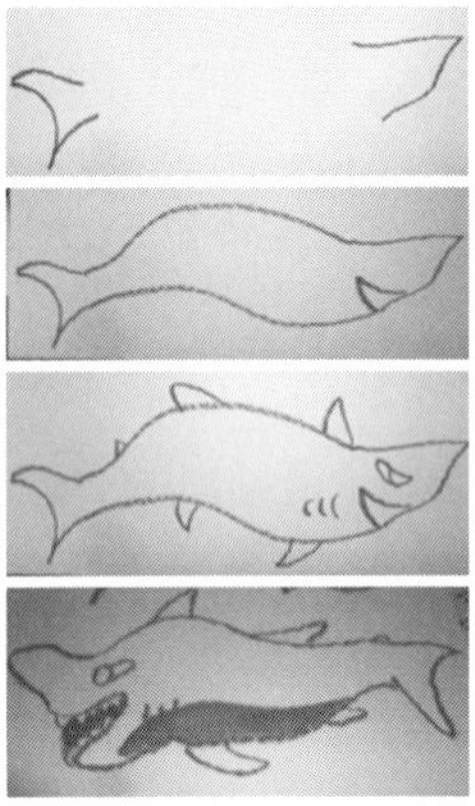

体をぬる時、まずは目の周りからぬる。少し白くぬり残せるようにする（面相筆が便利）。サメの色は青や紫等に黒を混ぜる。下書きのクレヨンの色は、紫系や緑系。

遠くの島を描きサメを配置し貼り付ける

①下書きのクレヨンの線を残したまま、サメを切り取る。

②サメの最後尾が位置する陸地を描く。

③手前からどんどん小さいサメになるように並べていく。今回の学習である「遠近法」の一番のポイントである。

陸地近くのサメは、サインペン等で書きこんで彩色する。

④配置が決まれば、貼り付ける。

ウサギを描き貼り付け、仕上げ

ウサギを白の上質紙に油性ペンで描き、耳や手、足、胴体の一部等、クレパスでピンク系の色を少しぬる。切り取った後、サメや海の上に貼り付ける。

作品鑑賞会を行う

描いた作品の登場人物の状況やお話を語り合いながら、鑑賞会を行う。互いの作品の長所を出し合う。

（神谷祐子）

３月

体育　踊りを楽しみ何度も繰り返し運動する表現

表現運動の指導で重要なことは「個別イメージをもたせることである。ここでは「ニャティティソーラン２０２０」のダンスを取り上げる。

> とっても楽しいダンスを見せます。
> みんなも、この後に踊ります。

画面から伝わる臨場感や熱気に子どもたちは興味を深くする。２～３回映像を流すうちに自然と体が動きだす。

> 真似して踊ります。

ニャティティは、この指示で大体できるようになる。この時点では、完璧にできることを目指さなくてよい。また、簡単な踊りのときは、基本的に真似させて、ほめて、できるようにさせたい。

スモールステップで指導する。イントロが終わり、歌が始まってすぐの踊りが一番難しい。これも、まず真似をさせ、踊りの大枠をとらえさせる。

その後、足の動きの指導から行う。真似をしているので、踊りのイメージはつかめている。教師がカウントしながら何度か一緒に練習し、その後、１人１人をさっと見て回る。できない子には、助言をしたり、励ましたりする。これも、完璧にさせようとは思わず、「何度も踊るうちにできるようになる」という考えを教師が持つことが大切である。

> 手の動きをつけます。

足に比べれば、手の動きをつけることは簡単である。

> コートをバサッと開けるようにします。

2年生の指導でも、1年生の指導と同様、動きをイメージできる言葉にして伝えることは、どの子にとっても有効な指導である。このように、子どもにとって難しいところはスモールステップで組み立て、あとは真似させていくと、ニャティティソーランの踊りは一通り完成する。

> 全体の中での個別指導を行う。

また、ここも1年生の指導と同じく、足の動きが難しいパーツだとすると、全体にはその踊りを繰り返し練習させる。その間に１人１人の「足の動きだけ」をさっと見て、上手にできている子、全体の手本となる子をほめたり、時には全員の前で踊らせたりしていく。上手だった子を前に出して模範を示させると、他の子たちも俄然張り切って踊り始める。子どもによる相乗効果である。

ニャティティソーランには、「みんなで動きを合わせる」という概念がない。その時、その時のパーツの踊りが間違っていなければ、多少タイミングがずれようが、隣の子と動きがあってなかろうが、よい。

（桑原和彦）

道徳　感謝の気持ちを育む

3月の道徳のポイント

3月の道徳のポイントは、感謝の気持ちを育むことだ。

3月の初めに、最後の授業参観がある。勤務校では、発表会をすることを共通理解としている。子どもたちが、1年を通して、頑張ってきたことを発表する。

ここに一工夫入れて、感動的なものにしたいと考えた。そこで、保護者にお願いをして、お手紙を書いてもらう活動を仕組むことにした。

『小学校学習指導要領　特別の教科道徳編』に次のように書いてある。

> 家族など日頃世話になっている人々に感謝すること。

感謝の気持ちは、人が自分のためにしてくれている事柄に気付くこと、それはどのような思いでしてくれているのかを知ることで芽生え、育まれる。

2年生を終える時期に、家族への感謝を胸に進級をしてほしい。

また、自分の成長に関わってくれる方々への感謝の気持ちも育みたい。

3月のオススメ資料

「一まいのしゃしん」という教材がある。

内容は、たかしくんが1枚の写真を見つける。その写真にまつわるエピソードをお母さんが話をする。

生まれて6か月のたかしくんが熱を出す。慌てて病院に連れていこうとしたお母さんは、つまづいて柱に頭をぶつける。気を失ったお母さんは、たかしくんの泣き声で目が覚め、たかしくんの心臓の音を聞く。お医者さんから、人はみんな生きる力を持っていることを話してもらう。お母さんは、元気なのは、生きる力があるからだとたかしくんを見つめながら話す、というお話だ。

お母さんに話を聞けば、必ず病気した時やハラハラした時、生まれてきた時の話が出てくる。子どもたちには話していない隠された感動的なエピソードがある。

普段は、恥ずかしくてなかなか言えないことでも、手紙に書いてなら伝えることができることもある。保護者に内緒で書いてもらい、最後の参観日を感動的に演出して終わらせたい。

対話指導のポイント

「一まいのしゃしん」では、家族愛について対話できるようにしたい。

> 家族で撮った思い出の写真を持ってらっしゃい。1枚だけですよ。

まずは、子どもたちに思い出の写真を準備させる。保護者に、思い出の写真と一緒に手紙のお願いをする。封筒に入れて、参観日で使うことをお知らせする。

> お父さん、お母さんとの忘れられない思い出をノートに書きなさい。

ここは、指名なし発表にして、全員に発表をさせたい。どうして選んだかの理由も含めて、発表をさせる。どの家庭にも素敵なエピソードがあるからだ。そして、お願いしていた手紙を読む時間をとる。子ども達に手紙を配り、だまって読むように伝える。中には、泣き出して、保護者のところに駆け寄る子どももいた。

最後に、返事の手紙を書かせた。最後の参観日は感動的にしたい。（下窪理政）

3月

英語　2年生アルバムを作ろう

まとめの月と考えて、今まで学習したダイアローグを使って、話す活動を取り入れたい。

復習　Simon says

「命令ゲーム」で復習。“Simon says” のフレーズが入った時だけ、命令に従うゲーム。１回目は、命令に従うだけ。２回目は、命令も声に出して言うようにする。

T：先生　C：子供達
T：Simon, says “ Stand up!”
C：立つ。（２回目は Stand up!）
T：Simon, says “ Right hand, up!”
C：右手をあげる。（Right hand, up!）
T：“ Right hand, down!”
C：右手を下ろす子供数人。（Right hand, down!）
T：Bu-Bu-
＊間違えたら座る。短い時間で何回も行うと、何回も挑戦出来て子供も喜ぶ。

または、“Hokey Pokey” という英語の歌でも、楽しく聞く復習ができる。

まとめは　がんばってねカード

低学年の生活科では、２年生が１年生に学校の中を教えてあげたり、一緒にお芋堀りをしたりして兄弟学級のように活動する機会が多くある（もし、そのような活動がない場合は、２年生同士他のクラスとの交流でもできる）。

その１年生に、好きな色や、好きな食べ物などを聞いて、２年生になったら「がんばってねカード」を作ってあげる。１・２年の英語の交流をやってみたい。１年生の英語力に合わせて尋ねる。

英語の時間には、１年生役と２年生に分けてアクティビティをする。英語の時間に行った後、次の休み時間か、または、１年生の先生と打ち合わせて時間を取り、１年生と２年生の英会話を行う。

A：２年生　　B：１年生
A：Hello!　B：Hello!
A：（その子の着ている服や持ち物を見て）
Do you like Blue?
B：Yes.（２年他クラスなら Yes, I do.）
No. なら、
（色カードを見せて）What do you like?
A：（動物または食べ物の絵・イラストが描いてあるシートを見せて）
What do you like?
B：I like monkey!
A：Wow, me, too!
（反応できると相手もうれしくなることを話しておく）
B：Thank you very much!
作ってきて、
A：Here you are.　B：Thank you!
B：You’ re welcome!

お互いに英語が話せ、交流ができ、喜ぶだろう。

応用として

同じ要領で、お世話になった先生に好きな色や好きな形、好きな動物などを尋ね、「ありがとうカード」を作って送ることもできる。この活動の利点は、既習のダイアローグの復習になること・色々な人に話しかけるコミュニケーション力を育てること・色々な人と交流を楽しめることだと考える。いたるところに英語の種は転がっている。いつもアンテナを張って、たくさん見つけていきたい。

（奥井利香）

月《がつ》　　日《にち》（　　）

生きものをさがそう

なまえ

? もじを なぞって、がくしゅうする ことを たしかめましょう。

生きものさがしビンゴをしよう。

★見つけた　生きものに　○をつけよう。

□ じめんをはう虫

□ とんでいる虫

□ 鳥の声

□ キノコ

□ ふしぎな形の葉

□ くものす

□ きれいな花

□ いいにおいのも

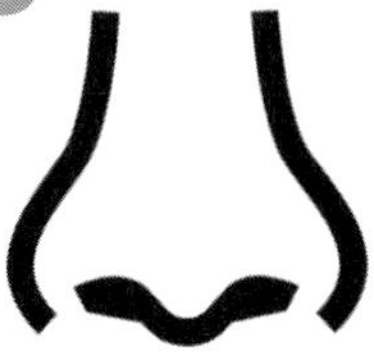

□ ふわふわするもの

◆　見つけた生きものを　かんさつして　カードにかきましょう。

月　日　曜日　℃

名前

ていねい度チェック　☆　☆　☆

すぐコピーして使えるFAX集　国語二年

かん字たしざんをしよう

名前

かん字でたしざんをして、かん字をつくろう。

（れい）一＋白＝百

①糸＋会＝□

②日＋一＝□

③十＋口＝□

④矢＋口＝□

⑤山＋石＝□

⑥門＋日＝□

⑦夕＋□＝名

⑧大＋□＝天

⑨口＋□＝鳴

ヒント　岩　絵　鳥　一　古　目　間　口　知

終わった人は、やってみよう

たしざんのもんだいを作ってみよう。教科書をしらべてもいいよ。

⑩□＋□＝□

⑪□＋□＝□

すぐコピーして使えるプリント集　国語二年

かくれている漢字《かんじ》をさがそう

東

答《こた》え方《かた》の例《れい》

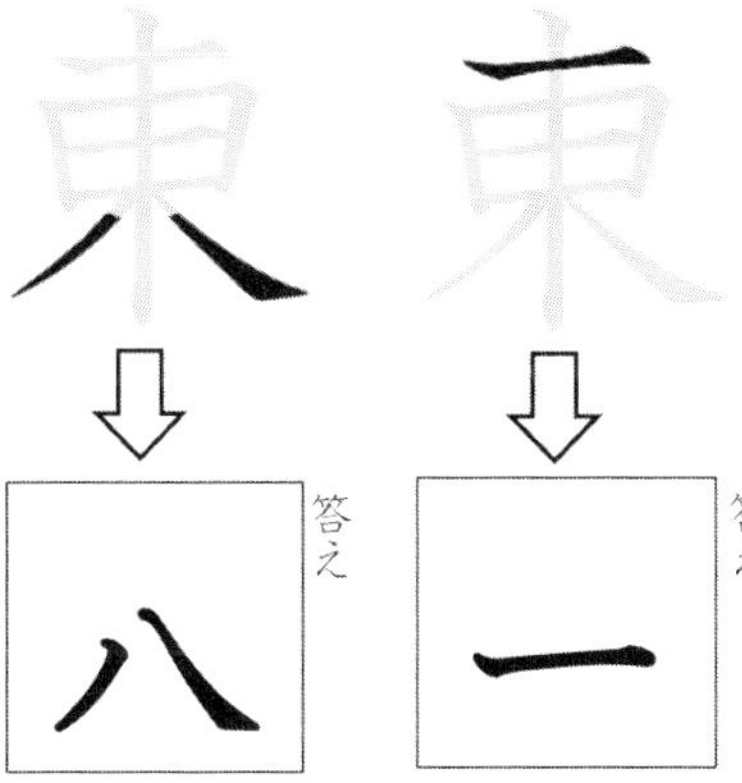

「東《ひがし》」という漢字《かんじ》には、みんなが知《し》っている漢字《かんじ》がたくさんかくれているよ！できるだけたくさんさがし出《だ》して、左《ひだり》のマスに一《ひと》つずつ書《か》いていこう！

名前

２年生　難問

もんだいが５もんあります。１もんだけえらんでときましょう。

1　１から５０までの数を全部たすといくつですか。

答え（　　　　　）

2　ある日の一日、太陽《たいよう》が出ている時間よりも、太陽《たいよう》が出ていない時間のほうが１時間長かった。それぞれの時間を答えましょう。

答え　太陽《たいよう》が出ている時間　（　　　　　）
　　　太陽《たいよう》が出ていない時間（　　　　　）

3　三角形は全部でなんこあるでしょう。

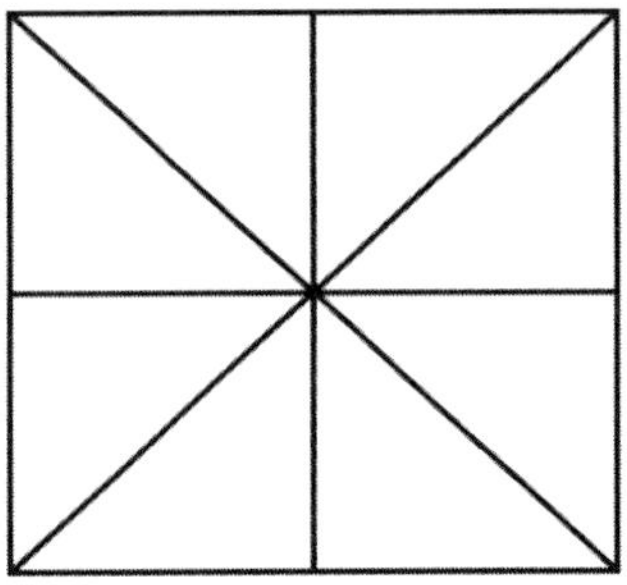

答え（　　　　　）こ

（　　）月（　　）日　名前（　　　　　　　　　　）

4　たろうさんは、今７才です。３年たったら、たろうさんのお父さんは、３年後のたろうさんの４ばいの年れいになります。
たろうさんのお父さんは、今、何才ですか。

答え（　　　　　）才

5　せんべいとあめを買うと１４０円になります。
せんべいはあめより１００円高いです。
あめのねだんはいくらですか。

答え（　　　　　）円

1	答え１２７５　（解説）１＋５０＝５１，２＋４９＝５１・・・５１が２５組 なので５１×２５＝１２７５
2	太陽が出ていない時間＝１２時間３０分 太陽が出ている時間　＝１１時間３０分
3	答え１６個　（解説）　８個、４こ、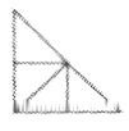４こ
4	答え３７才　（解説）たろうの３年後は１０才。１０才の４倍は４０才。３年後が４０才なので、 そこから３年引いて３７才になる。
5	答え２０円　（解説）あめ１個の値段が２０円。せんべいのねだんが１２０円のとき、 ねだんのちがいが１００円になる。

出典：TOSS メディア収録『難問・良問＝５題１問選択システム』
『飛翔期　向山洋一実物資料集１』

○○小学校 2年生
がくしゅうようぐの きまり

■ がっこうは、おべんきょうを するところです。
■ じゅぎょうで こまらないように、がくしゅうようぐを きちんと そろえましょう。
■ がくしゅうに ひつようなものだけを もってきます。
■ もちものには、かならず なまえを かきます。

ふでばこの なか
★ そろったら、□をぬりつぶしましょう。

	けずった えんぴつ(2BかB) 5ほん
	けずった あかえんぴつ 1～2ほん
	けしごむ 1こ
	なまえぺん(ゆせい ぺん) 1ぽん
	ミニじょうぎ 1こ

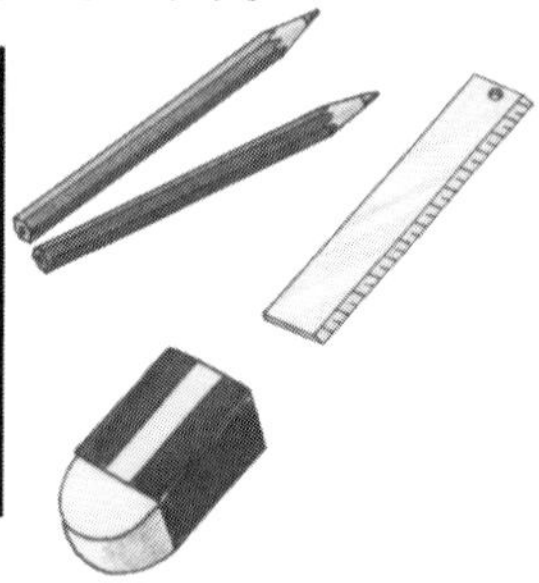

どうぐぶくろの なか
★ そろったら、□をぬりつぶしましょう。

	せろてえぷ		てぃっしゅ
	はさみ		くれぱす
	のり		いろぺん
	かすたねっと		いろえんぴつ
★ どうぐぶくろは、つくえの よこに かけて いつでもつかえるようにしておきましょう。			

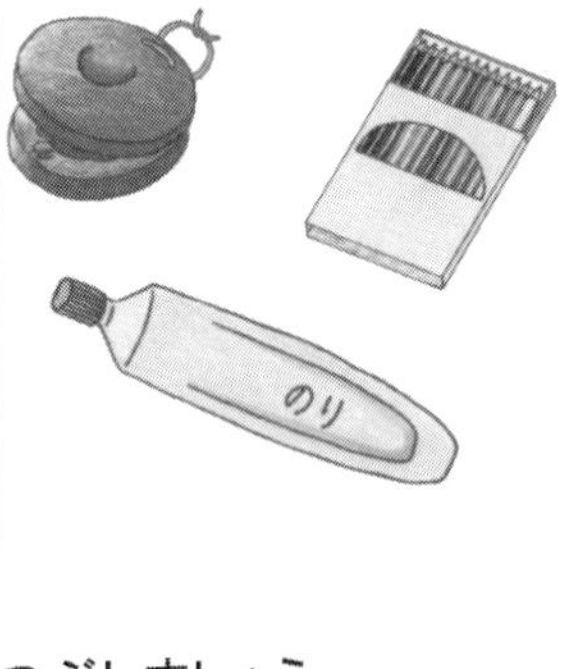

そのほか
★ そろったら、□をぬりつぶしましょう。

	したじき		じゆうちょう

2年生の道徳ノート

特別支援教育研修：脳の特性を理解した指示の出し方の工夫

先生の話をよく聞き返す子どもがいて、授業がなかなか進まなくて困ることがあります。
なぜ，そのようなことがおこるのでしょう。またどのように対応したらよいのか考えてみましょう。

小学校２年生、算数の時間。「教科書を出して、２５ページの３番をやりなさい。」と言うと、直後にAさんが「先生何をやるの？」と言い返してきました。このような時、あなたの対応はどれに近いですか。選んで番号に○をつけましょう。

1　「Aさん、よく聞いていてね。教科書を出して２５ページの３番をやりなさい。」ともう一度ゆっくりと同じ指示を出す。
2　「今、言いました。先生は一回しか言いません。」と言って放っておく。
3　「今言ったばかりです。いつも人の話はよく聞きなさいと注意していますよね。」と注意する。
4　その他

★Ａさんが「何やるの？」と聞き返した原因は何でしょう。
原因を考えて下に書いてみましょう。

★Ａさんにどのように指示すればよかったのでしょうか。下に書きましょう。

★この事例に関係のあるキーワードを　□に書きましょう。

★この指示を、３つに分けましょう。

①

②

③

★　指示を出す時に、気をつけることは何でしょう。

①　一時に［　　　］を指示する。

②　教師の［　　　］を減らす。

③　大切なことは［　　　］言う。

④　何度繰り返しても　発問指示は［　　　］。

特別支援教育研修：脳の特性を理解した指示の出し方の工夫

　このような場面は、低学年や特にADHDの子によく見られます。

この事例は、「ワーキングメモリ」という脳の機能に関係しています。

　人間は行動するとき、行動予定が脳（記憶の黒板）に書き込まれます。これを、**ワーキングメモリ（作業記憶）**と言います。ワーキングメモリには短期記憶が必要ですが、通常の脳では、７個前後の情報が記憶されるのに対して、ADHDに子や低学年の子は短期記憶が少ないのです。「教科書を出して、２５ページの３番をやりなさい。」という指示には、**３つの（短期記憶）**情報が入っています。ADHDの子や低学年の子は、この指示を処理する（作業する）ことができにくかったのです。このような指示は、

①教科書を出しなさい。出せたら「出せました」と言いなさい。
②２５ページを開きなさい。お隣さんが開いていたら手を挙げなさい。
③３番を指で押さえなさい。ノートにやりなさい。

というように，

３つに分けて出すことが必要です。このような指示の出し方を**一時に一事**と言います。

　また指示を出すときは，ワーキングメモリを意識して教師は次のことに気をつけることが大切です。
　○　教師の言葉は**短く**する。
　○　大切なことは，強調して何度か**繰り返して**言う。
　○　何度繰り返しても，発問・指示は**ぶれない**（一貫している）。

　特に障害のある子どもたちが，指示が理解できないのは，脳の仕組みや特性の問題で，頑張ってできることではなく障害の特性です。

　そのことを考えると、右の選択肢の１～３の対応では、ADHDの子は何をしてよいか分からず、また低学年では他の子供たちも混乱し、クラス全体の作業がうまく進まないことも多いでしょう。

　さらにこの子はやる気があるから「何をするの？」と先生に聞き返しているのです。それを叱責していると、この子は「自分はどうせダメだ。」「がんばってもできない。」と思うようになってしまいます。

２年生のこんな指導場面で使おう

●図工　初めての絵の具指導

※　道具の置き場所の絵を貼り，実物を見せながら

⑴　Ｔ「水入れ　左の上。置けたら置きました。」
　　Ｃ「水入れ　左の上。置きました。」Ｔ「よろしい！」
⑵　Ｔ「ぞうきん　水入れの横」
　　Ｃ「ぞうきん　水入れの横　できました。」Ｔ「速い！」
　　　以下のように繰り返し
　　Ｔ「絵のようにできた人から水を汲みに行きます。」

◎一時に一事。
　子供に言葉を繰り返しさせながら。テンポよく教えて褒めながら。

●算数　繰り下がりの引き算の筆算

※　アルゴリズムを書きながら

①　９３－６８は　　②　一の位　３－８はできない。
③　１０借りてきて８　④１０－８は２　３と２で５
⑤　十の位　８－６は２　⑥　答え　２５です。

◎　短い言葉で繰り返しながら
　言わせるのも、一時に一事の指導です。

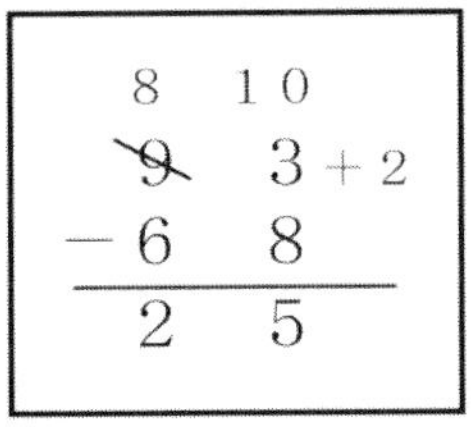

1学期　「材料」を集めて、所見に「具体性」をもたせよう

通知表の所見を書く時に、悩まないための最大のポイントは、次の2点である。

1　日頃から書くための「材料」を集めておくこと。
2　「材料」は文章の形で記録しておくこと。

向山洋一氏の実践から学んだ方法である。普段から少しずつ進めておけば、所見で悩んだり、長い時間をかけたりすることはない。かつて私は40名近い2年生の学級を担任した時があった。人数が多いので、通知表の所見を書くことに時間がかかりそうだと覚悟していた。しかしこのポイントを意識して、仕事を進め、あっという間に所見を書き上げることができた。このポイントを意識しておくメリットは、仕事が早くなることだけではない。所見の内容がより具体的になる。向山氏は、所見の内容について、次のように書いている。

> 基本的には、子どもたちのよさを見つけてほめるということ、一行読んだらクラスの誰のことかわかるような書き方をするということです。つまり、一般的な記述はしないということです。
> 名前をふせて子どもたちに読んであげたら誰のことか分かるような具体性こそ大切です。
> 向山洋一全集40巻、133ページ

その子のよさや成長場面を具体的に書くことで、子どもも、保護者も嬉しくなるような所見を書くことができるのだ。具体的な仕事の進め方を以下に紹介する。

エクセルデータの作成

四月に学級開きの準備をする。そのとき職員室の教師用のパソコンに、担任している児童の名簿を作成しておく（画像参照）。通知表が3期制の学校なら1学期から3学期までの欄を、2期制の学校なら前期と後期の欄を作成しておく。エクセルなどのソフトで作っておくと便利だ。そのデータをデスクトップなど、すぐに開ける場所に保存しておく。

日頃から「材料」を集める

黄金の3日間が終わり、1学期が本格的にスタートする。普段の学校生活の中で、子どもたちの様子を記録していく。何を記録して

	A	B	C	D	E
1	所見メモ				
2	児童名	一学期	二学期	三学期	
3	A男				
4	B子				
5	C助				
6	D美				
7	E郎				
8	F子				
9	G也				
10	・				
11	・				
12	・				
13	・				
14					
15					
16					

いくのか。

ほめる場面を記録していく。

所見の「材料」となるような、その子の頑張りや努力が現れている場面を見つけ、記録するのだ。行事への取り組みや図工の作品など「材料」が見つけられそうな場面を活用すると良い。一度にたくさん書こうと思わず、5名程度を目標に「材料」を記録していく。記録はエクセルの児童名簿に打ち込んでいく。

文章の形で記録する

書き込む際は、言葉や記号のメモで入力しない。具体的な文章の形で記録する。

例

×「給食当番、手伝う。◎」

←

「給食当番の仕事を、進んで手伝っていました。おかげでスムーズに配膳の用意ができて、当番の人たちからとても感謝されていました」

このような文章の形で記録した「材料」があとで所見を書く時に、とても役立つ。

いつ記録するのか

隙間時間を活用する。

放課後に、時間をとって記録しても良いが、なかなかまとまった時間をとることができない。そこで、仕事と仕事の合間の時間、つまり「隙間時間」を活用する。例えば、職員会議が始まるまで、待っている数分間である。2、3分あれば、1人、または2人の記録は打ち込める。大切なのは、「この隙間時間で□人は、記録する」と決意し、取り組むことである。

「材料」を組み合わせる

所見を書く時期が来たら、エクセルに打ち込んだ「材料」をコピーペーストしながら組み合わせていくのだ。リード文や、つなぎの言葉を工夫しながら、「材料」となるエピソードを活用していく。よく若い先生に相談されるのが、次のことである。

「所見は、ほめる内容ばかりでいいのですか。その子の悪いところも書いた方が、保護者に伝わって、解決にもつながり、その子のためになるのではないでしょうか」

このような相談を受けたら、私は次のように答えることにしている。

「私はほめる内容ばかりでいいと思います。その方が、その子の自己肯定感は高まるでしょう。先生が不安になる気持ちもよくわかります。しかし、所見にその子の悪いところを書けば、解決するかどうかは、疑問です。むしろ、『お子さんの、この部分をより伸ばしていくために、学校でこのような指導を継続していきます』という書き方の方が、保護者も安心できるのではないでしょうか」

このように話すと若い先生も納得してくれる。

1学期の文例

①何事にも丁寧に取り組む姿勢を持っています。図工で初めての水彩画に取り組んだ際には、線からはみ出ないように、真剣な面持ちで彩色していました。このような姿勢は、生活面でも発揮されています。掃除当番の床拭きは、手を抜くことなく、教室の隅々まできれいにしようと頑張っていました。（図工・掃除）

②算数の学習内容をよく理解しています。これは花子さんが、いつもきれいにノートを書こうと頑張っている成果です。「たし算」の学習では、ノートに定規を使って筆算を書き、計算することができていました。（算数）

（塩谷直大）

2学期　非認知能力の視点で所見を書く

非認知能力を所見でほめる

通知表の所見では、子どもたちの良いところを見つけて、ほめてあげることが大切だ。

では2年生の所見では、どのような視点で、ほめていけばいいのだろうか。私は次のことが大切だと考えている。

非認知能力

非認知能力とは、何か。教育経済学者の中室牧子氏は次のように書いている。

> IQや学力テストで計測される「認知能力」とは違い、「忍耐力がある」とか、「意欲的である」といった、人間の気質や性格的な特徴のようなもの
> 『学力の経済学』

非認知能力を身につけた子どもたちは、統計的に将来成功する可能性が高いことが指摘されている。非認知能力には、次のような種類がある。

①自己認識
②やる気・意欲
③粘り強さ
④自制心
⑤メタ認知方略
⑥社会的有能性
⑦レジリエンスと対処力
⑧創造性

今後の教育では、非認知能力というキーワードが重要になってくる。これらの非認知能力を高めていくためには、周りの大人が、そのような場面を見つけて、ほめてあげることが大切になる。教師が子どもたちに書く所見も、非認知能力を高める有効な手段との一つとして考えられる。

向山洋一氏が新卒時代の所見

向山氏が新卒当時に書かれていた所見を読んでいると、非認知能力を取り上げて書いているものがある。次のようなものだ。

「みんなにわけへだてなくやさしく信望も厚いです」
「うらおもてなくよく仕事をします」
「正義感にとみ、弱い者をかばってやる男らしさがあります」
「人のことを自分のことのように心配してめんどうをみます」
「何事にもまじめに対応します」

書かれた当時は、まだ非認知能力という言葉は知られていなかっただろう。それでも新卒ですでに、非認知能力に該当する場面を取り上げ、所見でほめていることに驚かされる。

非認知能力を視点に「材料」集め

1学期のページで紹介したような方法で、2学期も継続して所見の「材料」を集めていく。その際に、注目したいのが、非認知能力が発揮されている場面である。例えば、図工で絵を描かせたとする。そのときに、チェックしておきたいのが次の3つである。

①最後まで完成させているか
②作業量は多いか
③丁寧さはあるか

①は非認知能力の1つである「やり抜く力」を視点としている。半分以上が白地であったり、線だけで描いたりする作品は完成しているとは言えない。最後まで、完成させている様子を記録する。

②は一生懸命さや集中して時間をかけている様子を記録する。意欲をもって取り組むという非認

知能力をチェックする。

③色を塗っているところが確認しやすいだろう。丁寧さという大切な非認知能力を記録する。

保護者会で説明する

学校によって違いはあるが、通知表や評価のやり方を説明することが多いだろう。その際に、説明の1つとして、非認知能力についても話している。私はマシュマロテストを例にあげている。

「マシュマロテストという実験をアメリカの研究者が行いました。研究者が幼児の前に大好きなマシュマロを1つ置きます。そして次のように言います。『食べても良いよ。でも私が戻ってくるまで食べずに待つことができたら、マシュマロをもう一つあげるよ』。そう言うと研究者は部屋から出て行ってしまいます。部屋には幼児1人だけです。実は隠しカメラで、幼児の様子を観察しているのです」

YouTubeに、食べずに我慢しようとする可愛らしい映像が紹介されている。保護者にこの映像も見てもらうと、自然と笑顔になる。

「この実験で30秒しか我慢できなかった子と15分我慢できた子を2群に分けて、追跡調査をしました。すると20歳の時の大学進学適正試験（SAT）の数値に大きな差が生まれました。15分我慢できた子は、30秒しか我慢できなかった子より総合で２１０ポイントも点数が高かったのです。我慢するという自分の感情をコントロールする力は、非認知能力といって、お子さんの将来の学力に大きく影響します」

そう説明した後に、次のように話した。

> 通知表の所見では、テストでは測りにくい、お子さんの非認知能力を伸ばせるように書いています。ご家庭でもお子さんの頑張りをほめていただければ幸いです。

大きく頷かれる保護者の姿が印象的だった。学校と家庭で「非認知能力」という共通項があれば、子どもたちを伸ばすことにつながると考えている。

二学期の文例

①国語で物語を学習した際には、音読に進んで取り組む姿が印象的でした。授業時間だけではなく、休み時間や放課後などに繰り返し読み続け、見事、目標の10回を達成していました。（国語）

②こつこつと努力を積み重ねることができます。毎週行っている新出漢字テストでは、何度も練習を繰り返していました。そんなひたむきな努力は、１００点という形で実を結んでいました。（国語）

③何事にも丁寧に取り組むことができます。特に算数のノートが印象的で、定規を使ってきれいに書かれています。そんな丁寧さは、計算力の向上という成果につながっていました。（算数）

④図工で学芸会の絵を描いたときには、劇の衣装の細かいところまで、丁寧に色を塗っていました。はみ出ないように、真剣に取り組む姿勢が素晴らしかったです。（図工）

⑤難しいことにも、最後まで諦めずやり抜く力をもっています。体育の鉄棒で取り組んだ逆上がりでは、休み時間にも練習を続け、見事にできるようになっていました。（体育）

⑥ミニトマトの栽培では、毎日欠かさずお世話する姿が見られました。日差しが強い、暑い日でも、怠ることなく、水やりや草抜きなどのお世話に取り組むことができました。（生活）

⑦教室掃除の時間には、一生懸命に働く姿がよく見られました。雑巾で教室の床を拭き続け、細かい汚れも丁寧に拭き取る姿は、学級みんなの良いお手本となっています。（掃除）

（塩谷直大）

3学期 「TOSSメモ」と「書き出しの型」で要録まで一気に仕上げよう

3学期は短い。気づけばあっという間に、学年末が訪れる。所見を書くための「材料」を集める時間がないというのが悩みの種だ。そんな悩みを吹き飛ばす便利ツールがある。

TOSSメモ

私は、このTOSSメモを所見の「材料」集めに活用している。ものすごく便利である。所見の作業スピードが加速する実感を得ることができた。

TOSSメモに記録する

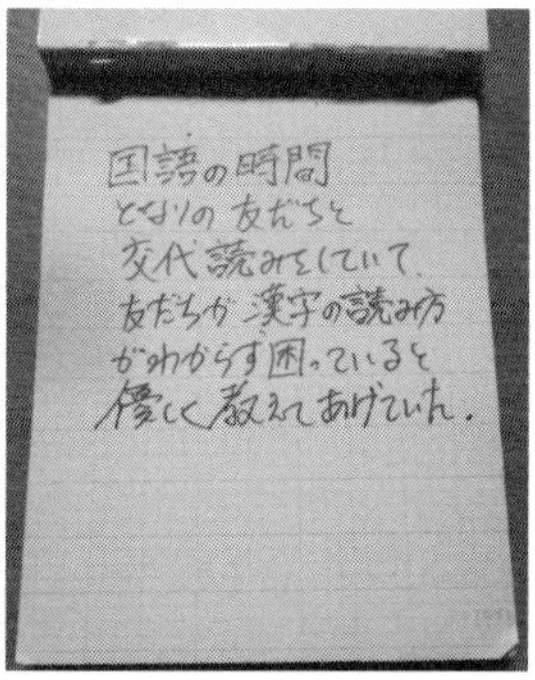

「材料」の集め方は、これまでと変わらない（1学期のページ参照）。子どもたちの良いところ、ほめたいところを日常的に記録していく。その際、TOSSメモに記録する。常にポケットにTOSSメモを1冊入れておく。「材料」を見つけたら、「文章の形」でTOSSメモに記録していくのだ。写真のように走り書きで構わない。

記録ノートにメモを蓄積する

メモに記録した「材料」はエクセルに打ち込む。その後、メモは捨ててはいけない。ノートを1冊用意して、ノートに貼り、保存しておく。

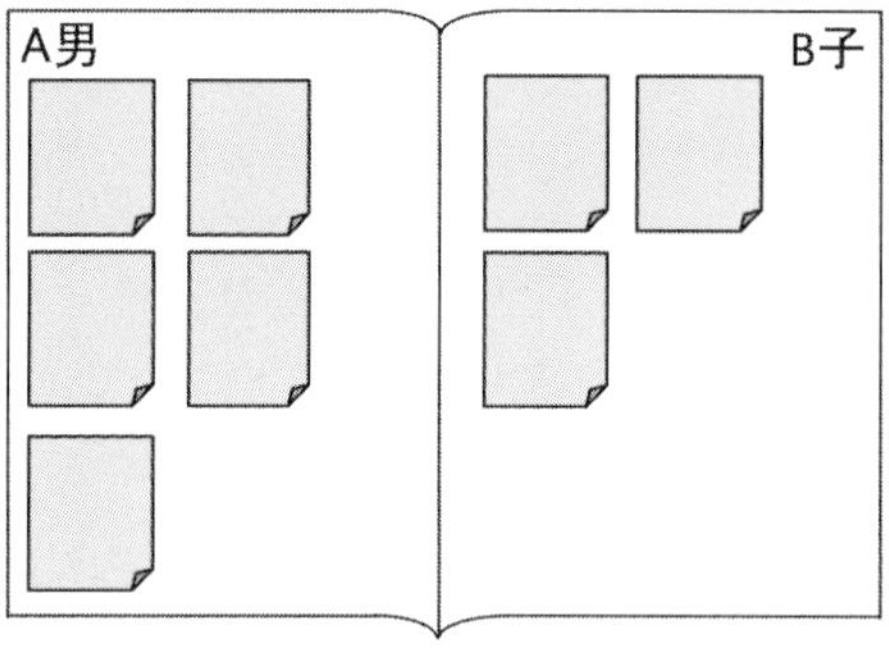

ノートには1ページに1人ずつ児童名を記入しておき、誰の「材料」メモなのか分かるように保存しておく。こうすることで、1人1人の「材料」の数がビジュアルで表現される。ノートのページをめくっていけば、誰の「材料」が少ないのか、直観的に判断できる。「今日はあの子の様子をよく観察してみよう」と1日の指針をもつことができる。

TOSSメモ同士をつなぐ

「材料」があっても所見の文章をうまく構成できない場合がある。そのようなとき、私はノートに保存しておいたTOSSメモを活用する。その児童のメモが保存してあるページを開き、メモを貼り替えたり、矢印でつないだりして文章を考える。

書き出しの型

向山全集40巻には、向山洋一氏が実際に書いた126名分の所見が紹介されている。私は向山氏の所見を全て読み、「所見の書き出し」という視点で3つの型に分類した。

①子どもへ呼びかけ型
②端的なリード文型
③いきなりエピソード型

①は、向山氏が担任している子どもたちに宛てた所見となっている。

（向山氏の所見の書き出し）

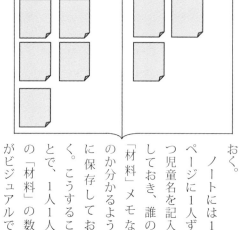

「雑草のような子というのは、君のような子を言うのだろう」

「君自身のすべてをうつし出す鏡の前に、自分を立たせよう」

「君は何で、いつも俺の目をさけるのだろう」

温かさと厳しさがこもった所見であるが、これを自分の学級の所見で真似るのは難しい。

②は短い1文で、まず端的にその子の良さを伝えるタイプである。

（向山氏の所見の書き出し）

「明るくほがらかな子です」

「本当に人柄のいい子です」

「人柄が穏やかで、態度が紳士的です」

端的なリード文の後に、エピソードを続けるので、読み手にその子の良さがすーっと入ってくる構成だ。

③は、具体的な描写から書き出すタイプである。

（向山氏の所見の書き出し）

「サッカーの準備など自分からすすんでやっていました」

「児童会の大切な仕事を積極的に責任を持って取り組みました」

書き出しからエピソードをいくつか紹介し、最後に短い文章でまとめる型である。エピソードの描写で子どもの様子が目に浮かぶ構成だ。

私は②と③の型に、「材料」のメモを当てはめて構成していくとスムーズに所見が書くことができた。

要録の所見

通知表の所見の文章をもとにして書く。ただし、次の担任に伝わりやすいように敬体ではなく、常体で書く。また学校によっては、学力検査やコンクールで受賞したことなど書くことがある。作業を始める前に、学年で確認しておくと良いだろう。

冬休み中から、成績の印鑑押しなどの作業を少しずつ進めていくと年度末に慌てなくて済む。早めに取り掛かると良い。

3学期の文例

①自分が納得いくまで、とことん考え抜こうとする姿が印象的でした。物語の学習で、意味のわからない言葉を見つけると、進んで辞典や図鑑を開いて意味を調べようとしていました。3年生でも、そんな探究心を持ち続けてほしいと願っています。（国語）

②2学期は、かけ算九九を正確に唱えることを苦手としていました。しかし、休み時間に繰り返し練習を続けることで、スラスラ正確に言えるようになりました。苦手なことにも努力する姿勢はとても立派です。3年生でも、その姿勢を忘れず頑張ってほしいです。（算数）

③優しい性格の持ち主です。体育の時間、友達が初めて2重跳びに成功すると、自分のことのように喜び、友達の頑張りを讃えていました。3年生でも、優しい心遣いを大切にしていってほしいです。（体育）

④「紙版画」に意欲的に取り組んでいました。目や鼻などの顔のパーツ1つ1つを丁寧に切り取り、あやとりをしている自分の楽しい様子を上手に表現することができました。3年生でも、そんな丁寧さをもって、様々なことへ意欲的に取り組んでほしいと願っています。（図工）

⑤朝読書の時間には物語の本を黙々と読む姿が印象的でした。3学期は読書量がさらに増え、読書カードには20冊以上の本を読み切った記録が記されていました。3年生でも、たくさんの本に出会ってほしいと願っています。（読書）

（塩谷直大）

教師が変われば子どもも変わる

高学年に学校中で有名な兄のいるクラスのボス。休み時間が終わっても仲間3、4人を引き連れて戻ってきません。「ごめんなさい。次からは遅れないよう気を付けます」と謝り方は覚えたのですが繰り返されます。

担任が時間になったら全員そろってなくても始めてしまう。時間を守る手本を示す。これにつきる。これを毎回毎回繰り返す。

時間調整のような内容から始め、様々な子どもを受け入れる余裕を教師が持つことで余計なお説教をしないですむようになる。

国語はフラッシュカードから始める

基本的にいつも同じ流れにするとよい。同じだから子ども達が安定する。

先生「おおかみ」子ども「おおかみ」

先生「おねえさん」子ども「おねえさん」

先生「おうさま」子ども「おうさま」

余計なことは一切言わないで始める。お勧めは低学年なら正進社の「間違えやすい表記のフラッシュカード」と「ことわざフラッシュカード」。繰り返すだけで力がつく。

教科書を読む場合は次の通りにする。例えば、話し合いの学習をしたい場合、本筋の内容以外の部分を教師が音読し始めてしまう。

「教科書92ページ」（ゆったりめ）

「本は両手で持つ」（学習姿勢）

「○○さんの姿勢素晴らしい！」（ほめる）

「話す・聞く　すすんで考えを出し合おう　みんなできめよう　こんのさんの……」（ゆったりと）そうこうしている内に全員がそろう。

教室に戻ってきてはいるが、「先生トイレに行っていいですか」「水飲みたい」等々、授業が始まったばかりなのに言いにくる子ども達もいる。そういう子も黙って手でサインして行かせてしまう。全員に徹底させたいところからは、追い読みや1人読みをさせる。このやり方は、長崎の伴一孝氏から教えていただいた。

算数は百玉そろばんかフラッシュカードで

計算の単元だったり、図形だったり、内容に合わせて変えている。

朝の始まりは宿題の答え合わせから

私の勤務校は、朝学習（10分）、朝の会（10分）、1時間目の流れになっている。始まりのチャイムは鳴らないので、教室の時計に合わせて時間が来たら、「□1　①1 3 4　②9 8……」というように前置きなしに始めてしまう。子ども達が準備できてないなと見取ったときは、「準備できている人、名前の横にダブルAと書いておきなさい」「名前が書いてある人、名前に○つけなさい」等、時間調整している。

教師は後から○つけをする手間が省けるし、子どもは間違いをその場で直せる上、シーンとした状態から朝が始まるので心地よい。

5時間目は百人一首から

これもそろっていなくても読み始めてしまう。「ご用意よければ1枚～」番付表があるので子ども達は大急ぎで帰ってくる。特にボスは横綱の位置にいるので、すぐに席に着く。

1学期当初、本当に時間が守られず、私がいらいらし、大声で叱責してしまったこともあったかもしれないが、基本、きちんとやっている全体を褒め、時間通り授業を始めた。そして、できたときは「できるようになったね」「お母さんに伝えなくちゃ！」と褒めた。一筆箋に善い行いを書いて渡したりもした。1学期はできたりできなかったりが繰り返されていたが、2学期は全く遅れることがなくなった。

> ひらがながスラスラ書けない、計算も指を使わないとできない。学校のお勉強についていけるか心配です。

個をアセスメントし個別対応

S君。文字からの情報が本当に苦手だ。教科書が読めない、ひらがなの書き順もめちゃくちゃ。2年生の漢字は画数も多く苦しくなってきた。国語のテストは半分もとれない。

S君はやることが分かり、できることは一生懸命に行うが、そうでないときは、前の児童の椅子を蹴ったり、左右前後の友達の持ち物をいじったりして苦情ばかり言われている。「お隣の子に鉛筆と消しゴムを取られたが返されていない」と保護者から電話がかかってくることもあった。S君がこのような行動を取るのは、担任の私が悪いと自覚するしかない。

漢字スキルと漢字スキルノートは薄い灰色のペンでなぞってあげた。計算スキルは2問コースを選択させた。

1学期後半、ある程度できるようになってきたので2学期はなぞらなかった。ある日、ノートを見たら1つも完全に終わっているページがなかったことに気づかされた。やろうとしたけれど、できなかったのを私が放っておいたのだ。申し訳ない気持ちでいっぱいになった。ノートを預かり、全てのページを薄くなぞってあげた。1時間近くかかった。S君が追いつくには、さらに時間がかかるであろう。翌日、一生懸命に写していた。漢字テストはそっと答えを渡している。正しく写せたら合格にするのだ。自信がある漢字は見ないで書いている。

先取り指導

S君だけでなく、クラスに他4名は学習についてくることが厳しい子ども達がいる。クラスの約20％の児童が遅れがちと言うことになる。

2年生は九九の学習がある。教科書通り11月から暗記を始めたら終わらないことは簡単に予想がつく。春の教え方セミナーで九九は1学期から学習し、学習が始まった頃はできるようになっている状態にするとよいと教わった。

『話す・聞くスキル』（正進社）に九九のページがある。1～4の段までと5～9の段までに分けられている。とにかく毎回読むだけ。始めはついてこられず読めなかった児童もいたが、暗記できる児童が出てくると、一気に声の大きさが変わった。

10月下旬からかけ算の学習が始まった。「九九の助」を東京技術研究所に注文し、全員に持たせた。「九九の助」を使うと一目見てかけ算の意味を理解することができる。その上、九九の答えと読み方まで書いてあり優しい。

授業の後半20分を個人の九九テストに当てた。約5日間で全員が1～5の段まで合格することができた（逆唱は全員ではない）。今までで最短である。

> すぐに友達の首を絞めたり、手をあげたり暴力をふるってしまう男の子がいます。自分のしたことを大人が見ていないと、「やっていない」と友達が見ていても嘘をつき通し、絶対に謝りません。悪かったことを認めさせ、暴力をやめさせたいです。

今までの聞き取り方は次の通りだった。

先生「何したの？」（子ども：叩くまでの詳細をうまく説明できない）
先生「どうして叩いちゃったの？」（子ども：反射的に手が出ているから、理由を問われても説明できない。怒られる前提で話を聞かれているから認めない）
先生「叩いちゃったんだから謝ろう」（子ども：自分が悪くないのに謝らされるから納得がいかない。謝るのは損だ、自尊感情が下がる状況になっている）

　反省する様子を見せない様子に、感情で接してうまくいったことはなかった。

　このような不適応対処を生じさせない対応の仕方を長野の小嶋先生から教わった。

状況を時系列ごとに図示する

　第一声は穏やかに「状況を整理しようか」である。「分かった、分かった。叩いちゃったんだね」と、落ち着いて話を聞ける場所に連れて行き、メモ用紙（私はA4の裏紙）を広げる。私は関係した2人の棒人間を描く。聞き取ったことを吹き出しにし、「叩く」等行動も書き入れる。そのとき①②③と時系列を追って番号をつけるのがポイントである。

　そして「どの番号がなければ防げたと思う」と聞く。「②番」（子ども）。次に「ちょっと、まずかったかなと思う番号はどれかな？」と選ばせる。選んだ番号のところだけをお互いに謝らせる。

　このやり方で話を聞くようになってからの効果は素直になったことだ。「～しちゃったんだね」と聞いたとき、すぐに認めることができるようになり、暴力の回数も明らかに減ってきた。また全ての子に応用が利く。

　子どもから聞き取ったメモ用紙はそのまま記録のノートに貼り付けている。

> 　1年生の時から母と離れられず、大泣きをしています。2年生になり母が教室で見守る形で、一緒に学習しています。朝から登校できず、2時間目以降に遅刻して来ます。年中、体調の不良も訴えていて欠席も多いです。

　校内研修会で「不登校は家庭内入院」という話を聞いた。本人が「（母なしで）もういいよ」と言うまで無理に引き離したりしていない。

　クラスでやっていることは座席を本人が安心できる場所にすることだ。座席は担任が決めている。どの子も学習できる環境を作るためである。本人は面倒を見られるのを嫌う。落ち着いていて、あまり干渉しない子を隣にする。またお母さんが本人の隣に来やすいよう、外側の列にしている。

　お母さんともよく話すようにしている。ほぼ、1日中、子ども達と一緒に過ごすわけである。お母さんのストレスも大きいはずだ。天気のこと、お母さんが読んでいる本のこと、今、学習している単元の話等々。

　体調不良で休みが続いても、連絡はするが過剰に心配しないようにしている。「家庭内入院」と考えるとこちらも無理しなくなる。一年間で結果を出そうとすると焦りも出てくるが、極端に特別扱いせず、ゆっくりと発達を見守りたいと考えている。

（二瓶祐子）

> 友達とコミュニケーションをとることが苦手な男の子です。気に入らないことがあると誰にでも暴力・暴言があります。6月頃から授業中、教室を立ち歩く・奇声を発する・廊下に出るなどの授業妨害が始まりました。悪いことをしても非を認められず、言い訳をしたり、嘘をついたりします。すねて給食を食べないこともあります。

　第1に、教師が変わること。子どもを良い子にしたい。けれども子どもを変えるのは難しい。教師が変わるからこそ、子どもも変わる。

原因① 授業がつまらない、分からない

活動と活動の合間、何をすれば良いか分からない時間が多いと子どもは遊んでしまう。まず、「授業の原則十か条」の空白禁止の原則、一時一事の原則を意識した。何をすればよいか分からない空白の時間をつくらないよう、早く終えた児童への指示を考えた。同じ時に幾つもの指示は与えない。次々に活動を変えたり、子どもを動かしたりと、飽きさせないことを意識した。

○国語の時間、ずっと座りっぱなしのため、飽きて遊び始める。
↓百人一首、話す聞くスキル、漢字スキルから授業を始めた。また、教科書音読の工夫（交代読み・指名無し音読　等）で飽きさせないようにした。
○算数の時間、1問を長く扱っていたため、飽きて立ち歩く。
↓問題が解けたら前に持ってくる。早い子は黒板に書く。書き終わったら次の問題と、動きをつけることでだらだらした時間が減った。
○暑い日の体育の時間、待つ間に友達と喧嘩して叱られ、体育館を出て行き、外で水浴びをする。
↓個別評定を行いながら、待つ時間を減らした。常に動かして運動量を確保する。

また、周りの児童に迷惑をかけていなければ、課題に取り組んでいなくても無視をする。やりたくなったら教えてあげる。教師の技能上、徹底はできなくても、意識することで児童は落ち着いてきた。

原因② 発達障害の可能性

普通級担任だからと、ADHDや自閉症などの発達障害について理解していなかった。友達と上手くコミュニケーションが取れない子は何か抱えている可能性もある。発達障害には大きな音に反応しすぎたり、整理整頓ができなかったりする子がいる。普通級在籍でも発達障害をもっている場合がある。それを知らずに、叱ってばかりいては、2次障害に発展してしまう。そうならないために、発達障害について勉強し、その子の苦手なことに対しての補助が必要である。

原因③ 発端は全て子どもにあるわけではない

叱るより、褒めた方が良いと分かっていても厳しく叱っていた。厳しく叱ると、更によくない事が起こる。怒ることが一番エネルギーを使うため、疲れてしまい、余裕がなくなる。だからこそ、何か起きた時、教師に原因がなかったかを考えるようにした。

○ノートを先生に見せにきて、並んでいる間の喧嘩。↓教師の丸付けが遅いため、子どもが何もすることがない空白ができ、喧嘩する時間が生まれた。
○特別教室に行くため子どもを並ばせている間に、鍵を取りに行ったら蛍光灯が割られていた。
↓静かに並んで待っていてくれるだろうと思っていた自分が甘かった。
○掃除の時間、教室で喧嘩。
↓無言掃除にしておけば口論から喧嘩にならない。心配ならその掃除場所にいて一緒に掃除する。

結果的に、物を壊したり、相手に怪我をさせたりと子どもに非がある場合が多い。しかし、事件の発端が自分にあると考えることで本当にしてはいけない事だけを叱ることができる。このように、考えられると、子どもへの接し方も変わり、余裕がもてる。何よりも、その子を嫌いにならないでいられる。子どもの前で笑顔でいられる。子どもの前で笑顔でいられることが何よりも大切である。

（福原史子）

〈算数〉

「かけ算九九のひょう」をフローチャート化

「かけ算九九のひょう」の向山実践は表を見ながら、かけ算九九の勉強をする。

教科書通りに授業を進めた後、プログラミング的思考の授業に変化する。教科書が一通り終わったところで、次のように問う。

> 「表をゆっくり見ていると、いろいろと面白いことが発見できます。それをさがして、ノートに書きなさい」

5分後、できた子を指名する。

「5の列の一の位の数は、5と0しかありません」

「1の段と5の段は、時計みたいです。だって、時計が1のときは本当は5分、2のときは本当は10分、3のときは本当は15分だからです」

向山氏は、すかさず「すごい！」とほめる。

ここまでみてみると、授業が「順序処理」と「反復処理」の流れになっている。

さらに次のように言う。

> 「今のようなことを、もっといっぱい見つけてごらんなさい」

子供たちからは、全部で「20近くの意見が出た」という。小学2年生でも様々な意見がでるこの向山氏の発問は「分岐処理」が行われる発問であると考える。

> 【向山学級で出た意見の例】
> ①5の列の一の位の数は5と0しかない。
> ②一の段と五の段は、時計みたいになっている。時計が1のときは本当は5分、2のときは本当は10分、3のときは本当は15分だから。
> ③一番大きな数は81です。真ん中の4つを足すと（16、20、20、25）やっぱり81になる。
> ④1と81に線をひいて、紙をおると同じ数字が重なる。
> ⑤九の列は一の位が1から9まで並んでいて、十の位が8から1まで並んでいる。
> ⑥同じ数字を線で結ぶと、三角形や三角形の上が切れた形ができる。
> ⑦ななめの1、4、9、16……は、間の数字が3、5、7、9……と奇数で並んでいる。

最後に、表を使ってゲームをする。隣接するマスの9つの数字を足し算させる。どの部分を切り取っても、中央の数字は平均値となる。

（許鍾萬）

「かけ算九九のひょう」の授業で、数の不思議を発見させる流れはプログラミング的思考である。

プログラミング的思考の流れにするポイント２

①九九の表から発見させる。

発見させるときの発問は、思考が分岐になる発問をする。

②力強く褒める

子供のあらゆる意見に意味付けしながら「すごい！」と心からびっくりしてほめる。

2年生の算数に「かけ算九九のひょう」という勉強がある。教科書の内容を一通りあつかった後、発展的な課題として向山洋一氏が2年生の子どもたちに授業したのが、この実践である。「かけ算九九のひょう」からの複数の発見をするまでの授業展開をフローチャート化してみた。向山氏は「2年生からは、全部で20近くの考えが出た」と書いている。大学生にも同じように授業したところ、同じようにたくさんの考えが出たという。どの学年でも知的で熱中する授業だ。

	1	2	3	4	5	6	7	8	9
1	1	2	3	4	5	6	7	8	9
2	2	4	6	8	10	12	14	16	18
3	3	6	9	12	15	18	21	24	27
4	4	8	12	16	20	24	28	32	36
5	5	10	15	20	25	30	35	40	45
6	6	12	18	24	30	36	42	48	54
7	7	14	21	28	35	42	49	56	63
8	8	16	24	32	40	48	56	64	72
9	9	18	27	36	45	54	63	72	81

学習開始　「かけ算九九のひょう」を子どもたちに見せる

指示　表をゆっくり見ていると、いろいろと面白いことが発見できます。それをさがして、ノートに書きなさい。

確認　5分後、できた子がいるか確認する。（No → 指示へ戻る／Yes）

＜2年生・3年生の発表例＞

指示　「かけ算九九のひょう」から発見したことを発表しなさい。

（補足）例えば、右上図のような発表がある。どの発表も認めて褒める。
すかさず「すごい！」とほめる。できるなら、発表に対して「驚いてみせる」。

指示　もっといっぱい見つけてごらんなさい（指名して次々と発表させる）。

確認　10以上の意見が出る（No → 指示へ戻る／Yes）

子どもたちの解

例01　5の列の一の位の数は5と0しかない。
例02　一の段と五の段は、時計みたいになっている。
時計が1のときは本当は5分、2のときは本当は10分、3のときは本当は15分だから。
例03　一番大きな数は81です。真ん中の4つを足すと（16、20、20、25）やっぱり81になる。
例04　1と81に線をひいて、紙をおると同じ数字が重なる。
例05　九の列は一の位が1から9まで並んでいて、十の位が8から1まで並んでいる。
例06　同じ数字を線で結ぶと、三角形や三角形の上が切れた形ができる。
例07　ななめの1、4、9、16 …は、間の数字が3、5、7、9…と奇数で並んでいる。
例08　一の段と九の段をかけると一の位の数値が9、8、7、6…3、2、1となる。
例09　一の段の列と九の段の列をたすと一番上被乗の数に0を付けた数になる。
例10　一番端の81からみて左にいっても、上にいっても一の位は1、2、3、4…となる。
例11　縦でも横でも、3つの数を取り出すと真ん中の数は平均になる。

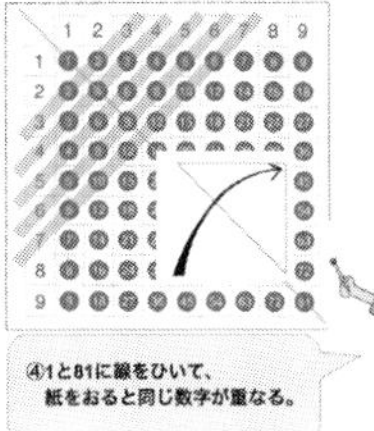

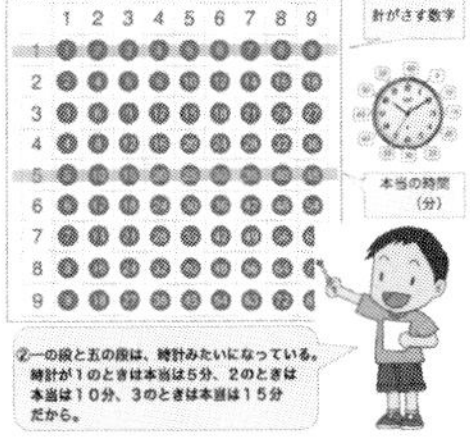

学習終了　表を使ってゲームをする。マスの中の9つの数字を足し算させる。

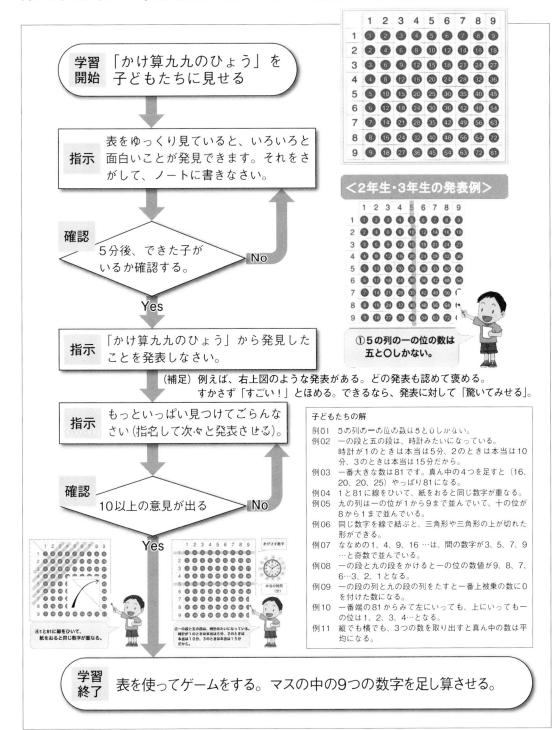

〈国語〉「土の漢字文化」の授業をフローチャート化

本誌は2年生の授業例として掲載しているが、この授業は、学年が上がるほど子供たちは熱中する。向山先生はこの授業を上海師範学校の5年生にされた。5年生ならば、様々な漢字がある分、子供たちは様々な漢字を考えるのだ。

この授業が熱中するポイントは後半部。「この芽が成長し、本葉が出ました。この様子を表している漢字は何でしょう」である。紙面の都合上、フローチャートにはあっさりと書かれているが、

ここは持ってきた考えを最大限に驚き、全力で褒め、「違います」とバッサリと切っていった方がいい。

例えば、次のような対応が考えられる。

①おおお！　違います。
②なるほど！　違います。
③すごいっ！　違います。
④この意見は初めて出ました！　違います。
⑤（びっくりした顔でうなずきながら）違います。

意気揚々と持ってきた子どもたちは、文字通りあんぐりと口を開ける。返ってきたノートを見て首をかしげている子もいる。だが、何度も挑戦してくる。

ただし、見極めが重要である。ずっと同じ調子でやってしまったら、子供たちは飽きてしまう。途中で子供たちから出てきた漢字を黒板に整理したり、「これ、無理だから降参しなさい」と言うように、煽ったりすることも大事だ。習った漢字であることを伝えてもいい。参観会なら保護者に聞いてもいい。

もちろん、正解する子だっている。その子にどのように対応するか。その場で「正解！」なんて言ってしまったら芸がない。谷和樹氏は、4年生での実践（2005年度）で、正解した子のノートを黙って脇に抱え、そーっと席に帰している。そして、

「○○君！　そこにそーっと座って。何事もなかったように」（お家の人にも聞いた後に）「このお部屋の中で、たった1人、正解した人がいます」

このように紹介するのが高段の芸だ。さらに谷氏は、「この答えは、火曜日に」と言い、「えぇ〜〜〜！」と大ブーイングを受けている（もちろん、その後すぐに答えを伝えたが）。答えを聞いた後の、子供たちの「ほんまやあ〜」という声が、子供たちがいかに熱中していたかを物語っている。

（平野遼太）

ポイントは後半の教師の対応力だ。
驚き、褒め、バッサリと切る。
教師の対応力が子供を熱中させる。

「土の漢字文化」の授業の対応ポイント
①驚き、褒め、バッサリと切る「おおお！違います。」
②黒板に整理する「草が出ました。出が出ました。圭が出ました……」
③煽る「これ、無理だから降参しなさい」と
④正解した子はそっと返す「……」「○○君！　そこにそーっと座って」

向山洋一氏の超有名実践「土の漢字文化」という授業のフローチャートである。向山氏が上海師範大学付属小学校の5年生に行った「漢字文化の授業」の一部であるが、授業開きや参観授業でも大変に盛り上がる授業実践だ。また、このフローチャートで授業パターンがわかれば、同様の漢字文化の授業を作ることもできる。ぜひやってみていただきたい。

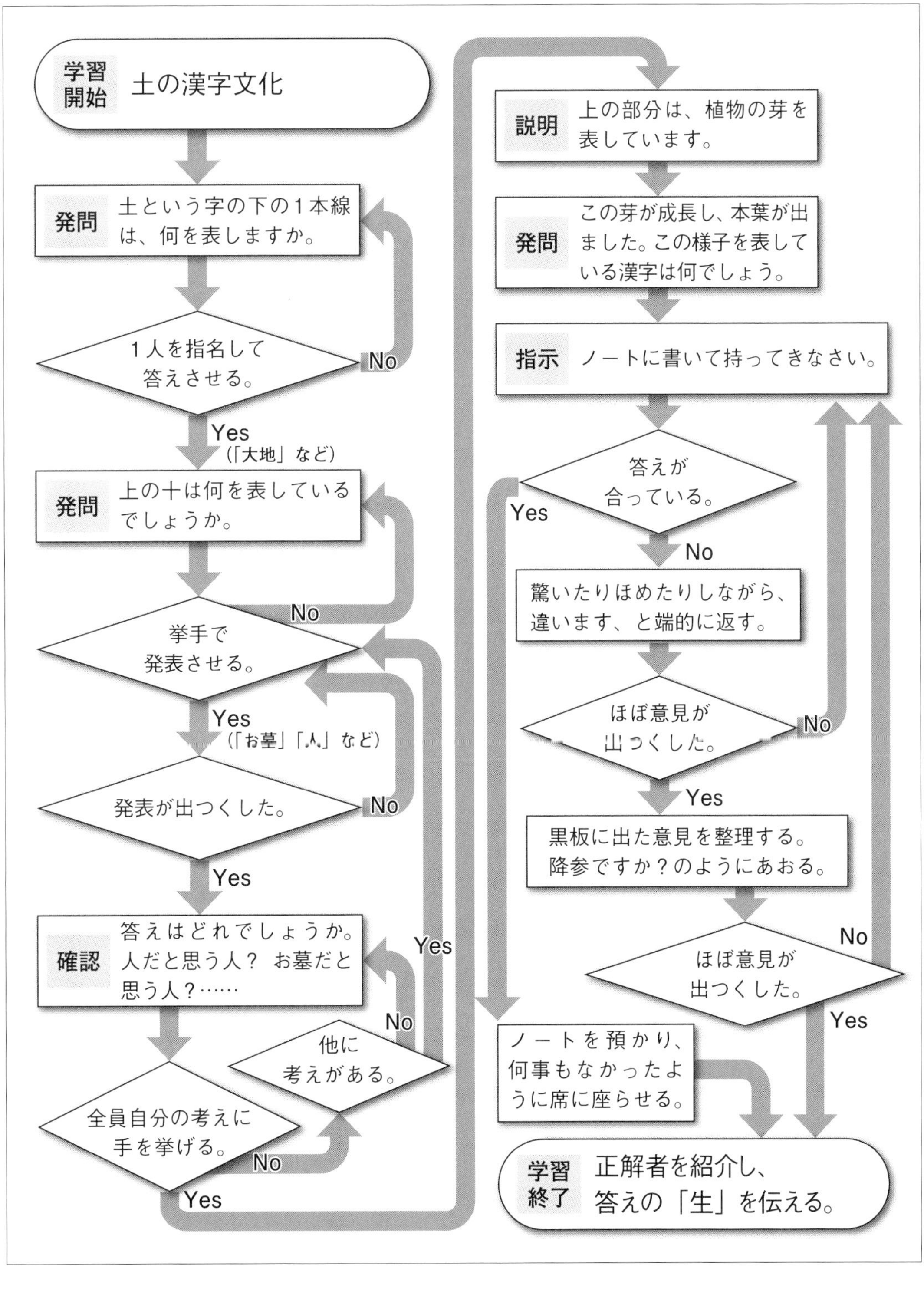

企画統括／監修／執筆者一覧

〈企画統括〉
向山洋一　日本教育技術学会会長／TOSS代表

〈監修〉
谷和樹　玉川大学教職大学院教授

〈各章・統括者一覧〉
井手本美紀　東京都公立小学校
小野隆行　岡山県公立小学校
橋本信介　神奈川県公立小学校
石坂陽　石川県公立小学校
雨宮久　山梨県公立小学校
平山靖　千葉県公立小学校
千葉雄二　東京都公立小学校
太田政男　島根県公立小学校
小嶋悠紀　長野県公立小学校
渡辺喜男　神奈川県公立小学校
河田孝文　山口県公立小学校
村野聡　東京都公立小学校
木村重夫　埼玉県公立小学校
甲本卓司　岡山県公立小学校
関根朋子　東京都公立小学校
上木信弘　福井県公立小学校
桑原和彦　茨城県公立小学校
井戸砂織　愛知県公立小学校
松崎力　栃木県公立小学校
鈴木恭子　神奈川県公立小学校
谷和樹　玉川大学教職大学院教授

◎執筆者一覧

〈刊行の言葉〉
谷和樹　玉川大学教職大学院教授

〈本書の使い方〉
村野聡　東京都公立小学校
千葉雄二　東京都公立小学校
久野歩　東京都公立小学校

〈グラビア〉
井手本美紀　東京都公立小学校
土師宏文　岡山県公立小学校
佐々木まりあ　神奈川県公立小学校
奥本翼　石川県公立小学校

〈第1章〉
中村千春　山梨県公立小学校

〈第2章〉
細羽正巳　千葉県公立小学校

〈第3章〉
髙木順一　東京都公立小学校

〈第4章〉
太田政男　島根県公立小学校
石川和美　島根県公立小学校
太田景子　島根県公立小学校

〈第5章〉
原良平　長野県公立小学校
小嶋悠紀　長野県公立小学校

〈第6章〉
山崎克洋　神奈川県公立小学校

〈第7章〉
下窪理政　山口県公立小学校

〈第8章〉
村野聡　東京都公立小学校
和智博之　埼玉県公立小学校
土師宏文　岡山県公立小学校
吉川たえ　埼玉県公立小学校
田村ちず子　元大阪府公立小学校／酒井式描画指導法研究会
桑原和彦　茨城県公立小学校
下窪理政　山口県公立小学校
奥井利香　愛知県公立小学校
前田晶子　大阪市公立小学校
木村雄介　大阪市公立小学校
筒井隆代　大阪府公立小学校
石橋浩美　大阪市公立小学校
辻野裕美　大阪市公立小学校
岡本理　岡山県公立小学校
阿部美奈子　大阪府公立小学校
西村純一　岡山県立特別支援学校
溝端久輝子　兵庫県公立小学校
谷岡聡美　大阪市公立小学校
梶田俊彦　岡山県公立小学校
冨築啓子　大阪府公立小学校
神谷祐子　大阪府公立小学校

〈第9章〉
髙木順一　東京都公立小学校（p.178～179）
中村千春　山梨県公立小学校（p.180～181）
和智博之　埼玉県公立小学校（p.182～183）
下窪理政　山口県公立小学校（p.184～185）
吉田真弓　岡山県公立小学校（p.186～187）

〈第10章〉
塩谷直大　北海道公立小学校

〈第11章〉
二瓶祐子　神奈川県公立小学校
福原史子　神奈川県公立小学校

〈附章〉
許鐘萬　兵庫県公立小学校
平野遼太　静岡県公立小学校

[企画統括者紹介]　向山洋一（むこうやま・よういち）

東京都生まれ。1968年東京学芸大学卒業後、東京都大田区立小学校の教師となり、2000年3月に退職。全国の優れた教育技術を集め教師の共有財産にする「教育技術法則化運動」TOSS（トス：Teacher's Organization of Skill Sharingの略）を始め、現在もその代表を務め、日本の教育界に多大な影響を与えている。日本教育技術学会会長。著書に『新版　授業の腕を上げる法則』をはじめとする「教育新書シリーズ」（全18巻）、同別巻『向山の教師修業十年』、全19巻完結セット『向山洋一のLEGACY BOX（DVD付き）』、『子どもが論理的に考える！――"楽しい国語"授業の法則』、『そこが知りたい！　"若い教師の悩み"　向山が答えるQA集１・２』、『まんがで知る授業の法則』（共著）など多数。総監修の書籍に「新法則化」シリーズ（全28巻）がある（以上、すべて学芸みらい社）。

[監修者紹介]　谷和樹（たに・かずき）

玉川大学教職大学院教授。北海道札幌市生まれ。神戸大学教育学部初等教育学科卒業。兵庫県の加東市立東条西小、滝野東小、滝野南小、米田小にて22年間勤務。その間、兵庫教育大学修士課程学校教育研究科にて教科領域教育を専攻し、修了。教育技術法則化運動に参加。TOSSの関西中央事務局を経て、現職。国語、社会科をはじめ各科目全般における生徒指導の手本として、教師の授業力育成に力を注いでいる。『子どもを社会科好きにする授業』『みるみる子どもが変化する「プロ教師が使いこなす指導技術」』（ともに学芸みらい社）など、著書多数。

若手なのにプロ教師！　新学習指導要領をプラスオン

小学2年生　新・授業づくり＆学級経営

365日サポートBOOK

GAKUGEI MIRAISHA

2018年4月15日　初版発行

企画統括　向山洋一《むこうやまよういち》

監修　谷和樹《たにかずき》

編集・執筆　「小学2年生　新・授業づくり＆学級経営」編集委員会

発行者　小島直人

発行所　学芸みらい社

〒162-0833　東京都新宿区箪笥町31　箪笥町SKビル

電話番号：03-5227-1266

http://www.gakugeimirai.jp/

E-mail：info@gakugeimirai.jp

印刷所・製本所　藤原印刷株式会社

装丁　小沼孝至

本文組版　村松明夫／目次組版　小宮山裕

本文イラスト　げんゆうてん

企画　樋口雅子／校正　（株）一校舎

乱丁・落丁本は弊社宛にお送りください。送料弊社負担でお取替えいたします。

ISBN978-4-908637-62-9 C3037

学芸みらい社　既刊のご案内　〈教科・学校・学級シリーズ〉

※価格はすべて本体価格（税別）です。

書　名	著者・編者・監修者ほか	価　格
学級づくり／学力づくり		
中学校を「荒れ」から立て直す！	長谷川博之	2,000円
生徒に『私はできる！』と思わせる超・積極的指導法	長谷川博之	2,000円
中学の学級開き――黄金のスタートを切る3日間の準備ネタ	長谷川博之	2,000円
“黄金の1週間”でつくる学級システム化小辞典	甲本卓司	2,000円
若手教師のための主任マニュアル	渡辺喜男・TOSS横浜	2,000円
小学校発ふるさと再生プロジェクト――子ども観光大使の育て方	松崎力	1,800円
アクティブな授業をつくる新しい知的生産技術	太田政男・向山洋一・谷和樹	2,000円
フレッシュ先生のための「はじめて事典」	向山洋一・木村重夫	2,000円
まんがで知る授業の法則	向山洋一・前田康裕	1,800円
めっちゃ楽しい校内研修――模擬授業で手に入る“黄金の指導力”	谷 和樹・岩切洋一・やばた教育研究会	2,000円
みるみる子どもが変化する『プロ教師が使いこなす指導技術』	谷和樹	2,000円
教員採用試験パーフェクトガイド「合格への道」	岸上隆文・三浦一心	1,800円
教員採用試験パーフェクトガイド 面接編 DVD付	岸上隆文・三浦一心	2,200円
そこが知りたい！“若い教師の悩み”向山が答えるQA集1 ――授業づくり“よくある失敗”175例～勉強好きにする改善ヒント～	星野裕二・向山洋一	2,000円
そこが知りたい！“若い教師の悩み”向山が答えるQA集2 ――学級づくり“よくある失敗”113例～勉強好きにする改善ヒント～	星野裕二・向山洋一	2,100円
特別支援教育		
ドクターと教室をつなぐ医教連携の効果　第1巻――医師と教師が発達障害の子どもたちを変化させた	宮尾益知・向山洋一・谷和樹	2,000円
ドクターと教室をつなぐ医教連携の効果　第2巻――医師と教師が発達障害の子どもたちを変化させた	宮尾益知・向山洋一・谷和樹	2,000円
ドクターと教室をつなぐ医教連携の効果　第3巻 ――発達障害の子どもたちを支える医教連携の「チーム学校」「症例別」実践指導	宮尾益知・向山洋一・谷和樹	2,000円
トラブルをドラマに変えてゆく教師の仕事術――発達障がいの子がいるから素晴らしいクラスができる！	小野隆行	2,000円
トラブルをドラマに変えてゆく教師の仕事術――特別支援教育が変わるもう一歩の詰め	小野隆行	2,000円
トラブルをドラマに変えてゆく教師の仕事術――喧嘩・荒れ とっておきの学級トラブル対処法	小野隆行	2,000円
トラブルをドラマに変えてゆく教師の仕事術――新指導要領に対応した特別支援教育で学校が変わる!	小野隆行	2,000円
特別支援の必要な子に役立つかんたん教材づくり㉙	武井恒	2,300円
国語		
国語有名物語教材の教材研究と研究授業の組み立て方	向山洋一・平松孝治郎	2,000円
国語有名物語教材の教材研究と研究授業の組み立て方〔低・中学年/詩文編〕	向山洋一・平松孝治郎	2,000円
国語テストの“答え方”指導――基本パターン学習で成績UP	遠藤真理子・向山洋一	2,000円
どもが論理的に考える！――“楽しい国語”授業の法則	向山洋一	2,000円
先生も生徒も驚く日本の「伝統・文化」再発見	松藤司	2,000円
先生も生徒も驚く日本の「伝統・文化」再発見2 行事と祭りに託した日本人の願い	松藤司	2,000円
生と子どもたちの学校俳句歳時記	星野高士・仁平勝・石田郷子	2,500円
子どもが一瞬で書き出す！　“4コマまんが”作文マジック	村野聡	2,100円
学テ国語B問題――答え方スキルを育てる授業の布石	椿原正和	2,000円
算数・数学		
数学で社会／自然と遊ぶ本 日本数学検定協会	中村 力	1,500円
早期教育・特別支援教育　本能式計算法――計算が「楽しく」「速く」できるワーク	大江浩光・押谷由夫	2,000円
学テ算数B問題――答え方スキルを育てる授業の布石	河田孝文	2,000円
社会		
子どもを社会科好きにする授業	谷和樹	2,000円
中学社会科“アクティブ・ラーニング発問”174――わくわくドキドキ地理・歴史・公民の難単元攻略ポイント	峯明秀	2,000円
アクティブ・ラーニングでつくる新しい社会科授業――ニュー学習活動・全単元一覧	北俊夫・向山行雄	2,000円
教師と生徒でつくるアクティブ学習技術――「TOSSメモ」の活用で社会科授業が変わる！	向山洋一・谷和樹・赤阪勝	1,800円
クイズ主権者教育――ウッソー？ホント！楽しい教材71	河原和之	2,000円
新社会科討論の授業づくり――思考・理解が深まるテーマ100選	北俊夫	2,000円
有田式“発問・板書”が身につく！　社会科指導案の書き方入門	沼澤清一	2,000円
新中学社会の定期テスト ――地理・歴史・公民 全単元の作問技法&評価ポイント	峯明秀	2,100円
理科		
子どもが理科に夢中になる授業	小森栄治	2,000円
簡単・きれい・感動!!――10歳までのかがくあそび	小森栄治	2,200円
英語		
教室に魔法をかける！　英語ディベートの指導法 ――英語アクティブラーニング	加藤心	2,000円
音楽		
子どもノリノリ歌唱授業――音楽＋身体表現で“歌遊び”68選	飯田清美	2,200円
図画・美術		
丸わかりDVD付！　酒井式描画指導の全手順・全スキル（絵画指導は酒井式　パーフェクトガイド）	酒井臣吾・根本正雄	2,900円
酒井式描画指導法――新シナリオ、新技術、新指導法（絵画指導は酒井式で！パーフェクトガイド）	酒井臣吾	3,400円
ドーンと入賞！“物語文の感想画”――描き方指導の裏ワザ20	河田孝文	2,200円
どの子も図工大好き！――酒井式“絵の授業” よういスタート！ここまで描けるシナリオ集	寺田真紀子・酒井臣吾	2,200円
酒井式描画指導で“パッと明るい学級づくり”1巻――低学年が描くイベント・行事＝親が感動する傑作！題材30選	酒井臣吾・神谷祐子	2,200円
酒井式描画指導で“パッと明るい学級づくり”2巻――中学年が描くイベント・行事＝描けた！達成感ある傑作！題材30選	酒井臣吾・上木信弘	2,200円
酒井式描画指導で“パッと明るい学級づくり”3巻――高学年が描くイベント・行事＝学校中で話題の傑作！題材30選	酒井臣吾・片倉信儀	2,200円
体育		
子供の命を守る泳力を保証する――先生と親の万能型水泳指導プログラム	鈴木智光	2,000円
運動会企画――アクティブ・ラーニング発想を入れた面白カタログ事典	根本正雄	2,200円
全員達成！　魔法の立ち幅跳び ――「探偵！ナイトスクープ」のドラマ再現	根本正雄	2,000円
世界に通用する伝統文化――体育指導技術	根本正雄	1,900円
発達障害児を救う体育指導――激変! 感覚統合スキル95	根本正雄・小野隆行	2,300円

書　名	著者・編者・監修者ほか	価　格
道徳		
子どもの心をわしづかみにする「教科としての道徳授業」の創り方	向山洋一・河田孝文	2,000円
「偉人を育てた親子の絆」に学ぶ道徳授業 <読み物・授業展開案付き>	松藤 司＆チーム松藤	2,000円
あなたが道徳授業を変える	櫻井宏尚・服部敬一・心の教育研究会	1,500円
中学生にジーンと響く道徳話100選──道徳力を引き出す"名言逸話"活用授業	長谷川博之	2,000円
「授業の新法則化」シリーズ　全28巻		
「国語」基礎基本編	向山洋一・TOSS「国語」授業の新法則編集執筆委員会	1,600円
「国語」1年生編	向山洋一・TOSS「国語」授業の新法則編集執筆委員会	1,600円
「国語」2年生編	向山洋一・TOSS「国語」授業の新法則編集執筆委員会	1,600円
「国語」3年生編	向山洋一・TOSS「国語」授業の新法則編集執筆委員会	1,600円
「国語」4年生編	向山洋一・TOSS「国語」授業の新法則編集執筆委員会	1,600円
「国語」5年生編	向山洋一・TOSS「国語」授業の新法則編集執筆委員会	1,600円
「国語」6年生編	向山洋一・TOSS「国語」授業の新法則編集執筆委員会	1,600円
「算数」1年生編	向山洋一・TOSS「算数」授業の新法則編集執筆委員会	1,600円
「算数」2年生編	向山洋一・TOSS「算数」授業の新法則編集執筆委員会	1,600円
「算数」3年生編	向山洋一・TOSS「算数」授業の新法則編集執筆委員会	1,600円
「算数」4年生編	向山洋一・TOSS「算数」授業の新法則編集執筆委員会	1,600円
「算数」5年生編	向山洋一・TOSS「算数」授業の新法則編集執筆委員会	1,600円
「算数」6年生編	向山洋一・TOSS「算数」授業の新法則編集執筆委員会	1,600円
「理科」3・4年生編	向山洋一・TOSS「理科」授業の新法則編集執筆委員会	2,200円
「理科」5年生編	向山洋一・TOSS「理科」授業の新法則編集執筆委員会	2,200円
「理科」6年生編	向山洋一・TOSS「理科」授業の新法則編集執筆委員会	2,200円
「社会」3・4年生編	向山洋一・TOSS「社会」授業の新法則編集執筆委員会	1,600円
「社会」5年生編	向山洋一・TOSS「社会」授業の新法則編集執筆委員会	1,600円
「社会」6年生編	向山洋一・TOSS「社会」授業の新法則編集執筆委員会	1,600円
「図画美術」基礎基本編	向山洋一・TOSS「図画美術」授業の新法則編集執筆委員会	2,200円
「図画美術」題材編	向山洋一・TOSS「図画美術」授業の新法則編集執筆委員会	2,200円
「体育」基礎基本編	向山洋一・TOSS「体育」授業の新法則編集執筆委員会	1,600円
「体育」低学年編	向山洋一・TOSS「体育」授業の新法則編集執筆委員会	1,600円
「体育」中学年編	向山洋一・TOSS「体育」授業の新法則編集執筆委員会	1,600円
「体育」高学年編	向山洋一・TOSS「体育」授業の新法則編集執筆委員会	1,600円
「音楽」	向山洋一・TOSS「音楽」授業の新法則編集執筆委員会	1,600円
「道徳」	向山洋一・TOSS「道徳」授業の新法則編集執筆委員会	1,600円
「外国語活動」(英語)	向山洋一・TOSS「外国語活動(英語)」授業の新法則編集執筆委員会	2,500円
「教育新書」シリーズ　全18巻・別巻1・完結セット(DVD付き)		
1　新版　授業の腕を上げる法則	向山洋一	1,000円
2　新版　子供を動かす法則	向山洋一	1,000円
3　新版　いじめの構造を破壊する法則	向山洋一	1,000円
4　新版　学級を組織する法則	向山洋一	1,000円
5　新版　子供と付き合う法則	向山洋一	1,000円
6　新版　続・授業の腕を上げる法則	向山洋一	1,000円
7　新版　授業研究の法則	向山洋一	1,000円
8　小学一年学級経営　教師であることを畏れつつ	向山洋一	1,000円
9　小学二年学級経営　大きな手と小さな手をつないで	向山洋一	1,000円
10　小学三年学級経営　新卒どん尻教師はガキ大将	向山洋一	1,000円
11　小学四年学級経営　先生の通知表をつけたよ	向山洋一	1,000円
12　小学五年学級経営　子供の活動ははじけるごとく	向山洋一	1,000円
13　小学六年学級経営　教師の成長は子供と共に	向山洋一	1,000円
14　プロを目指す授業者の私信	向山洋一	1,000円
15　新版　法則化教育格言集	向山洋一	1,000円
16　授業力上達の法則1　黒帯六条件	向山洋一	1,000円
17　授業力上達の法則2　向山の授業実践記録	向山洋一	1,000円
18　授業力上達の法則3　向山の教育論争	向山洋一	1,000円
別巻　向山の教師修業十年	向山洋一	1,800円
全19巻完結セット(DVD付き)──向山洋一のLEGACY BOX	向山洋一	28,000円
教室ツーウェイNEXT		
教室ツーウェイNEXT創刊記念1号──特集：アクティブ・ラーニング先取り体験！	教室ツーウェイNEXT編集プロジェクト	1,500円
教室ツーウェイNEXT創刊2号──特集：非認知能力で激変！子どもの学習態度50例	教室ツーウェイNEXT編集プロジェクト	1,500円
教室ツーウェイNEXT3号──特集：新指導要領のキーワード100	教室ツーウェイNEXT編集プロジェクト	1,500円
教室ツーウェイNEXT4号──特集："合理的配慮"ある年間プラン&教室レイアウト63例	教室ツーウェイNEXT編集プロジェクト	1,500円
教室ツーウェイNEXT５号──特集："学習困難さ状態"変化が起こる授業支援60	教室ツーウェイNEXT編集プロジェクト	1,500円
教室ツーウェイNEXT６号──特集 考える道徳授業 熱中討論のテーマ100	教室ツーウェイNEXT編集プロジェクト	1,500円
教育を未来に伝える書		
向山洋一からの聞き書き　第1集	向山洋一・根本正雄	2,000円
向山洋一からの聞き書き　第2集	向山洋一・根本正雄	2,000円
すぐれた教材が子どもを伸ばす！	向山洋一・甲本卓司＆TOSS教材研究室	2,000円
かねちゃん先生奮闘記──生徒ってすごいよ	兼田昭一	1,500円
教師人生が豊かになる『教育論語』──師匠 向山洋一曰く 125の教え	甲本卓司	2,000円
バンドマン修業で学んだプロ教師への道	吉川廣二	2,000円
国際バカロレア入門──融合による教育イノベーション	大迫弘和	1,800円
教育の不易と流行 江部満 編集者の歩み──ギネスで世界一に認定された編集長	TOSS編集委員会	2,000円
向こうの山を仰ぎ見て──自主公開授業発表会への道	阪部保	1,700円